凡例

・外国人の技能実習の適正な実施及び技能実習生の保護に関する法律
（平成２８年法律第８９号）　→技能実習法又は法

・外国人の技能実習の適正な実施及び技能実習生の保護に関する法律施行規則
（平成２８年法務省・厚生労働省令第３号）　→技能実習法施行規則
又は施行規則
又は規則

・技能実習制度運用要領　→運用要領
（令和４年 10 月出入国在留管理庁・厚生労働省編）

・外国人技能実習機構　→機構又は OTIT

目　次

第１章　監理団体関係

外国人技能実習機構への
届出、報告、記録関係様式
【第Ⅲ分冊】

2023 年 6 月

技能実習制度運用要領の一部改訂に伴う変更について

本記載例集については、2023 年 3 月に発刊していますが、その後、技能実習制度運用要領等の改正により書式等に変更・追加があります。

つきましては、以下の書式名については、本記載例及び記載要領等の該当ページをご参照ください。

○書式等の変更・追加一覧表

該当ページ（記載例本体）	書式番号	書式名（記載例及び記載要領）	該当ページ（本冊子）
P.6～10	参考様式第 2－16 号	団体監理型技能実習の取扱職種の範囲等	P.2～6
P.92～97	参考様式第 4－12 号 別紙	外部監査実施概要	P.7～9
P.104～109	参考様式第 4－14 号 別紙	外部役員による確認概要	P.10～12
追加	参考様式第 1－19 号	技能実習の期間中の待遇に関する重要事項説明書	P.14～19
追加	参考様式第 1－42 号	妊娠等に関連した技能実習期間前の帰国についての申告書	P.20～23
追加	参考様式第 1－43 号	意思確認書面	P.24
P.116～119	JITCO 書式 10	技能実習生の名簿（認定計画履行状況管理（兼）実習監理）	P.26
P.172	-	取扱職種の変更（変更届出書）の提出書類一覧	P.28
P.173～175	-	外国の送出機関の変更（変更届出書）の提出書類一覧	P.29～31
P.176	-	監理団体の役員の変更（変更届出書）の提出書類一覧	P.32
P.177	-	監理責任者の変更（変更届出書）の提出書類一覧	P.33
P.178	-	外部監査人・外部役員の変更（変更届出書）の提出書類一覧	P.34
P.179～183	-	監理団体・監理事業所の変更（変更届出書及び許可証書換申請書）の提出書類一覧	P.35～39
P.184～186	-	監理事業を行う事業所の新設（変更届出書及び許可証書換申請書）の提出書類一覧	P.40～42
P.191	-	自動車整備の職種追加（監理団体許可申請の内容変更申出書・監理団体許可条件変更申出書）の提出書類一覧	P.43

参考様式第２-16 号（別記様式第 11 号、第 12 号及び第 16 号関係）　　　　（日本産業規格Ａ列４）

取扱職種の変更の場合の別紙例

団体監理型技能実習の取扱職種の範囲等

1　農業関係（２職種６作業）

コード	職種	作業	取扱いの有無
1-1-1	耕種農業	施設園芸	
1-1-2		畑作・野菜	
1-1-3		果樹	
1-2-1	畜産農業	養豚	
1-2-2		養鶏	
1-2-3		酪農	

2　漁業関係（２職種 10 作業）

コード	職種	作業	取扱いの有無
2-1-1	漁船漁業	かつお一本釣り漁業	
2-1-2		延縄漁業	
2-1-3		いか釣り漁業	
2-1-4		まき網漁業	
2-1-5		ひき網漁業	
2-1-6		刺し網漁業	
2-1-7		定置網漁業	
2-1-8		かに・えびかご漁業	
2-1-9		棒受網漁業	
2-2-1	養殖業	ほたてがい・まがき養殖作業	

3　建設関係（22 職種 33 作業）

コード	職種	作業	取扱いの有無
3-1-1	さく井	パーカッション式さく井工事	
3-1-2		ロータリー式さく井工事	
3-2-1	建築板金	ダクト板金	✔
3-2-2		内外装板金	✔
3-3-1	冷凍空気調和機器施工	冷凍空気調和機器施工	
3-4-1	建具製作	木製建具手加工	
3-5-1	建築大工	大工工事	追加
3-6-1	型枠施工	型枠工事	削除
3-7-1	鉄筋施工	鉄筋組立て	
3-8-1	とび	とび	
3-9-1	石材施工	石材加工	
3-9-2		石張り	
3-10-1	タイル張り	タイル張り	
3-11-1	かわらぶき	かわらぶき	
3-12-1	左官	左官	追加
3-13-1	配管	建築配管	

3-13-2		プラント配管	
3-14-1	熱絶縁施工	保温保冷工事	
3-15-1	内装仕上げ施工	プラスチック系床仕上げ工事	✔
3-15-2		カーペット系床仕上げ工事	✔
3-15-3		鋼製下地工事	✔
3-15-4		ボード仕上げ工事	✔
3-15-5		カーテン工事	追加
3-16-1	サッシ施工	ビル用サッシ施工	
3-17-1	防水施工	シーリング防水工事	
3-18-1	コンクリート圧送施工	コンクリート圧送工事	
3-19-1	ウェルポイント施工	ウェルポイント工事	
3-20-1	表装	壁装	
3-21-1	建設機械施工	押土・整地	
3-21-2		積込み	
3-21-3		掘削	
3-21-4		締固め	
3-22-1	築炉	築炉	

4　食品製造関係（11 職種 18 作業）

コード	職種	作業	取扱いの有無
4-1-1	缶詰巻締	缶詰巻締	
4-2-1	食鳥処理加工業	食鳥処理加工	
4-3-1	加熱性水産加工食品製造業	節類製造	✔
4-3-2		加熱乾製品製造	✔
4-3-3		調味加工品製造	✔
4-3-4		くん製品製造	✔
4-4-1	非加熱性水産加工食品製造業	塩蔵品製造	
4-4-2		乾製品製造	
4-4-3		発酵食品製造	
4-4-4		調理加工品製造	
4-4-5		生食用加工品製造	
4-5-1	水産練り製品製造	かまぼこ製品製造	
4-6-1	牛豚食肉処理加工業	牛豚部分肉製造	
4-7-1	ハム・ソーセージ・ベーコン製造	ハム・ソーセージ・ベーコン製造	
4-8-1	パン製造	パン製造	
4-9-1	そう菜製造業	そう菜加工	
4-10-1	農産物漬物製造業	農産物漬物製造	
4-11-1	医療・福祉施設給食製造	医療・福祉施設給食製造	

5　繊維・衣服関係（13 職種 22 作業）

コード	職種	作業	取扱いの有無
5-1-1	紡績運転	前紡工程	
5-1-2		精紡工程	
5-1-3		巻糸工程	
5-1-4		合ねん糸工程	
5-2-1	織布運転	準備工程	

5-2-2		製織工程	
5-2-3		仕上工程	
5-3-1	染色	糸浸染	
5-3-2		織物・ニット浸染	
5-4-1	ニット製品製造	靴下製造	
5-4-2		丸編みニット製造	
5-5-1	たて編ニット生地製造	たて編ニット生地製造	
5-6-1	婦人子供服製造	婦人子供既製服縫製	
5-7-1	紳士服製造	紳士既製服製造	
5-8-1	下着類製造	下着類製造	
5-9-1	寝具製作	寝具製作	
5-10-1	カーペット製造	織じゅうたん製造	
5-10-2		タフテッドカーペット製造	
5-10-3		ニードルパンチカーペット製造	
5-11-1	帆布製品製造	帆布製品製造	
5-12-1	布はく縫製	ワイシャツ製造	
5-13-1	座席シート縫製	自動車シート縫製	

6　機械・金属関係（15 職種 29 作業）

コード	職種	作業	取扱いの有無
6-1-1	鋳造	鋳鉄鋳物鋳造	✔
6-1-2		非鉄金属鋳物鋳造	✔
6-2-1	鍛造	ハンマ型鍛造	
6-2-2		プレス型鍛造	
6-3-1	ダイカスト	ホットチャンバダイカスト	
6-3-2		コールドチャンバダイカスト	
6-4-1	機械加工	普通旋盤	
6-4-2		フライス盤	
6-4-3		数値制御旋盤	
6-4-4		マシニングセンタ	
6-5-1	金属プレス加工	金属プレス	追加
6-6-1	鉄工	構造物鉄工	
6-7-1	工場板金	機械板金	
6-8-1	めっき	電気めっき	
6-8-2		溶融亜鉛めっき	
6-9-1	アルミニウム陽極酸化処理	陽極酸化処理	
6-10-1	仕上げ	治工具仕上げ	
6-10-2		金型仕上げ	
6-10-3		機械組立仕上げ	
6-11-1	機械検査	機械検査	
6-12-1	機械保全	機械系保全	
6-13-1	電子機器組立て	電子機器組立て	
6-14-1	電気機器組立て	回転電機組立て	
6-14-2		変圧器組立て	
6-14-3		配電盤・制御盤組立て	
6-14-4		開閉制御器具組立て	

6-14-5		回転電機巻線製作	
6-15-1	プリント配線板製造	プリント配線板設計	
6-15-2		プリント配線板製造	

7　その他（22 職種 41 作業）

コード	職種	作業	取扱いの有無
7-1-1	家具製作	家具手加工	
7-2-1	印刷	オフセット印刷	
7-2-2		グラビア印刷	
7-3-1	製本	製本	
7-4-1	プラスチック成形	圧縮成形	
7-4-2		射出成形	
7-4-3		インフレーション成形	
7-4-4		ブロー成形	
7-5-1	強化プラスチック成形	手積み積層成形	
7-6-1	塗装	建築塗装	
7-6-2		金属塗装	
7-6-3		鋼橋塗装	
7-6-4		噴霧塗装	
7-7-1	溶接	手溶接	
7-7-2		半自動溶接	
7-8-1	工業包装	工業包装	
7-9-1	紙器・段ボール箱製造	印刷箱打抜き	
7-9-2		印刷箱製箱	
7-9-3		貼箱製造	
7-9-4		段ボール箱製造	
7-10-1	陶磁器工業製品製造	機械ろくろ成形	
7-10-2		圧力鋳込み成形	
7-10-3		パッド印刷	
7-11-1	自動車整備	自動車整備	
7-12-1	ビルクリーニング	ビルクリーニング	
7-13-1	介護	介護	
7-14-1	リネンサプライ	リネンサプライ仕上げ	
7-15-1	コンクリート製品製造	コンクリート製品製造	
7-16-1	宿泊	接客・衛生管理	
7-17-1	RPF 製造	RPF 製造	
7-18-1	鉄道施設保守整備	軌道保守整備	
7-19-1	ゴム製品製造	成形加工	
7-19-2		押出し加工	
7-19-3		混練り圧延加工	
7-19-4		複合積層加工	
7-20-1	鉄道車両整備	走行装置検修・解ぎ装	
7-20-2		空気装置検修・解ぎ装	
99-1-1	空港グランドハンドリング	航空機地上支援	
99-1-2		航空貨物取扱	
99-1-3		客室清掃	

99-2-1	ボイラーメンテナンス	ボイラーメンテナンス作業	

9　移行対象職種・作業以外の取扱職種

コード	取扱職種	取扱いの有無
9-9		

（注意）

1　「取扱いの有無」の欄は、取扱いのある職種・作業についてチェックマークを付すこと。

2　９欄の「移行対象職種・作業以外の取扱職種」については、１欄から７欄までの移行対象職種・作業以外について取扱職種とするときに、その取扱職種の全てについて、端的に記載すること。

20△△年　　△△月　△△日　　作成

申請者の氏名又は名称　○○事業協同組合

作成責任者　役職・氏名理事長　甲野優一

参考様式第４-12 号別紙（規則第 54 条第１項第８号関係）　　　　　　　　　　（日本産業規格Ａ列４）

外　部　監　査　実　施　概　要

1　外部監査事項

	監査事項	問題等の有無	問題内容
監理費	①団体監理型実習実施者等へあらかじめ用途及び金額を明示した上で徴収していること。	有 ・ 無	
	②徴収した職業紹介費が団体監理型実習実施者等と団体監理型技能実習生等との間における雇用関係の成立のあっせんに係る事務に要する費用（募集及び選抜に要する人件費、交通費、外国の送出機関へ支払う費用その他の実費に限る。）の額を超えていないこと。	有 ・ 無	
	③徴収した講習費が、入国後講習に要する費用（監理団体が支出する施設使用料、講師及び通訳への謝金、教材費、第１号団体監理型技能実習生に支給する手当その他の実費に限る。）の額を超えていないこと。	有 ・ 無	
	④徴収した監査指導費が、団体監理型技能実習の実施に関する監理に要する費用（団体監理型実習実施者に対する監査及び指導に要する人件費、交通費その他の実費に限る。）の額を超えていないこと。	有 ・ 無	
	⑤徴収したその他諸経費が、その他技能実習の適正な実施及び技能実習生の保護に資する費用（実費に限る。）の額を超えていないこと。	有 ・ 無	
業務	①団体監理型実習実施者が認定計画に従って技能実習を行わせているか等、監理責任者の指揮の下、主務省令第 52 条第１号イからホまでに定める方法（団体監理型技能実習生が従事する業務の性質上当該方法によることが著しく困難な場合にあっては、他の適切な方法）によって３か月に１回以上の頻度で監査を行うほか、実習認定の取消し事由に該当する疑いがあると認めたときは、直ちに監査を行っていること。	有 ・ 無	
	②第１号団体監理型技能実習に係る実習監理にあっては、監理責任者の指揮の下、１か月に１回以上の頻度で、団体監理型実習実施者が認定計画に従って団体監理型技能実習を行わせているかについて実地による確認（団体監理型技能実習生が従事する業務の性質上当該方法によることが著しく困難な場合にあっては、他の適切な方法による確認）を行うとともに、団体監理型実習実施者に対し必要な指導を行っていること。	有 ・ 無	
	③技能実習を労働力の需給の調整の手段と誤認させるような方法で、団体監理型実習実施者等の勧誘又は監理事業の紹介をしていないこと。	有 ・ 無	

	④入国後講習を認定計画に従って実施しており、かつ、入国後講習の期間中に団体監理型技能実習生を業務に従事させていないこと。	有 ・ 無	
	⑤技能実習計画作成の指導に当たって、団体監理型技能実習を行わせる事業所及び団体監理型技能実習生の宿泊施設を実地に確認するほか、主務省令第 52 条第 8 号イからハに規定する観点から指導を行っていること。	有 ・ 無	
	⑥技能実習生の帰国旅費（第 3 号技能実習の開始前の一時帰国を含む。）を負担するとともに技能実習生が円滑に帰国できるよう必要な措置を講じていること。	有 ・ 無	
	⑦実習監理を行っている団体監理型技能実習生の人権を著しく侵害する行為を行っていないこと。	有 ・ 無	
	⑧団体監理型技能実習生との間で認定計画と反する内容の取決めをしていないこと。	有 ・ 無	
	⑨実習監理を行っている団体監理型技能実習生からの相談に適切に応じるとともに、団体監理型実習実施者及び団体監理型技能実習生への助言、指導その他の必要な措置が講じられていること。	有 ・ 無	
	⑩監理団体の業務（監理費の徴収を含む。）に係る規程をインターネットに公表していること。ただし、インターネットによる公表が困難である相当の理由がある場合は、事業所内へ掲示していること。	有 ・ 無	
	⑪団体監理型実習実施者が、団体監理型技能実習に関し労働関係法令に違反しないよう、監理責任者に必要な指導を行わせていること。	有 ・ 無	
	⑫団体監理型実習実施者が、団体監理型技能実習に関し労働関係法令に違反していると認めるときは、監理責任者に是正のための必要な指示を行わせていること。	有 ・ 無	
	⑬⑫の指示を行ったときは、速やかに、その旨を関係行政機関に通報していること。	有 ・ 無	
	⑭事業所管大臣が特定の職種及び作業に特有の事情に鑑み告示で定める基準や方法に従って業務を行っていること（該当がある場合に限る）。	有 ・ 無	該当しない
書類	①団体監理型実習実施者及び団体監理型技能実習生の管理簿が適切に作成され、備え付けられていること。	有 ・ 無	
	②監理費に係る管理簿が適切に作成され、備え付けられていること。	有 ・ 無	
	③団体監理型技能実習に係る雇用関係の成立のあっせんに係る管理簿が適切に作成され、備え付けられていること。	有 ・ 無	
	④団体監理型技能実習の実施状況に係る監査に係る文書が適切に作成され、備え付けられていること。	有 ・ 無	

	⑤入国後講習及び入国前講習の実施状況を記録した書類が適切に作成され、備え付けられていること。	有 ・ 無	
	⑥訪問指導内容を記録した書類が適切に作成され、備え付けられていること。	有 ・ 無	
	⑦団体監理型技能実習生から受けた相談の内容及び当該相談内容への対応を記録した書類が適切に作成され、備え付けられていること。	有 ・ 無	
	⑧外部監査人による監査に係る文書が適切に作成され、備え付けられていること。	有 ・ 無	
	⑨事業所管大臣が特定の職種及び作業に特有の事情に鑑み告示で定める基準や方法に従って書類を作成し備え付けていること（該当がある場合に限る）。	有 ・ 無	該当しない
保護	①暴行・脅迫・監禁等により技能実習を強制していないこと。	有 ・ 無	
	②保証金の徴収・違約金を定める契約等がないこと。	有 ・ 無	
	③預金通帳の管理など不当な財産管理を行っていないこと。	有 ・ 無	
	④旅券・在留カードを保管していないこと。	有 ・ 無	
	⑤技能実習生の私生活の自由を不当に制限していないこと。	有 ・ 無	
その他	①監理団体の許可証を各事業所に備え付けていること。	有 ・ 無	
	②技能実習の実施が困難となった場合、技能実習生が引き続き技能実習を行うことを希望するものが技能実習を行うことができるよう、他の監理団体等との連絡調整等を行っていること。	有 ・ 無	

2　法令違反の有無等（自由記述）

・技能実習法、入管法、労働関係法令違反は見受けられなかった。
・技能実習制度における監理事業を適正に実施している。
・訪問指導、監査等を通じ、団体監理型実習実施者への的確な指導が行われている。

（注意）
１欄に記載した事項以外の法令違反の有無等について、自由に記載すること。

3　その他監理事業を実施するに当たっての問題、課題等（自由記述）

20△△年××月××日、株式会社△△工業△△工場（実習実施者届出受理番号：△△△△△△－△△）勤務の技能実習生２名による傷害事件では、実習実施者と連携して、的確に対応に当たったと言える。現時点では他の技能実習生への動揺も広がっていないが、当分の間、注視していくことが望まれる。

（注意）
監理事業を実施するに当たっての問題、課題等について、自由に記載すること。

参考様式第４-14 号別紙（規則第 54 条第１項第８号関係）　　　　　　　（日本産業規格Ａ列４）

外　部　役　員　に　よ　る　確　認　概　要

１　外部役員による確認の結果

監査事項		問題等の有無	問題内容
監理費	①団体監理型実習実施者等へあらかじめ用途及び金額を明示した上で徴収していること。	有　・　無	
	②徴収した職業紹介費が団体監理型実習実施者等と団体監理型技能実習生等との間における雇用関係の成立のあっせんに係る事務に要する費用（募集及び選抜に要する人件費、交通費、外国の送出機関へ支払う費用その他の実費に限る。）の額を超えていないこと。	有　・　無	
	③徴収した講習費が、入国後講習に要する費用（監理団体が支出する施設使用料、講師及び通訳への謝金、教材費、第１号団体監理型技能実習生に支給する手当その他の実費に限る。）の額を超えていないこと。	有　・　無	
	④徴収した監査指導費が、団体監理型技能実習の実施に関する監理に要する費用（団体監理型実習実施者に対する監査及び指導に要する人件費、交通費その他の実費に限る。）の額を超えていないこと。	有　・　無	
	⑤徴収したその他諸経費が、その他技能実習の適正な実施及び技能実習生の保護に資する費用（実費に限る。）の額を超えていないこと。	有　・　無	
業務	①団体監理型実習実施者が認定計画に従って技能実習を行わせているか等、監理責任者の指揮の下、主務省令第 52 条第１号イからホまでに定める方法（団体監理型技能実習生が従事する業務の性質上当該方法によることが著しく困難な場合にあっては、他の適切な方法）によって３か月に１回以上の頻度で監査を行うほか、実習認定の取消し事由に該当する疑いがあると認めたときは、直ちに監査を行っていること。	有　・　無	
	②第１号団体監理型技能実習に係る実習監理にあっては、監理責任者の指揮の下、１か月に１回以上の頻度で、団体監理型実習実施者が認定計画に従って団体監理型技能実習を行わせているかについて実地による確認（団体監理型技能実習生が従事する業務の性質上当該方法によることが著しく困難な場合にあっては、他の適切な方法による確認）を行うとともに、団体監理型実習実施者に対し必要な指導を行っていること。	有　・　無	
	③技能実習を労働力の需給の調整の手段と誤認させるような方法で、団体監理型実習実施者等の勧誘又は監理事業の紹介をしていないこと。	有　・　無	

	④入国後講習を認定計画に従って実施しており、かつ、入国後講習の期間中に団体監理型技能実習生を業務に従事させていないこと。	有 ・ 無	
	⑤技能実習計画作成の指導に当たって、団体監理型技能実習を行わせる事業所及び団体監理型技能実習生の宿泊施設を実地に確認するほか、主務省令第52条第８号イからハに規定する観点から指導を行っていること。	有 ・ 無	
	⑥技能実習生の帰国旅費（第３号技能実習の開始前の一時帰国を含む。）を負担するとともに技能実習生が円滑に帰国できるよう必要な措置を講じていること。	有 ・ 無	
	⑦実習監理を行っている団体監理型技能実習生の人権を著しく侵害する行為を行っていないこと。	有 ・ 無	
	⑧団体監理型技能実習生との間で認定計画と反する内容の取決めをしていないこと。	有 ・ 無	
	⑨実習監理を行っている団体監理型技能実習生からの相談に適切に応じるとともに、団体監理型実習実施者及び団体監理型技能実習生への助言、指導その他の必要な措置が講じられていること。	有 ・ 無	
	⑩監理団体の業務（監理費の徴収を含む。）に係る規程をインターネットに公表していること。ただし、インターネットによる公表が困難である相当の理由がある場合は、事業所内へ掲示していること。	有 ・ 無	
	⑪団体監理型実習実施者が、団体監理型技能実習に関し労働関係法令に違反しないよう、監理責任者に必要な指導を行わせていること。	有 ・ 無	
	⑫団体監理型実習実施者が、団体監理型技能実習に関し労働関係法令に違反していると認めるときは、監理責任者に是正のための必要な指示を行わせていること。	有 ・ 無	
	⑬⑫の指示を行ったときは、速やかに、その旨を関係行政機関に通報していること。	有 ・ 無	
	⑭事業所管大臣が特定の職種及び作業に特有の事情に鑑み告示で定める基準や方法に従って業務を行っていること（該当がある場合に限る）。	有 ・ 無	該当しない
書類	①団体監理型実習実施者及び団体監理型技能実習生の管理簿が適切に作成され、備え付けられていること。	有 ・ 無	
	②監理費に係る管理簿が適切に作成され、備え付けられていること。	有 ・ 無	
	③団体監理型技能実習に係る雇用関係の成立のあっせんに係る管理簿が適切に作成され、備え付けられていること。	有 ・ 無	
	④団体監理型技能実習の実施状況に係る監査に係る文書が適切に作成され、備え付けられていること。	有 ・ 無	
	⑤入国後講習及び入国前講習の実施状況を記録した書類が適切に作成され、備え付けられていること。	有 ・ 無	

	⑥訪問指導内容を記録した書類が適切に作成され、備え付けられていること。	有 ・ 無	
	⑦団体監理型技能実習生から受けた相談の内容及び当該相談内容への対応を記録した書類が適切に作成され、備え付けられていること。	有 ・ 無	
	⑧外部役員による確認に係る文書が適切に作成され、備え付けられていること。	有 ・ 無	
	⑨事業所管大臣が特定の職種及び作業に特有の事情に鑑み告示で定める基準や方法に従って書類を作成し備え付けていること（該当がある場合に限る）。	有 ・ 無	該当しない
保護	①暴行・脅迫・監禁等により技能実習を強制していないこと。	有 ・ 無	
	②保証金の徴収・違約金を定める契約等がないこと。	有 ・ 無	
	③預金通帳の管理など不当な財産管理を行っていないこと。	有 ・ 無	
	④旅券・在留カードを保管していないこと。	有 ・ 無	
	⑤技能実習生の私生活の自由を不当に制限していないこと。	有 ・ 無	
その他	①監理団体の許可証を各事業所に備え付けていること。	有 ・ 無	
	②技能実習の実施が困難となった場合、技能実習生が引き続き技能実習を行うことを希望するものが技能実習を行うことができるよう、他の監理団体等との連絡調整等を行っていること。	有 ・ 無	

2　法令違反の有無等（自由記述）

- 技能実習法、入管法、労働関係法令違反は見受けらなかった。
- 技能実習制度における監理事業を適正に実施している。
- 訪問指導、監査等を通じ、団体監理型実習実施者への的確な指導が行われている。

（注意）
1欄に記載した事項以外の法令違反の有無等について、自由に記載すること。

3　その他監理事業を実施するに当たっての問題、課題等（自由記述）

20△△年××月××日、株式会社△△工業△△工場（実習実施者届出受理番号：△△△△△△－△△）勤務の技能実習生２名による傷害事件では、実習実施者と連携して、的確に対応に当たったと言える。現時点では他の技能実習生への動揺も広がっていないが、当分の間、注視していくことが望まれる。

（注意）
監理事業を実施するに当たっての問題、課題等について、自由に記載すること。

参考様式第１-19号（規則第８条第17号関係）

A・D

団体監理型・企業単独型
共通様式

第１号技能実習計画
認定申請で用いる様式

（日本産業規格Ａ列４）

技能実習の期間中の待遇に関する重要事項説明書

〈1〉

NGUYEN VIET NAM　　殿

技能実習の期間中の待遇について、以下のとおり説明します。この内容は重要ですから、十分理解されるようお願いします。

1　実習中の待遇

雇用契約期間、就業（技能実習）の場所、従事すべき業務（職種及び作業）の内容、労働時間等、休日、休暇、賃金、退職に関する事項、宿泊施設に関する事項、その他の事項については、別紙「雇用契約書及び雇用条件書」のとおりです。

（注意）宿泊施設の概要を明らかにするため、当該施設の見取り図を添付すること。

2　入国後講習中の待遇

1講習手当 （1か月当たり）	①　支給の有無	■ 有（支給額・支給内容　1か月 70,000 円・現金　）□ 無
	②　備考	特記事項なし
2食費 （1か月当たり）	①　支給の有無	■　有（支給内容　朝・昼・夕給食（30,000 円相当）　）□ 無
	②　技能実習生の負担の有無	□　有（負担内容　）■ 無
	③　備考	特記事項なし
3居住費 （1か月当たり）	①　支給の有無	■　有（支給内容　宿泊施設（1か月 10,000 円相当）　）□ 無
	②　技能実習生の負担の有無	□　有（負担内容　）■ 無
	③　形態	■寮（寄宿舎）　・　□賃貸住宅　・　□その他（　）
	④　名称	△△研修所
	⑤　所在地	〒　〇〇〇－〇〇〇〇 △△県△△市△△町△△2-11-5 （電話　△△－△△△△－△△△△）
	⑥　規模	面積（　900m^2）、収容人員（　30 人）、１人当たり居室（　5 m^2）
4その他	特記事項なし	

（注意）４欄は、１欄から３欄まで以外の諸手当等が支給される場合など特記すべき事項がある場合に記載すること。

技能実習の期間中の待遇に関する重要事項説明書（参考様式第1－19号）A・D　1枚目　記載要領

全般的な注意事項
・技能実習法令の規定により、技能実習生が十分に理解できる言語（機構のホームページには、英語、中国語、ベトナム語、インドネシア語、タガログ語、タイ語、カンボジア語、ミャンマー語、モンゴル語を併記した参考様式が掲載されている。）を併記しなければならない点に留意する。 ・当該説明書は、令和5年4月1日から、技能実習計画認定申請における提出は不要とし、実習実施者において保管する取扱いに変更している。 ・第1号申請と第2号・第3号申請では用いる様式が異なるので注意する。

該当番号	記載上の注意事項
<1>	ローマ字（大文字）で旅券（未発給の場合、発給申請において用いるもの）と同一の氏名を記載する。
1欄	宿泊施設の概要を明らかにするため、当該施設の見取り図を添付する。
2欄	・入国後講習中の待遇について記載する。 ・実習実施者又は監理団体は、第1号技能実習生が入国後講習を受講する期間において、講習に専念できるよう期間中の技能実習生の待遇を確保することが求められる。 ・支給内容は金銭に限られず、現物支給も含まれる。
1	・講習手当について、支給がある場合は「有」を、ない場合は「無」をマークする。 ・「有」の場合、支給額と支給内容を括弧内に記載する。 ・入国後講習期間中に技能実習生の自己負担が発生する一方で手当が支給されない場合等には、入国後講習に専念することができないことが想定されるため、食費、居住費等と同等以上の額の講習手当が支払われる必要があることに留意する。 ・講習手当について、補足等の事項があれば②に記載する。なければ「特記事項なし」と記載する。 ・企業単独型で雇用契約期間中に講習を実施する場合は、支給は「無」とし、②備考に「雇用契約期間中に講習を実施しているため、支給しない。」等を記載する。
2①	・食費について、支給がある場合は「有」を、ない場合は「無」をマークする。 ・「有」の場合、支給内容を括弧内に記載する。なお、金銭以外の場合は1か月当たりの所要見込額を付記する。
2②	・技能実習生の負担がある場合は「有」を、ない場合は「無」をマークする。 ・「有」の場合、負担内容と負担額を括弧内に記載する。
2③	食費について、補足等の事項があれば③に記載する。なければ、「特記事項なし」と記載する。
3①	・居住費について、支給がある場合は「有」を、ない場合は「無」をマークする。 ・「有」の場合、支給内容を括弧内に記載する。なお、金銭以外の場合は1か月当たりの所要見込額を付記する。
3②	・技能実習生の負担がある場合は「有」を、ない場合は「無」をマークする。 ・「有」の場合、負担内容と負担額を括弧内に記載する。
3③	講習中の居住施設について、「寮（寄宿舎）」「賃貸住宅」「その他」のうちの該当するものをマークする。「その他」を選択した場合は括弧内に具体的内容を記載する。
3④～⑥	・④に施設の名称、⑤に所在地と電話番号を記載する。 ・⑥には施設の面積、収容人員（技能実習生以外の人員を含む。）、1人当たりの居室面積（バス、トイレ、キッチン、廊下等を除いた面積）を記載する。
4	2欄1から3まで以外の諸手当等が支給される場合など特記すべき事項がある場合には本欄に記載する。なければ「特記事項なし」と記載する。

3　実習先変更（団体監理型の場合）

実習先の変更は、やむを得ない事情がある場合（※）を除き、技能実習生が第２号技能実習の目標（技能検定等３級の実技試験の合格）を達成して第３号技能実習を行うことを希望し、かつ、優良な実習実施者及び優良な監理団体が当該技能実習生の受入れを希望する場合に可能となります。

※　実習実施者の経営上・事業上の都合、実習認定の取消し、実習実施者における労使間の諸問題、実習実施者における暴行等の人権侵害行為や対人関係の諸問題等、現在の実習実施者の下で技能実習を続けさせることが、技能実習の適正な実施及び技能実習生の保護という趣旨に沿わないと認められる事情による実習先の変更の場合が該当します。

4　その他の事項

特記事項なし

（注意）特記すべき事項がある場合に記載すること。

以上の内容について説明しました。

〈2〉

20△△年　　△△月　　△△日

説明者の氏名　　PHAM VIET NAM

（申請者（実習実施者）との関係　取次送出機関の担当部長　）

以上の内容について上記の説明者から説明を受け、その内容を十分に理解しました。

〈3〉

20△△年　　△△月　　△△日

技能実習生の署名　Nguyen Viet Nam

技能実習の期間中の待遇に関する重要事項説明書（参考様式第1－19号）A・D　2枚目　記載要領

該当番号	記載上の注意事項
4	特記すべき事項がある場合に記載し、無ければ「特記事項なし」と記載する。
<2>	本重要事項説明書に記載された事項を技能実習生に説明した日付、説明者の氏名及び説明者と申請者（実習実施者）との関係を記載する。
<3>	技能実習生が本重要事項説明書に記載された事項の説明を受け、内容を理解した日付を記載し、技能実習生本人が署名する（自筆)。

参考様式第１-19 号（規則第８条第 17 号関係）
B・C・E・F

団体監理型・企業単独型
共通様式

第２·３号技能実習計画認定
申請で用いる様式

（日本産業規格Ａ列４）

技能実習の期間中の待遇に関する重要事項説明書

〈1〉

NGUYEN VIET NAM　殿

技能実習の期間中の待遇について、以下のとおり説明します。この内容は重要ですから、十分理解されるようお願いします。

１　実習中の待遇

雇用契約期間、就業（技能実習）の場所、従事すべき業務（職種及び作業）の内容、労働時間等、休日、休暇、賃金、退職に関する事項、宿泊施設に関する事項、その他の事項については、別紙「雇用契約書及び雇用条件書」のとおりです。

（注意）宿泊施設の概要を明らかにするため、当該施設の見取り図を添付すること。

２　実習先変更（団体監理型の場合）

実習先の変更は、やむを得ない事情がある場合（※）を除き、技能実習生が第２号技能実習の目標（技能検定等３級の実技試験の合格）を達成して第３号技能実習を行うことを希望し、かつ、優良な実習実施者及び優良な監理団体が当該技能実習生の受入れを希望する場合に可能となります。

※　実習実施者の経営上・事業上の都合、実習認定の取消し、実習実施者における労使間の諸問題、実習実施者における暴行等の人権侵害行為や対人関係の諸問題等、現在の実習実施者の下で技能実習を続けさせることが、技能実習の適正な実施及び技能実習生の保護という趣旨に沿わないと認められる事情による実習先の変更の場合が該当します。

３　その他の事項

特記事項なし

（注意）特記すべき事項がある場合に記載すること。

以上の内容について説明しました。

〈2〉　20△△年　△△月　△△日

説明者の氏名　LE THI VANG

（申請者（実習実施者）との関係　監理団体職員　）

以上の内容について上記の説明者から説明を受け、その内容を十分に理解しました。

〈3〉　20△△年　△△月　△△日

技能実習生の署名　Nguyen Viet Nam

技能実習の期間中の待遇に関する重要事項説明書（参考様式第１－19 号）B・C・E・F 記載要領

全般的な注意事項
・技能実習法令の規定により、技能実習生が十分に理解できる言語（機構のホームページには、英語、中国語、ベトナム語、インドネシア語、タガログ語、タイ語、カンボジア語、ミャンマー語、モンゴル語を併記した参考様式が掲載されている。）を併記しなければならない点に留意する。 ・当該説明書は、令和５年４月１日から、技能実習計画認定申請における提出は不要とし、実習実施者において保管する取扱いに変更している。 ・第１号申請と第２号・第３号申請では用いる様式が異なるので注意する。

該当番号	記載上の注意事項
<1>	ローマ字（大文字）で旅券（未発給の場合、発給申請において用いるもの）と同一の氏名を記載する。
1	宿泊施設の概要を明らかにするため、当該施設の見取り図を添付する。
3	特記すべき事項がある場合に記載する。なければ「特記事項なし」と記載する。
<2>	本重要事項説明書に記載された事項を技能実習生に説明した日付、説明者の氏名及び説明者と申請者（実習実施者）との関係を記載する。
<3>	技能実習生が本重要事項説明書に記載された事項の説明を受け、内容を理解した日付を記載し、技能実習生本人が署名する（自筆）。

参考様式第１-42号　　　　　　　　　　　　　　　　　　　　　　　　　　（日本産業規格Ａ列４）

Ａ・Ｂ・Ｃ・Ｄ・Ｅ・Ｆ

妊娠等に関連した技能実習期間満了前の帰国についての申告書

下記の事項を申告します。

記

１　私は、現在、

〈1〉☑　妊娠

□　子を出産

しています。

〈2〉

２　私は、監理団体・実習実施者の役職員である（※）（氏名：　乙原　次郎　）から、

☑　日本では、妊娠等を理由に解雇や不利益取扱いをすることが禁止されていること

☑　妊娠中の女性労働者は以下のことが請求できること

①　他の軽易な業務に転換すること（妊娠中のみ）

②　１週間又は１日の労働時間が法定時間を超えないこと（妊産婦）

③　時間外労働、休日労働又は深夜業をしないこと（妊産婦）

☑　妊娠中の女性労働者は以下の期間、休業ができ、休業期間中は加入している健康保険から出産手当金（休業開始前の賃金の６７％相当額）が支給される可能性があること

①　本人の請求により、出産予定日前の６週間（多胎妊娠の場合は１４週間）

②　就業させてはならない期間として出産後の８週間（ただし、産後６週間経過後に、本人が請求し、医師が支障のないと認めた業務に就くことは可能）

☑　子供が１歳（一定の場合は最長２歳）になるまでの期間、男女労働者が育児休業を取得することができ、休業期間中が加入している雇用保険から育児休業給付金（はじめの６か月は休業開始前の賃金の６７％相当額、その後は５０％相当額）が支給される可能性があること

☑　技能実習を中断し、帰国した場合でも、監理団体や送出機関の支援を受けながら、再度入国して技能実習を再開することができること

☑　技能実習の再開は、外国人技能実習機構などで手続が必要であること

について、十分説明を受けました。

妊娠等に関連した技能実習期間満了前の帰国についての申告書（参考様式第 1－42 号）1 枚目　記載要領

全般的な注意事項
・技能実習生が妊娠、出産等したことを理由とする解雇その他不利益な取扱いは、男女雇用機会均等法違反となる。その上で、技能実習生が帰国することを希望した場合には、技能実習の継続や終了後の再開の意思を把握するための資料として、技能実習生本人が作成した本申告書を監理団体または企業単独型実習実施者が保管する。 ・技能実習生が十分に理解できる言語を併記しなければならない。 ・本申告書は技能実習生が自筆で母国語で記載する必要がある。

該当番号	記載上の注意事項
<1>	該当する項目を選択しチェックマークを記載する。
<2>	・本申告書に記載された事項についての説明をした監理団体又は実習実施者のどちらかに○をつける。 ・説明者の氏名を記載する。

3　私は、上記２の説明を受け、以下の理由から、20△△年△△月△△日までの技能実習期間満了前の20□□年□□月□□日に帰国することを決めました。

〈3〉
母国の病院での出産を希望するため。

〈4〉
4　現時点で、帰国して出産などをした後の予定は

□　日本に戻って技能実習を再開したい（再開予定時期：＿＿＿＿＿年＿＿＿月頃）

□　日本で技能実習を再開する意思はない

☑　分からない

上記の記載内容は、事実と相違ありません。

20××年　　××月　　××日

技能実習生の署名　*Nguyen Viet Nam*

※　意に反して帰国する必要のないことについての説明をした方に○をすること。また、説明者の氏名を記載すること。

○○事業協同組合　理事長　甲野　優一　殿

〈5〉　提出者　NGUYEN VIET NAM

（注意）技能実習生が自筆で母国語により記載することが必要です。
理由部分には日本語訳を添付すること。

妊娠等に関連した技能実習期間満了前の帰国についての申告書（参考様式第1−42号）2枚目　記載要領

該当番号	記載上の注意事項
<3>	帰国理由は日本語訳を添付する。
<4>	該当する項目を選択しチェックマークを記載する。
<5>	提出者欄には技能実習生の氏名を記入する。

参考様式第１-43 号　　　　　　　　　　　　　　　　　　（日本産業規格Ａ列４）

Ａ・Ｂ・Ｃ・Ｄ・Ｅ・Ｆ

意思確認書面

下記の事項を申告します。

記

〈1〉

私は、以下の理由により、20○○年○○月○○日までの技能実習期間満了前の20○○年△△月△△日に帰国することを了承しました。

〈2〉

母国に帰り結婚するため。

〈3〉

私は、このことについて、意思に反して帰国する必要はない旨、監理団体または実習実施者（※）（氏名：　乙原　次郎　）から十分な説明を受けました。

今般、技能実習期間満了前に帰国することについては、私の意に反するものではありません。

上記の記載内容は、事実と相違ありません。

〈4〉　20○○年　○月　△日

技能実習生の署名　Nguyen Viet Nam

実習実施者の署名　代表取締役　国際太郎

※　意に反して帰国する必要のないことについての説明をした方に○をすること。また、説明者の氏名を記載すること。

（注意）

・技能実習生自身が自筆で母国語により記載することが必要です。

・理由部分は日本語訳を添付すること。

・技能実習生の実情によって適宜理由を明らかにする資料を添付すること。

意思確認書面（参考様式第１－43 号）　記載要領

全般的な注意事項
・技能実習生が技能実習計画の満了前に途中で帰国することとなる場合には、技能実習生に対し、意に反して技能実習を中止して帰国する必要がないことの説明や帰国の意思確認を本書面により十分に行った上、技能実習生の帰国が決定した時点で技能実習実施困難時届出書とともに帰国前に機構の地方事務所・支所の認定課へ提出する必要がある。 ・ただし、帰国便の都合や帰国予定の技能実習生が期間満了日までに有給休暇をまとめて消化する等の技能実習期間の満了まで技能実習を行わせられないことにやむを得ない事情がある場合など、技能実習生の意に反するものでないことが確認できる場合には、参考様式第１－40 号等により、帰国の意思確認を十分に行い、これらのやむを得ない事情があったことを記録しておく場合は、技能実習実施困難時届出書の提出は不要となる。 ・技能実習生自身が自筆で母国語により記載する必要がある。 ・技能実習生が十分に理解できる言語を併記しなければならない点に留意する。

該当番号	記載上の注意事項
<1>	技能実習期間満了日及び帰国予定日を記載する。
<2>	・帰国の理由を記載する。 ・理由部分は日本語訳を添付する。
<3>	本申告書に記載された事項についての説明をした監理団体又は実習実施者のどちらかに○をつける。
<4>	技能実習生及び実習実施者が署名をし、署名日を記入する。

（規則第22条第1項第1号、第54条第1項第1号関係）

JITCO書式10

<1> 20××　年　△△　月　△△　日

技能実習生の名簿（認定計画履行状況管理（兼）実習監理）

<2>実習実施者名　株式会社　△△工業　<3> 事業所名　<7> □□工場　<8>　<4> 20××　年　△△　月　分

<5> シ　技能実習の区分　第3号団体監理型技能実習

No	ア　氏名	イ　国籍（国又は地域）	ウ　生年月日	エ　性別	オ　在留資格	カ　在留期間	キ　在留期間の満了日	ク　在留カード番号	ケ　外国人雇用状況届出の届出日	<9> 技能実習を実施している認定計画 コ　認定番号	サ　認定年月日	ス　技能実習の開始日	セ　技能実習の終了日	ソ　変更認定 認定年月日	ソ　変更認定 変更事項	タ　変更届出 届出年月日	タ　変更届出 変更事項
1	<6> NGUYEN VIET NAM	ベトナム	19△△年△△月△△日	男	☐ 技能実習第1号イ ☐ 技能実習第2号イ ☐ 技能実習第3号イ ☐ 技能実習第1号ロ ☐ 技能実習第2号ロ ☑ 技能実習第3号ロ	1年 1年	20×☆年△△月△△日 20××年△△月△△日	AZ19283746BY BP28374650HN	20△△年△△月△△日	認1704345678	20×○年□□月□□日	20×○年△△月□□日 20×○年△△月△△日	年月日 20×☆年△△月□□日	年月日		年月日	
	チ・ツ　既に終了した認定計画				☐ 技能実習第1号イ ☐ 技能実習第2号イ ☐ 技能実習第3号イ ☐ 技能実習第1号ロ ☑ 技能実習第2号ロ ☐ 技能実習第3号ロ	1年 1年	20×○年△△月△△日 20○○年△△月△△日	PK30192837GV BP28374650HN	20□□年□□月□□日	認1704234567	20○○年□□月□□日	20○○年△△月□□日 20○○年△△月□△日	20×○年△△月□×日 20×○年△△月□□日	年月日		20×○年○○月□×日	技能実習責任者の変更
	チ・ツ　既に終了した認定計画				☐ 技能実習第1号イ ☐ 技能実習第2号イ ☐ 技能実習第3号イ ☑ 技能実習第1号ロ ☐ 技能実習第2号ロ ☐ 技能実習第3号ロ	1年	20△△年△△月△△日	ZD98765432LW	20□□年□□月□□日	認1704123456	20□□年□□月□□日	20□□年△△月□□日 20□□年△△月××日	20××年△△月□×日 20××年△△月××日	年月日		年月日	
2	△△△　△△△　△△△	ベトナム	19□□年□□月□□日	男	☐ 技能実習第1号イ ☐ 技能実習第2号イ ☐ 技能実習第3号イ ☐ 技能実習第1号ロ ☐ 技能実習第2号ロ ☑ 技能実習第3号ロ	4月	年月日 20××年△△月△△日	CX91827364DW	20△△年△△月△△日	認1704765432	20×○年□□月□□日	20×○年△△月△△日 20×○年△△月△△日	年月日 20×△年△△月△×日	年月日		年月日	
	<10> チ・ツ　既に終了した認定計画				☐ 技能実習第1号イ ☐ 技能実習第2号イ ☐ 技能実習第3号イ ☐ 技能実習第1号ロ ☑ 技能実習第2号ロ ☐ 技能実習第3号ロ	1年 1年	20×○年△△月△△日 20○○年△△月△△日	TR45678901KA EQ71098765DB	20□□年□□月□□日	認1704876543	20○○年□□月□□日	20○○年△△月□□日 20○○年△△月□△日	20×○年△△月□×日 20×○年△△月□×日	年月日		20×○年○○月□×日	技能実習責任者の変更
	チ・ツ　既に終了した認定計画				☐ 技能実習第1号イ ☐ 技能実習第2号イ ☐ 技能実習第3号イ ☑ 技能実習第1号ロ ☐ 技能実習第2号ロ ☐ 技能実習第3号ロ	1年	20△△年△△月△△日	YY77665544VV	20□□年□□月□□日	認1704987654	20□□年□□月□□日	20□□年△△月□□日 20□□年△△月××日	20××年△△月□×日 20××年△△月××日	年月日		年月日	

特記事項

<11>

特記事項なし

（注意）

1 本名簿は、右肩「シ　技能実習の区分」欄に記載した技能実習の区分ごとに分けて作成する。

2 技能実習計画認定期間より在留許可期間が短いため、在留期間更新許可申請が必要な場合、「カ　在留期間」、「キ　在留期間の満了日」及び「ク　在留カード番号」の各欄は上下複数段に分けて記載する。

3 「ケ　外国人雇用状況届出の届出日」は、技能実習生が雇用保険被保険者に該当する場合は、雇用保険被保険者通知書に記載されている確認（受理）通知年月日の日付を記載する。

4 「ス　技能実習の開始日」及び「セ　技能実習の終了日」は、上段に技能実習の開始（終了）日を、下段に技能実習計画認定通知書の「4　技能実習期間」をそれぞれ記載する。

技能実習生の名簿（認定計画履行状況管理（兼）実習監理）（JITCO 書式 10）　記載要領

全般的な注意事項

・本名簿は、以下の 2 とおりの用途を目的に作成する。

1. 実習実施者が作成し、事業所ごとに備え付けることが求められる書類のひとつである技能実習生の名簿
本名簿は以下の書類と共に備えておくこととされている。
① 認定計画の履行状況に係る管理簿（参考様式第 4－1 号）（P.144（記載例本体、以下同じ。））
② 技能実習生の履歴書（参考様式第 1－3 号）
③ 雇用契約書及び雇用条件書（参考様式第 1－14 号）
④ 技能実習生の待遇に係る記載がされた書類（賃金台帳等労働関係法令上必要とされる書類の備え付けにより対応可能）
⑤ 技能実習日誌（参考様式第 4－2 号）（P.146）
⑥ （法務大臣及び厚生労働大臣が告示で定める特定の職種及び作業に係るものの場合）特定の職種及び作業に係る事業所管大臣が告示で定める書類
⑦ 入国前講習及び入国後講習の実施状況を記録した書類（参考様式第 4－3 号及び 4－4 号）（企業単独型のみ）

・「認定計画の履行状況に係る管理簿（参考様式第 4－1 号）」及び「技能実習日誌（参考様式第 4－2 号）」は毎月、月ごとに作成するものであることから、本名簿も同様に毎月、月ごとに作成の上、一緒に保管しておくとよい。

2. 監理団体が作成し、監理事業を行う事業所ごとに備え付けることが求められる書類のひとつである実習監理に係る技能実習生の名簿
本名簿は以下の書類と共に備えておくこととされている。
① 実習監理を行う実習実施者の名簿
② 技能実習責任者・技能実習指導員・生活指導員の履歴書並びに就任承諾書及び誓約書（参考様式第 1－5 号）
※技能実習責任者、技能実習指導員、生活指導員それぞれの書類
③ 監理団体と実習実施者の間の実習監理に係る契約の契約書又はこれに代わる書類
④ 技能実習生の履歴書（参考様式第 1－3 号）
⑤ 雇用契約書及び雇用条件書（参考様式第 1－14 号）
⑥ 監理費管理簿（参考様式第 4－5 号）（P.52）
⑦ 技能実習に係る雇用関係のあっせんに係る管理簿（求人・求職）（参考様式第 4－6 号第 1 面・第 2 面）（P.56～61）
⑧ 監査報告書の写し（別記様式第 22 号）（P.28）
⑨ 監査実施概要（参考様式第 4－7 号）（本概要を用いて監査を実施した場合）（P.62）
⑩ 入国前講習実施記録（参考様式第 4－8 号）（P.74）
⑪ 入国後講習実施記録（参考様式第 4－9 号）（P.80）
⑫ 訪問指導記録書（参考様式第 4－10 号）（P.86）
⑬ 団体監理型技能実習生からの相談対応記録書（参考様式第 4－11 号）（P.88）
⑭ （外部監査の措置を講じている場合）外部監査報告書（参考様式第 4－12 号）（P.90）及び外部監査報告書（同行監査）（参考様式第 4－13 号）（P.98）
（外部監査の措置を講じていない場合）外部役員確認書（参考様式第 4－14 号）（P.102）

・本名簿は技能実習を行わせる事業所ごと、技能実習の区分（1 号・2 号・3 号）ごとに作成する。

該当番号	記載上の注意事項
<1>	本名簿を作成した日付を記載する。
<2>	実習実施者名を記載する。
<3>	事業所名を記載する。
<4>	本名簿の対象となる期間を記載する。
<5>	技能実習の区分を記載する。
<6>	本事業所に所属する技能実習生ごとに各項目について記載する。
<7>	技能実習計画認定期間より在留許可期間が短いため、在留期間更新許可申請が必要な場合、「カ　在留期間」、「キ　在留期間の満了日」及び「ク　在留カード番号」の各欄は上下複数段に分けて記載する。
<8>	「ケ　外国人雇用状況届出の届出日」は、技能実習生が雇用保険被保険者に該当する場合は、雇用保険被保険者通知書に記載されている確認（受理）通知年月日の日付を記載する。
<9>	「ス　技能実習の開始日」及び「セ　技能実習の終了日」は、上段に実際の技能実習の開始（終了）日を、下段に技能実習計画認定通知書の「4　技能実習期間」をそれぞれ記載する。
<10>	「チ・ツ　既に終了した認定計画」欄は、当該技能実習生に係る既に終了した認定計画について記載する。
<11>	特記事項があれば本欄に記載する。ない場合は「特記事項なし」と記載する。

取扱職種の変更（変更届出書）の提出書類一覧

R5.4.1

監理団体名：

（許可番号：許＿＿＿＿00＿＿＿＿）（許可日　　／　　／　　）

・別記様式については「書式」欄で指定された様式を使用してください。
・別記様式についてはＨＰに掲載している最新の様式を使用してください。

団体監理型技能実習の取扱職種の変更（特定職種[介護/自動車整備/漁船漁業・養殖業職種]以外）

番号	チェック	必要な書類	書式	留意事項
①	□	取扱職種の変更（変更届出書）の提出書類一覧	本表	申請前に本表にて提出書類をご確認の上、提出書類一式の一番上に綴じてください。
②	□	変更届出書	別記様式第17号	「5 変更の内容 ①」の「項目」に取扱職種の変更と記載し、「変更前」及び「変更後」は別紙参照とご記載ください。
③	□	団体監理型技能実習の取扱職種の範囲等	参考様式第２-16号	以下をご記載ください。 ・取扱のある作業：「✓」を記載 ・追加する作業：「追加」を記載 ・削除する作業：「削除」を記載
④	□	技能実習計画作成指導者の履歴書	参考様式第２-13号	下記の点にご注意ください。 ・記⑧：職歴・貴団体への入職年月・役員/職員（常勤/非常勤）の区別を記載 ・記⑩：当該職種の実務経験が5年以上ある場合、会社名・職種・経験期間・合計年数を記載 ・記⑪：旧制度（2017年10月以前）での実習計画作成指導歴について、監理団体名・職種・指導先会社名・指導期間及び指導件数を記載 ・記⑩又は記⑪のいずれかの経験が必要です。 ・その他記載内容は記載例（※1）をご参照ください。 ※技能実習計画作成指導者が職員の場合、雇用契約書又は雇用条件通知書の写しを添付してください。役員の場合は不要です。
⑤	□	定款の写し		・定款全部を提出してください。
⑥	□	委任状	サンプルを機構HPに掲載	・届出書の提出を申請者以外に委任する場合に提出してください。 ・直接申請者に内容確認を行う場合もあります。

○　取扱職種の追加申請については届出制のため、審査結果を通知しておりません。各自にて、機構HP（監理団体の検索）から自監理団体の取扱職種が変更されていることをご確認ください。

※1　技能実習計画作成指導者の履歴書（参考様式第２-13号）　記載例
https://www.otit.go.jp/files/user/docs/200929-3.docx

外国の送出機関の変更（変更届出書）の提出書類一覧

R5.4.1

監理団体名：

（許可番号：許 ＿＿＿＿OO＿＿＿＿）（許可日　　　／　　　／　　　）

!

・送出国政府との間に二国間取決めがされた国の送出機関の場合、①～⑤と⑥の書類を提出してください。
・中国やネパールなどの送出国政府との間に二国間取決めがされていない国の送出機関の場合、①～⑤と⑦～⑫と⑭の書類を提出してください。
・新たな国又は地域から技能実習生を受ける場合や新たな言語を追加する場合、⑬を提出してください。
・ホチキス等で綴じずに提出してください。
・別記様式については「書式」欄で指定された様式を使用してください。
・別記様式についてはＨＰに掲載している最新の様式を使用してくださ

番号	チェック	必要な書類	備考
①	□	外国の送出機関の変更（変更届出書）の提出書類一覧	本表
②	□	変更届出書	別記様式第17号（押印不要） ・届出者には、監理団体名、代表者役職および氏名を記載してください。 ・変更届出書の備考欄には「送出機関と締結した契約書（協定書）、附属覚書などの写しについては全て提出しております。」と記載してください。また、当該届出の担当者及び連絡先を記載してください。
③	□	送出機関一覧 （変更前後の送出機関一覧など、追加する送出機関や削除する送出機関を明示した全ての送出機関の一覧）	様式は別紙の凡例を参照してください。 （国名と送出機関名を必ず記載すること）
④	□	監理団体と送出機関との間に締結された契約書（協定書）の写し	・日本語版と現地語版の両方を提出してください。 ・送出管理費の支払に使用する送出機関及び監理団体両方の法人名義の銀行口座情報を記載してください。 ・「団体監理型技能実習生等又はその配偶者、直系若しくは同居の親族その他団体監理型技能実習生等と社会生活において密接な関係を有する者の金銭その他財産を管理せず、かつ、団体監理型技能実習に係る契約の不履行について違約金を定める契約その他の不当に金銭その他の財産の移転を予定する契約をしないことを確認する（技能実習法施行規則第５２条第五号）」旨、記載してください。 （参考） 外国人技能実習法施行規則

⑤	□	契約書（協定書）附属覚書の写し その他契約書の写し（外部講習委託契約書など） （送出機関との間で締結した契約書（協定書）、附属覚書などすべて提出）	・日本語版と現地語版の両方を提出してください。
⑥	□	外国政府認定送出機関リストのうち、追加する送出機関が掲載されたページ （送出国政府との間に二国間取決めがされている国の送出機関の場合）	・機構ＨＰの「外国政府認定送出機関一覧」より最新の認定状況を確認し、追加する送出機関が掲載されたページを出力し、該当する送出機関に印を付けてください。 （参考） 「二国間取決めのある送出国」および「外国政府認定送出機関一覧」
⑦	□	外国の送出機関の概要書 （送出国政府との間に二国間取決めがされていない国の場合）	参考様式第２－９号（押印不要） ・原本を提出してください。 ※記載例、解説動画をご参照ください。
⑧	□	外国の送出機関の登記や登録がされていることを証する書類の写し（営業許可書、登記簿、営業謄本など） （送出国政府との間に二国間取決めがされていない国の場合）	・現地語版と日本語訳の両方を提出してください。
⑨	□	外国の送出機関が技能実習に関する事業を適法に行う能力を有する書類の写し（対外労務合作経営資格証書、ライセンスなど） （送出国政府との間に二国間取決めがされていない国の場合）	・現地語版と日本語訳の両方を提出してください。
⑩	□	外国の送出機関が徴収する費用明細書 （送出国政府との間に二国間取決めがされていない国の場合）	参考様式第２－10号（押印不要） ・原本を提出してください。 ※記載例、解説動画をご参照ください。
⑪	□	監理団体の許可に関する外国の送出機関の誓約書 （送出国政府との間に二国間取決めがされていない国の場合）	参考様式第２－11号（押印不要） ・原本を提出してください。 ※記載例、解説動画をご参照ください。
⑫	□	外国の送出機関の推薦状 （送出国政府との間に二国間取決めがされていない国の場合）	参考様式第２－12号 ・押印のある原本を提出してください。 ※記載例、解説動画をご参照ください。
⑬	□	申請者の概要書 （新たな国又は地域から技能実習生の送出しを受ける場合や新たな言語を追加する場合）	参考様式第２－１号（押印不要） ・「3 相談応需、助言その他の援助に係る措置」について、通訳人が常駐していない場合、①備考に「いつでも対応可能」である旨の記載をしてください。 ・3①備考に、通訳人の通訳能力、在留資格、在日年数等の記載をしてください。 ・通訳業務委託契約書又は雇用通知書の写し、通訳者が外国人の場合は在留カードの写し（表裏両面）を添付してください。 ※記載例、解説動画をご参考ください。
⑭	□	返信用封筒（84円切手を貼付した長形３号） （送出国政府との間に二国間取決めがされていない国の場合）	・送出機関整理番号通知用 ・送付先を記載してください。

※　（参考）記載例、解説動画

※　登録済みの送出機関を削除する場合は①～③の書類を提出してください。

※　登録済みの送出機関の名称が変更された場合、送出国政府との間に二国間取決めがされている国の送出機関については①～③と⑥の書類を、送出国政府との間に二国間取決めがされていない国の送出機関については①～③と旧名称から新名称へ名称変更を行った旨記載された押印のある書類（変更登記情況、変更登記確認書など）の写しを提出してください。
なお、ベトナムなど政府認定更新時に送出機関の名称を変更する場合がありますが、新たな名称で新たに付与されたナンバーで認定送出機関リストに掲載されている場合は、名称変更手続きではなく新たな送出機関としての追加登録と旧名称の送出機関の削除の変更届出を行ってください。

※　登録済みの送出機関の住所や代表者が変更された場合、送出国政府との間に二国間取決めがされている国の送出機関については届出不要ですが、送出国政府との間に二国間取決めがされていない国の送出機関については①～③と⑦の書類を提出してください。

※　登録済みの送出機関との間で締結している契約書（協定書）や覚書について内容の変更が生じた場合、新たに契約書（協定書）や覚書を締結していただきますが、機構への変更届出は不要です。

監理団体の役員の変更（変更届出書）の提出書類一覧

R5.4.1

監理団体名：

（許可番号：許＿＿＿＿OO＿＿＿＿）（許可日　　／　　／　　）

□ 監理団体の代表者の変更

□ 監理団体の役員の変更

！
・別記様式については指定された様式を使用してください。
・別記様式についてはＨＰに掲載している最新の様式を使用してください。

届出が必要な例

1	役員（代表者）が新たに就任した場合	①～⑥
2	役員が新たに就任した場合	①、②、④～⑥
3	役員が辞任した場合	①、②、④（辞任届でも可）
4	役員（代表者）の氏名・住所に変更があった場合	①、②、③、⑤
5	役員の氏名・住所に変更があった場合	①、②、⑤

番号	チェック	必要な書類	備考
①	□	監理団体の役員の変更（変更届出書）の提出書類一覧	本表
②	□	変更届出書	別記様式第17号 ・5①には、変更しない役員も含め、役員全員の氏名及び役職を記載してください。 ・新旧役員名を書ききれない場合は、別紙を作成してください。
③	□	登記事項証明書	代表者が変更された場合のみ提出してください。
④	□	総会又は理事会の議事録	新旧役員交代時のもの。
⑤	□	役員の住民票の写し （市区町村から交付されるものが「住民票の写し」ですので、改めてコピーを取るのではなく、市区町村から交付されたものを提出してください）	本籍地の記載があるもの。 マイナンバー及び住民票コードの記載のないものを提出してください。
⑥	□	申請者の役員の履歴書	参考様式第２－３号 ・⑨学歴・職歴欄の最終行に、役員就任日を記載してください。

注）
・役員の変更があった際はその都度、速やかに変更届出書を提出してください。
・代表理事が代表を退任された後も役員として継続される場合は、変更届出書の「変更後」の欄に氏名及び役職を記載してください。
・退任される役員が責任役員や指定外部役員を兼任していた場合は後任者を記載してください。また、退任される役員が指定外部役員を兼任していた場合は上記の書類のほかに外部役員変更の届出も必要となります。「外部監査人・外部役員の変更（変更届出書）の提出書類一覧」を併せてご確認のうえ、必要書類をご提出ください。
・公益社団法人の場合、評議員の変更届の提出は不要です。

監理責任者の変更（変更届出書）の提出書類一覧

R5.4.1

監理団体名：

（許可番号：許　　　　　00　　　　　）（許可日　　　／　　　／　　　）

□ 監理責任者の変更

□ 監理責任者の追加・削除

!
・別記様式については指定された様式を使用してください。
・別記様式についてはＨＰに掲載している最新の様式を使用してください。

番号	チェック	必要な書類	備考
①	□	監理責任者の変更（変更届出書）の提出書類一覧	本表
②	□	変更届出書	別記様式第17号
③	□	監理責任者の住民票の写し （市区町村から交付されるものが「住民票の写し」ですので、改めてコピーを取るのではなく、市区町村から交付されたものを提出してください）	本籍地の記載があるもの。マイナンバー及び住民票コードの記載のないものを提出してください。
④	□	監理責任者の健康保険等の被保険者証の写し等、常勤性を確認できる書類	健康保険の被保険者証の写しは「記号・番号・保険者番号」について、黒マジック等でマスキングをして見えないようにしてから提出をしてください。
⑤	□	監理責任者の履歴書	参考様式第２－４号
⑥	□	実習実施者名簿（監理責任者用）	機構様式
⑦	□	監理責任者の就任承諾書及び誓約書の写し	参考様式第２－５号
⑧	□	監理責任者等講習の受講証明書の写し	過去３年以内に受講したものを提出してください（監理責任者等講習は3年ごとに受講が必要です）。

□ 監理責任者の住所・氏名等の変更

※　監理責任者が転居をしたり、氏名に変更があった場合

番号	チェック	必要な書類	備考
①	□	監理責任者の変更（変更届出書）の提出書類一覧	本表
②	□	変更届出書	別記様式第17号
③	□	監理責任者の住民票の写し （市区町村から交付されるものが「住民票の写し」ですので、改めてコピーを取るのではなく、市区町村から交付されたものを提出してください）	本籍地の記載があるもの。マイナンバー及び住民票コードの記載のないものを提出してください。

外部監査人・外部役員の変更（変更届出書）の提出書類一覧

R5.4.1

監理団体名：

（許可番号：許　　　　00　　　　）（許可日　　　／　　　／　　　）

□ 外部監査人の変更

外部監査の措置を講じる方法の場合

・別記様式については指定された様式を使用してください。
・別記様式についてはＨＰに掲載している最新の様式を使用してください。

番号	チェック	必要な書類	備考
①	□	外部監査人・外部役員の変更（変更届出書）の提出書類一覧	本表
②	□	変更届出書	別記様式第17号
③	□	外部監査人の概要書	参考様式第２－６号
④	□	外部監査人の就任承諾書及び誓約書の写し	参考様式第２－７号
⑤	□	監理責任者等講習受講証明書の写し	過去３年以内に受講したものを提出してください。

□ 外部役員の変更

外部役員を置く方法の場合

番号	チェック	必要な書類	備考
①	□	外部監査人・外部役員の変更（変更届出書）の提出書類一覧	本表
②	□	変更届出書	別記様式第17号
③	□	指定外部役員の就任承諾書及び誓約書の写し	参考様式第２－８号
④	□	監理責任者等講習受講証明書の写し	過去３年以内に受講したものを提出してください。

注）外部役員は、組合の役員の中から選任する制度です。新たに役員となられる方を選任する場合は、上記の書類のほかに役員の変更届出も必要となります。「監理団体の役員の変更（変更届出書）の提出書類一覧」を併せてご確認のうえ、必要書類をご提出ください。

監理団体・監理事業所の変更（変更届出書及び許可証書換申請書）の提出書類一覧

R5.4.1

監理団体名：＿＿＿＿＿＿＿＿＿＿＿＿

（許可番号：許＿＿＿＿OO＿＿＿＿）（許可日　　　／　　　／　　　）

!

- 名称・住所変更等の場合、以下の書類が必要となります。
- 別記様式については「書式」欄で指定された様式を使用してください。
- 別記様式についてはＨＰに掲載している最新の様式を使用してください。

□ 監理団体の名称変更〈正・副〉

□ 監理事業を行う事業所の名称変更〈正・副〉

番号	チェック	必要な書類	書式	留意事項
①	□	監理団体・監理事業所の変更（変更届出書及び許可証書換申請書）の提出書類一覧	本表	・申請前に本表にて提出書類をご確認の上、申請書類一式の一番上に綴じてください。
②	□	変更届出書及び許可証書換申請書	別記様式第17号	・標題のうち、「変更届出書」に取消線（具体例：「~~変更届出書~~」）を記し、「変更届出書及び許可証書換申請書」はそのままとしてください。 ・「届出者／申請者」欄には、監理団体名、代表者の役職、代表者氏名を記載してください。 ・「３　監理団体」の②住所と「４　監理事業を行う事業所」の②所在地は、許可証と同一（旧住所・所在地）にしてください。なお、監理事業所が複数ある場合は、「４　監理事業を行う事業所」欄に「別紙のとおり」と記載し、別紙（様式任意）を提出してください。
③	□	登記事項証明書		
④	□	返信用封筒（84円切手を貼付した長形３号）		・申請受理票送付用 ・送付先を記載してください。
⑤	□	返信用封筒（レターパック（赤）又は460円切手を貼付した角形２号封筒）		・申請結果の通知を郵送で希望する場合に提出してください。 ・郵便事故防止等のため、レターパック（赤）を提出してください（460円分の切手（簡易書留の郵送料）を貼付した角形２号封筒でも可です）。 ・レターパック（赤）又は角形２号封筒には、送付先（申請者、担当者等）を明記してください。 ・当該封筒の提出がなかった場合は、申請先である機構本部へお越しいただいた上で、結果を通知することになります。
⑥	□	委任状	サンプルを機構HPに掲載	・申請書の提出や許可証等の受領を申請者以外に委任する場合に提出してください。 ・直接申請者に内容確認を行う場合もあります。

□ 監理団体の住所変更〈正・副〉（①～③及び⑫～⑭を提出してください。）

□ 監理事業を行う事業所の所在地変更〈正・副〉（③以外の書類を提出してください。）

番号	チェック	必要な書類	書式	留意事項
①	□	監理団体・監理事業所の変更（変更届出書及び許可証書換申請書）の提出書類一覧	本表	・申請前に本表にて提出書類をご確認の上、申請書類一式の一番上に綴じてください。
②	□	変更届出書及び許可証書換申請書	別記様式第17号	・標題のうち、「変更届出書」に取消線（具体例：「~~変更届出書~~」）を記し、「変更届出書及び許可証書換申請書」はそのままとしてください。 ・「届出者／申請者」欄には、監理団体名、代表者の役職、代表者氏名を記載してください。 ・「３　監理団体」の②住所と「４　監理事業を行う事業所」の②所在地は、許可証と同一（旧住所・所在地）にしてください。なお、監理事業所が複数ある場合は、「４　監理事業を行う事業所」欄に「別紙のとおり」と記載し、別紙（様式任意）を提出してください。
③	□	登記事項証明書		
④	□	不動産の登記事項証明書（建物）		・建物の登記事項証明書を提出してください。 ・賃貸物件の場合も提出してください。
⑤	□	不動産賃貸借契約書の写し		・転貸（不動産所有者と賃貸人が異なる）の場合は、原賃貸借契約書の写し及び所有者からの「転貸承諾証明書類」写しを併せて提出してください。 ・不動産所有者の代理人（管理委託含む）等との賃貸借契約の場合は、「委託証明書類」写しを提出してください。 注意） ・契約内容が、「同居」や「無償」の場合、適切な賃貸契約が求められます。また、物件の使用目的が「居住」の場合、「事業所」としての使用許可が求められます。 ・監理事業所の移転に関し、中立的事業運営体制及び適切な監理事業体制であるかは、運用要領を参照願います。
⑥	□	同一所在地証明 （不動産の登記事項証明書の所在地と賃貸借契約書の住所地が異なる場合のみ）		・市区町村役場発行の同一所在地証明 （住所（所在地）表示変更証明書） ※参考（他の同一所在地証明） ・ブルーマップ ・公図（法務局で入手可）と住宅地図（図書館等で入手可）
⑦	□	建物の平面図 （建物の入口があるフロア全体及び監理事業所があるフロア全体）		・建物の入口から監理事業所の入口までの動線を必ず明記してください。 ・平面図には、監理事業所の場所以外に、階段、廊下、エレベーター及び他の事業者名等も明記してください。 ・⑨の写真がどの方向から撮影したかが分かるように、平面図内に矢印と写真の番号を付記してください。

⑧	□	監理事業所の平面図		・面談スペースを含む監理事業所の平面図（オフィス家具、フロアの寸法及び全てのドアの配置も記入）。 ・⑩の写真がどの方向から撮影したかが分かるように、平面図内に矢印と写真の番号を付記してください。 注意）面談スペースを事務所以外（他の階等）に設置する場合は、別途面談スペースの平面図（動線付き）を提出してください。
⑨	□	建物の写真		・建物の全景（正面・側面・背面） ・建物入口から事業所入口までの動線に沿った前後（建物入口、廊下、ホール、階段等）のもの ・外看板、郵便受、入居事業者案内 ・監理事業所入口ドア写真（看板含む） 注意）平面図と対比させるため、写真には番号を付記してください。また、写真はA4用紙１枚につき１～4枚程度に収まるようにしてください。
⑩	□	監理事業所の写真		・監理事業所内部の全景（各部屋の４隅から対角線方向に向けて撮影） ・個人情報の保管場所（施錠可能な設備であること※鍵を付けた状態で撮影） ・面談スペース（プライバシーに配慮し覗かれない構造が必要）の内部全景（２方向以上から撮影） ・部屋の一部に凹凸や屈折した箇所がある場合は、当該箇所全景（２方向以上から撮影） 注意） ・隣室との繋がりがわかるようドアは開けた状態（事業所内部から外部ドア方向への写真含む）で撮影してください。なお、面談スペースに限りドアを閉じた写真も提出してください。 ・平面図と対比させるため、写真には番号を付記してください。また、写真はA4用紙１枚につき１～4枚程度に収まるようにしてください。
⑪	□	組合員・会員等の一覧表		・貴団体に所属する組合員・会員等の「名称」「代表者名」「所在地」「電話番号」「技能実習生受入有無」を記載した一覧表（任意様式）。
⑫	□	返信用封筒（84円切手を貼付した長形３号）		・申請受理票送付用 ・送付先を記載してください。
⑬	□	返信用封筒（レターパック（赤）又は460円切手を貼付した角形２号封筒）		・申請結果の通知を郵送で希望する場合に提出してください。 ・郵便事故防止等のため、レターパック（赤）を提出してください（460円分の切手（簡易書留の郵送料）を貼付した角形２号封筒でも可です）。 ・レターパック（赤）又は角形２号封筒には、送付先（申請者、担当者等）を明記してください。 ・当該封筒の提出がなかった場合は、申請先である機構本部へお越しいただいた上で、結果を通知することになります。
⑭	□	委任状	サンプルを機構HPに掲載	申請書の提出や許可証等の受領を申請者以外に委任する場合に提出してください。 ・直接申請者に内容確認を行う場合もあります。

□ 監理団体の電話番号変更〈正〉

※）住所変更と同時であれば、
申請書に併せて記載ください。

番号	チェック	必要な書類	書式	留意事項
①	□	監理団体・監理事業所の変更（変更届出書及び許可証書換申請書）の提出書類一覧	本表	・申請前に本表にて提出書類をご確認の上、申請書類一式の一番上に綴じてください。
②	□	変更届出書	別記様式第17号	・標題のうち、「変更届出書及び許可証書換申請書」に取消線（具体例：~~「変更届出書及び許可証書換申請書」~~）を記し、「変更届出書」はそのままとしてください。 ・届出者／申請者のうち、「／申請者」に取消線（具体例：「~~／申請者~~」）を記し、監理団体名、代表者の役職、代表者氏名を記載してください。 ・「2．外国人の～「中略」～許可証の書換えを申請します。」に取消線を記してください。 ・「3　監理団体」の②住所と「4　監理事業書を行う事業所」の②所在地は、許可証と同一（旧住所・所在地）にしてください。 　なお、監理事業所が複数ある場合は、「4　監理事業所を行う事業所」欄に「別紙のとおり」と記載し、別紙（様式任意）を提出してください。
③	□	委任状	サンプルを機構HPに掲載	・申請書の提出や許可証等の受領を申請者以外に委任する場合に提出してください。 ・直接届出者に内容確認を行う場合もあります。

【単に市町村合併や住居番号の変更による場合】

☐ 監理団体の住所変更〈正・副〉

☐ 監理事業を行う事業所の所在地変更〈正・副〉

番号	チェック	必要な書類	書式	留意事項備考
①	☐	監理団体・監理事業所の変更（変更届出書及び許可証書換申請書）の提出書類一覧	本表	・申請前に本表にて提出書類をご確認の上、申請書類一式の一番上に綴じてください。
②	☐	変更届出書及び許可証書換申請書	別記様式第17号	・標題のうち、「変更届出書」に取消線（具体例：「~~変更届出書~~」）を記し、「変更届出書及び許可証書換申請書」はそのままとしてください。 ・「届出者／申請者」欄には、監理団体名、代表者の役職、代表者氏名を記載してください。 ・「３　監理団体」の②住所と「４　監理事業を行う事業所」の②所在地は、許可証と同一（旧住所・所在地）にしてください。なお、監理事業所が複数ある場合は、「４　監理事業を行う事業所」欄に「別紙のとおり」と記載し、別紙（様式任意）を提出してください。
③	☐	住所（所在地）表示変更証明書		
④	☐	返信用封筒（84円切手を貼付した長形３号）		・申請受理票送付用 ・送付先を記載してください。
⑤	☐	返信用封筒（レターパック（赤）又は460円切手を貼付した角形２号封筒）		・申請結果の通知を郵送で希望する場合に提出してください。 ・郵便事故防止等のため、レターパック（赤）を提出してください（460円分の切手（簡易書留の郵送料）を貼付した角形２号封筒でも可です）。 ・レターパック（赤）又は角形２号封筒には、送付先（申請者、担当者等）を明記してください。 ・当該封筒の提出がなかった場合は、申請先である機構本部へお越しいただいた上で、結果を通知することになります。
⑥	☐	委任状	サンプルを機構HPに掲載	・申請書の提出や許可証等の受領を申請者以外に委任する場合に提出してください。 ・直接申請者に内容確認を行う場合もあります。

監理事業を行う事業所の新設（変更届出書及び許可証書換申請書）の提出書類一覧

監理団体名：　　　　　　　　　　　　　　　　　　　　　　R5.4.1

（許可番号：許＿＿＿＿00＿＿＿＿）（許可日　　　／　　　／　　　）

!

・監理事業を行う事業所の新設の場合、以下の書類が必要となります。
・別記様式については「書式」欄で指定された様式を使用してください。
・別記様式についてはＨＰに掲載している最新の様式を使用してください。

監理事業を行う事業所の新設〈正・副〉

番号	チェック	必要な書類	書式	留意事項
①	□	監理事業を行う事業所の新設（変更届出書及び許可証書換申請書）の提出書類一覧	本表	・申請前に本表にて提出書類をご確認の上、申請書類一式の一番上に綴じてください。
②	□	変更届出書及び許可証書換申請書	別記様式第17号	・標題のうち、「変更届出書」に取消線（具体例：「~~変更届出書~~」）を記し、「変更届出書及び許可証書換申請書」はそのままとしてください。 ・「届出者／申請者」欄には、監理団体名、代表者の役職、代表者氏名を記載してください。 ・「3　監理団体」の②住所と「4　監理事業所」の②所在地は、許可証と同じ（旧住所・所在地）にしてください。 　なお、監理事業所が複数ある場合は、「4　監理事業所」欄に「別紙のとおり」と記載し、別紙（様式任意）を提出してください。
③	□	監理事業計画書（新設する事業所分）	別記様式第12号	
④	□	監理団体の業務の運営に関する規程の写し（新設する事業所分）	・運用要領　別紙⑤ ・機構様式　監理費表（規程の別表）	
⑤	□	個人情報適正管理規程の写し（新設する事業所分）	運用要領　別紙⑥	
⑥	□	不動産の登記事項証明書（建物）		・建物の登記事項証明書を提出してください。 ・賃貸物件の場合も提出してください。
⑦	□	不動産賃貸借契約書の写し		・転貸（不動産所有者と賃貸人が異なる）の場合は、原賃貸借契約書の写し及び所有者からの「転貸承諾証明書類」写しを併せて提出してください。 ・不動産所有者の代理人（管理委託含む）等との賃貸借契約の場合は、「委託証明書類」写しを提出してください。 注意） ・契約内容が、「同居」や「無償」の場合、適切な賃貸契約が求められます。また、物件の使用目的が「居住」の場合、「事業所」としての使用許可が求められます。 ・監理事業所の移転に関し、中立的事業運営体制及び監理事業適切体制については、運用要領を参照願います。

⑧	□	同一所在地証明 （不動産の登記事項証明書の所在地と賃貸借契約書の住所地が異なる場合のみ）		・市区町村役場発行の同一所在地証明（住所（所在地）表示変更証明書） ※参考（他の同一所在地証明） ・ブルーマップ写し ・公図（法務局で入手可）と住宅地図写し（図書館等で入手可）
⑨	□	建物の平面図 （建物の入口があるフロア全体及び監理事業所があるフロア全体）		・建物の入口から監理事業所の入口までの動線を必ず明記してください。 ・平面図には、監理事業所の場所以外に、階段、廊下、エレベーター及び他の事業者名等も明記してください。 ・⑪の写真がどの方向から撮影したかが分かるように、平面図内に矢印と写真の番号を付記してください。
⑩	□	監理事業所の平面図		・面談スペースを含む監理事業所の平面図（オフィス家具、フロアの寸法及び全てのドアの配置も記入）。 ・⑫の写真がどの方向から撮影したかが分かるように、平面図内に矢印と写真の番号を付記してください。 注意）面談スペースを事務所以外（他の階等）に設置する場合は、別途面談スペースの平面図（動線付き）を提出してください。
⑪	□	建物の写真		・建物の全景（正面・側面・背面） ・建物入口から事業所入口までの動線に沿った前後（建物入口、廊下、ホール、階段等）のもの ・外看板、郵便受、入居事業者案内 ・監理事業所入口ドア写真（看板含む） 注意）平面図と対比させるため、写真には番号を付記してください。また、写真はA4用紙１枚につき１～4枚程度に収まるようにしてください。
⑫	□	監理事業所の写真		・監理事業所内部の全景（各部屋の４隅から対角線方向に向けて撮影） ・個人情報の保管場所（施錠可能な設備であること※鍵を付けた状態で撮影） ・面談スペース（プライバシーに配慮し覗かれない構造が必要）の内部全景（２方向以上から撮影） ・部屋の一部に凹凸や屈折した箇所がある場合は、当該箇所全景（2方向以上から撮影） 注意） ・隣室との繋がりがわかるようドアは開けた状態（事業所内部から外部ドア方向への写真含む）で撮影してください。なお、面談スペースに限りドアを閉じた写真も提出してください。 ・平面図と対比させるため、写真には番号を付記してください。また、写真はA4用紙１枚につき１～4枚程度に収まるようにしてください。
⑬	□	組合員・会員等の一覧表		・貴団体に所属する組合員・会員等の「名称」「代表者名」「所在地」「電話番号」「技能実習生受入有無」を記載した一覧表（任意様式）。
⑭	□	監理責任者の住民票の写し		・本籍地の記載があるものが必要です。 ・マイナンバー及び住民票コードの記載のないものを提出してください。
⑮	□	健康保険等の被保険者証の写し（監理責任者の常勤性を確認できる書類）		監理責任者が当該事業所で勤務している実態を確認できる書類
⑯	□	監理責任者の履歴書	参考様式第２－４号	

⑰	□	監理責任者等講習受講証明書の写し		過去３年以内に受講したものを提出してください。
⑱	□	監理責任者の就任承諾書及び誓約書の写し	参考様式第２－５号	
⑲	□	返信用封筒（84円切手を貼付した長形３号）		・申請受理票送付用 ・送付先を記載してください。
⑳	□	返信用封筒（レターパック（赤）又は460円切手を貼付した角形２号封筒）		・申請結果の通知を郵送で希望する場合に提出してください。 ・郵便事故防止等のため、レターパック（赤）を提出してください（460円分の切手（簡易書留の郵送料）を貼付した角形２号封筒でも可です）。 ・レターパック（赤）又は角形２号封筒には、送付先（申請者、担当者等）を明記してください。 ・当該封筒の提出がなかった場合は、申請先である機構本部へお越しいただいた上で、結果を通知することになります。
㉑	□	委任状	サンプルを機構HPに掲載	・申請書の提出や許可証等の受領を申請者以外に委任する場合に提出してください。 ・直接申請者に内容確認を行う場合もあります。

自動車整備の職種追加（監理団体許可申請の内容変更申出書・監理団体許可条件変更申出書）の提出書類一覧

R5.4.1

監理団体名：

（許可番号：許________OO________）（許可日　　　／　　　／　　　）

自動車整備の職種追加（特定職種）〈正・副〉

番号	チェック	必要な書類	書式	留意事項
①	□	自動車整備の職種追加（監理団体許可申請の内容変更申出書・監理団体許可条件変更申出書）の提出書類一覧	本表	申請前に本表にて提出書類をご確認の上、提出書類一式の一番上に綴じてください。
②	□	監理団体許可申請の内容変更申出書・監理団体許可条件変更申出書	参考様式第2-17号	
③	□	定款の写し		
④	□	技能実習計画作成指導者の履歴書	参考様式第2-13号	下記の点にご注意ください。 ・⑧欄：職歴・貴団体への入職年月・役員/職員（常勤/非常勤）の区別を記載 ・⑩欄：実務経験について、会社名・職種・経験期間・合計年数を記載 ※技能実習計画作成指導者が職員の場合、雇用契約書又は雇用条件通知書の写しを添付してください。役員の場合は不要です。 必要な経験・資格については、以下の⑤～⑧のいずれかを提出してください。
⑤	□	自動車整備士技能検定合格者証の写し		技能実習計画作成指導者が自動車整備１級又は２級の技能検定合格者の場合。
⑥	□	自動車整備士技能検定合格者証の写し及び 実務経験証明書（※１）		・技能実習計画作成指導者が自動車整備３級の技能検定合格者の場合。 ・実務経験は合格した日から３年以上必要です。 ・実務経験証明書は従事した事業所の事業主が作成してください。
⑦	□	自動車検査員教習修了証の写し		技能実習計画作成指導者が自動車検査員の場合。
⑧	□	実務経験証明書（※１）		・技能実習計画作成指導者が自動車整備士養成施設にて５年以上の指導に係る実務の経験を有する者の場合。 ・自動車整備士養成施設の事業主が作成してください。

⑨	□	返信用封筒（レターパック（赤）又は460円切手を貼付した角形２号封筒）		・申請結果の通知を郵送で希望する場合に提出してください。 ・郵便事故防止等のため、レターパック（赤）を提出してください（460円分の切手（簡易書留の郵送料）を貼付した角形２号封筒でも可です）。 ・レターパック（赤）又は角形２号封筒には、送付先（申請者、担当者等）を明記してください。 ・当該封筒の提出がなかった場合は、申請先である機構本部へお越しいただいた上で、結果を通知することになります。
⑩	□	委任状	サンプルを機構HPに掲載	・申請等を申請者以外に委任する場合に提出してください。 ・直接申請者に内容確認を行う場合もあります。

（※１）実務経験証明書には、記載が必要な項目が定められております。その他も含め必要な書類の詳細については、以下のＵＲＬより「自動車整備職種の自動車整備作業の基準について」をご確認ください。
https://www.otit.go.jp/tokutei_ginou/

資料

第 1 章

監　理　団　体　関　係

別記様式第 17 号（第 47 条第１項及び第２項関係） （日本産業規格Ａ列４）

〈1〉

※　変更届出受理番号	記載しない。

変更届出書としての例
（既に申請又は届出をしている事項の変更の例）

変　　更　　届　　出　　書

~~変更届出書及び許可証書換申請書~~

〈2〉

〈3〉
20△△年　△△月　△△日

外国人技能実習機構　理事長

〈4〉
届出者／~~申請者~~　○○事業協同組合　理事長　甲野　優一

１．外国人の技能実習の適正な実施及び技能実習生の保護に関する法律第 32 条第３項の規定により下記のとおり変更の届出をします。なお、変更の届出後も、監理団体が外国人の技能実習の適正な実施及び技能実習生の保護に関する法律第 26 条各号に規定する欠格事由のいずれにも該当しないことを誓約するとともに、監理責任者が同条第５号イ（同法第 10 条第 11 号に係る部分を除く）又はロからニまでのいずれにも該当しないものであることを誓約します。
~~２．外国人の技能実習の適正な実施及び技能実習生の保護に関する法律第 32 条第６項の規定により下記のとおり許可証の書換えを申請します。~~

記

１許可番号		許 220400△△△△
２許可年月日		20△△年　△△月　△△日
３監理団体	（ふりがな） ①名称	○○じぎょうきょうどうくみあい ○○事業協同組合
	②住所	〒987－6543 ○○県○○市○○１－１－１ （電話○○　―○○　―○○）
４監理事業を行う事業所	（ふりがな） ①名称	別紙のとおり
	②所在地	〒 （電話　　―　　―　　）

変更届出書（別記様式第 17 号）1 枚目　記載要領

全般的な注意事項

・監理団体許可申請書（別記様式第 11 号）の記載事項（事業の区分や監理団体許可証の記載事項に該当する場合を除く。）に変更があったときに、監理団体が機構本部審査課に提出する書類。

※「取扱職種の追加」（特定職種除く）、「外国の送出機関の追加」、「監理団体の役員の変更」、「監理責任者の変更」、「外部監査人・外部役員の変更」の場合、変更届出書（別記第 17 号様式）添付書類（P.172～178）を参照し、必要書類を準備する。

・以下に示す事項の変更については、下記の申請書を、機構本部審査課に提出する必要がある。

① 監理団体許可証（別記様式第 14 号）の「許可の別」・・・事業区分変更許可申請書及び許可証書換申請書（別記様式第 16 号）（監理団体許可関係諸申請記載例集【第 I 分冊】参照）

② 監理団体許可証（別記様式第 14 号）の記載事項（「許可の別」を除く。）・・・変更届出書及び許可証書換申請書（別記様式第 17 号）

・変更内容ごとの対応と変更事由に応じて提出が求められる書類については、表「監理団体の変更届出」（P.194～197）を参照する。

・変更届出をしようとする場合にあっては、変更の日から 1 か月以内に届出を行う。

・変更届出を受理した後に、機構が監理団体の許可の各要件に適合しないものであることを確認した場合にあっては、当該変更を是正するよう指導することとなるので、指導を受けた監理団体は当該指導に従う。当該指導に従わない場合にあっては、監理団体の許可の取消し、改善命令等の対応につながることとなるので留意する。

該当番号	記載上の注意事項
<1>	機構が受理時に記載する欄であり、空欄のまま提出する。
<2>	表題の「変更届出書及び許可証書換申請書」、上方２．の全文及び署名欄の「／申請者」を抹消する。
<3>	作成した日付を記載する。
<4>	・監理団体名、代表者の役職・氏名を記載する。 ・監理団体名の変更であっても、届出前の名称を記載する。
1	監理団体の許可番号を記載する。
2	監理団体の許可年月日を記載する。
3	・監理団体について記載する。 ・本欄に係る変更届出の場合、届出前の事項を記載する。
4	・既に許可を受けている全ての監理事業を行う事業所について記載する。 ・本欄に係る変更届出の場合、届出前の事項を記載する。 ・複数あるときは、本欄に「別紙のとおり」と記載し、別紙を添付する。

5①には複数の例を挙げている。

<table>
<tr><td></td><td></td><td>項目</td><td>変更前</td><td>変更後</td><td>変更年月日</td></tr>
<tr><td rowspan="14">5変更の内容</td><td rowspan="6">①既に申請又は届出をしている事項の変更</td><td>取扱職種</td><td>別紙のとおり</td><td>別紙のとおり</td><td>20△△年　△月　△日</td></tr>
<tr><td>外国の送出機関</td><td>別紙のとおり</td><td>別紙のとおり</td><td>20△△年　△月　△日</td></tr>
<tr><td>監理団体の役員</td><td>○◎　△□</td><td>△×　◎○</td><td>20△△年　△月　△日</td></tr>
<tr><td>監理責任者</td><td>○○　○○</td><td>△△　△△</td><td>20△△年　△月　△日</td></tr>
<tr><td>外部監査人</td><td>□□　□□</td><td>◎◎　◎◎</td><td>20△△年　△月　△日</td></tr>
<tr><td>指定外部役員</td><td>◇◇　◇◇</td><td>××　××</td><td>20△△年　△月　△日</td></tr>
<tr><td rowspan="6">②監理事業を行う事業所の新設</td><td>(ふりがな)
i 名称</td><td colspan="2" rowspan="6">該当なし
〒　　—
（電話　—　—　）
〒　　—
監理事業を行う事業所を新設する場合は、「変更届出書及び許可証書換申請書（別記様式第17号）」として提出する。</td><td rowspan="6">新設年月日
年　月　日</td></tr>
<tr><td>ii 所在地</td></tr>
<tr><td>監理責任者 (ふりがな)
iii氏名</td></tr>
<tr><td>監理責任者 iv住所</td></tr>
<tr><td>v 事業所枝番号</td></tr>
<tr><td></td></tr>
<tr><td rowspan="2">③監理事業を行う事業所の廃止</td><td>(ふりがな)
i 名称</td><td colspan="2" rowspan="2">〒
（電話　—　—　）
一部の監理事業所を廃止する場合は、③を記載し、「変更届出書（別記様式第17号）」（P. 12〜13）として提出する。</td><td rowspan="2">廃止年月日
年　月　日</td></tr>
<tr><td>ii 所在地</td></tr>
<tr><td colspan="2">6備考</td><td colspan="4">本届出に係る担当者
①氏　名　△△　△△
②職　名　専務理事
③連絡先　（事務所）□□ — □□ — □□
（携　帯）○○ — ×× — ○○</td></tr>
</table>

（注意）

1　※印欄には、記載をしないこと。

2　変更の内容が許可証の記載事項に該当しない場合は、表題の「変更届出書及び許可証書換申請書」、上方２の全文及び記名欄の「／申請者」を抹消すること。

3　変更の内容が許可証の記載事項に該当する場合は、表題の「変更届出書」を抹消すること。

4　３欄及び４欄は、届出前の事項を記載すること。

5　５欄の①は、変更の内容が分かるよう具体的に記載すること。なお、同欄で記載する内容が外国の送出機関の氏名又は名称の変更である場合は、当該氏名又は名称の記載のみならず、外国人技能実習機構のホームページにおいて公表されている外国の送出機関に係る番号を記載すること。当該番号が公表されていない場合には、外国人技能実習機構から提示された整理番号を記載すること。

6　外国人の技能実習の適正な実施及び技能実習生の保護に関する法律第 27 条第２項の規定により読み替えて適用する職業安定法第32条の12第１項の規定による届出は、５欄の①の記載により行うものとすること。

7　５欄の②は、新設する全ての事業所について記載すること。複数あるときは、同欄に「別紙のとおり」と記載し、別紙を添付すること。また、事業所を新設する理由を６欄に具体的に記載すること。

8　５欄の③は、廃止する全ての事業所について記載すること。複数あるときは、同欄に「別紙のとおり」と記載し、別紙を添付すること。また、事業所を廃止した理由を６欄に具体的に記載すること。

9　６欄には、変更の届出に係る担当者の氏名、職名及び連絡先を記載すること。その他伝達事項があれば併せて記載すること。

変更届出書（別記様式第 17 号）2 枚目　記載要領

該当番号	記載上の注意事項
5①	・変更の内容が分かるよう具体的に記載する。 ・「項目」欄は、届け出る変更事項の「監理団体許可申請書（別記様式第 11 号）」における項目名を記載する。 ・「変更前」欄は、変更する（届け出る）前の内容を記載する。 ・「変更後」欄は、変更した（届け出た）後の内容を記載する。 ・なお、変更点が分かりやすいように記載することが望ましい。 ・取扱職種の変更の場合の別紙例は P.6～10 を参照する。 ・外国の送出機関の変更の場合の別紙例は P.11 を参照する。 ・「変更年月日」欄は、変更が生じた年月日を記載する。 ・記載事項が多く、本欄に記載しきれない場合は「別紙のとおり」と記載し、別紙を添付する。
5②	・「変更届出書」として提出する場合は、「該当なし」と記載する ・監理事業を行う事業所を新設する場合は、「変更届出書及び許可証書換申請書（別記様式第 17 号）」として提出する。
5③	・監理事業は廃止せず、一部の監理事業所を廃止する場合は、廃止する事業所の名称と所在地、廃止年月日を記載する（P.12～13）。また、この場合、事業所を廃止する理由を 6 欄に記載する。 ・一部の監理事業所を廃止する以外の変更の際は、「該当なし」と記載する。
6	・本届出に係る担当者の氏名、職名及び連絡先を記載する。 ・事業所を廃止する場合は、その理由を具体的に記載する。 ・その他伝達事項があれば、併せて記載する。

参考様式第２-16 号（別記様式第 11 号、第 12 号及び第 16 号関係）　　　　（日本産業規格Ａ列４）

取扱職種の変更
の場合の別紙例

団体監理型技能実習の取扱職種の範囲等

１　農業関係（２職種６作業）

コード	職種	作業	取扱いの有無
1-1-1	耕種農業	施設園芸	
1-1-2		畑作・野菜	
1-1-3		果樹	
1-2-1	畜産農業	養豚	
1-2-2		養鶏	
1-2-3		酪農	

２　漁業関係（２職種 10 作業）

コード	職種	作業	取扱いの有無
2-1-1	漁船漁業	かつお一本釣り漁業	
2-1-2		延縄漁業	
2-1-3		いか釣り漁業	
2-1-4		まき網漁業	
2-1-5		ひき網漁業	
2-1-6		刺し網漁業	
2-1-7		定置網漁業	
2-1-8		かに・えびかご漁業	
2-1-9		棒受網漁業	
2-2-1	養殖業	ほたてがい・まがき養殖作業	

３　建設関係（22 職種 33 作業）

コード	職種	作業	取扱いの有無
3-1-1	さく井	パーカッション式さく井工事	
3-1-2		ロータリー式さく井工事	
3-2-1	建築板金	ダクト板金	✔
3-2-2		内外装板金	✔
3-3-1	冷凍空気調和機器施工	冷凍空気調和機器施工	
3-4-1	建具製作	木製建具手加工	
3-5-1	建築大工	大工工事	追加
3-6-1	型枠施工	型枠工事	削除
3-7-1	鉄筋施工	鉄筋組立て	
3-8-1	とび	とび	
3-9-1	石材施工	石材加工	
3-9-2		石張り	
3-10-1	タイル張り	タイル張り	
3-11-1	かわらぶき	かわらぶき	
3-12-1	左官	左官	追加
3-13-1	配管	建築配管	

3-13-2		プラント配管	
3-14-1	熱絶縁施工	保温保冷工事	
3-15-1	内装仕上げ施工	プラスチック系床仕上げ工事	✔
3-15-2		カーペット系床仕上げ工事	✔
3-15-3		鋼製下地工事	✔
3-15-4		ボード仕上げ工事	✔
3-15-5		カーテン工事	追加
3-16-1	サッシ施工	ビル用サッシ施工	
3-17-1	防水施工	シーリング防水工事	
3-18-1	コンクリート圧送施工	コンクリート圧送工事	
3-19-1	ウェルポイント施工	ウェルポイント工事	
3-20-1	表装	壁装	
3-21-1	建設機械施工	押土・整地	
3-21-2		積込み	
3-21-3		掘削	
3-21-4		締固め	
3-22-1	築炉	築炉	

4　食品製造関係（11 職種 18 作業）

コード	職種	作業	取扱いの有無
4-1-1	缶詰巻締	缶詰巻締	
4-2-1	食鳥処理加工業	食鳥処理加工	
4-3-1	加熱性水産加工食品製造業	節類製造	✔
4-3-2		加熱乾製品製造	✔
4-3-3		調味加工品製造	✔
4-3-4		くん製品製造	✔
4-4-1	非加熱性水産加工食品製造業	塩蔵品製造	
4-4-2		乾製品製造	
4-4-3		発酵食品製造	
4-4-4		調理加工品製造	
4-4-5		生食用加工品製造	
4-5-1	水産練り製品製造	かまぼこ製品製造	
4-6-1	牛豚食肉処理加工業	牛豚部分肉製造	
4-7-1	ハム・ソーセージ・ベーコン製造	ハム・ソーセージ・ベーコン製造	
4-8-1	パン製造	パン製造	
4-9-1	そう菜製造業	そう菜加工	
4-10-1	農産物漬物製造業	農産物漬物製造	
4-11-1	医療・福祉施設給食製造	医療・福祉施設給食製造	

5　繊維・衣服関係（13 職種 22 作業）

コード	職種	作業	取扱いの有無
5-1-1	紡績運転	前紡工程	
5-1-2		精紡工程	
5-1-3		巻糸工程	
5-1-4		合ねん糸工程	
5-2-1	織布運転	準備工程	

5-2-2		製織工程	
5-2-3		仕上工程	
5-3-1	染色	糸浸染	
5-3-2		織物・ニット浸染	
5-4-1	ニット製品製造	靴下製造	
5-4-2		丸編みニット製造	
5-5-1	たて編ニット生地製造	たて編ニット生地製造	
5-6-1	婦人子供服製造	婦人子供既製服縫製	
5-7-1	紳士服製造	紳士既製服製造	
5-8-1	下着類製造	下着類製造	
5-9-1	寝具製作	寝具製作	
5-10-1	カーペット製造	織じゅうたん製造	
5-10-2		タフテッドカーペット製造	
5-10-3		ニードルパンチカーペット製造	
5-11-1	帆布製品製造	帆布製品製造	
5-12-1	布はく縫製	ワイシャツ製造	
5-13-1	座席シート縫製	自動車シート縫製	

6　機械・金属関係（15 職種 29 作業）

コード	職種	作業	取扱いの有無
6-1-1	鋳造	鋳鉄鋳物鋳造	✔
6-1-2		非鉄金属鋳物鋳造	✔
6-2-1	鍛造	ハンマ型鍛造	
6-2-2		プレス型鍛造	
6-3-1	ダイカスト	ホットチャンバダイカスト	
6-3-2		コールドチャンバダイカスト	
6-4-1	機械加工	普通旋盤	
6-4-2		フライス盤	
6-4-3		数値制御旋盤	
6-4-4		マシニングセンタ	
6-5-1	金属プレス加工	金属プレス	追加
6-6-1	鉄工	構造物鉄工	
6-7-1	工場板金	機械板金	
6-8-1	めっき	電気めっき	
6-8-2		溶融亜鉛めっき	
6-9-1	アルミニウム陽極酸化処理	陽極酸化処理	
6-10-1	仕上げ	治工具仕上げ	
6-10-2		金型仕上げ	
6-10-3		機械組立仕上げ	
6-11-1	機械検査	機械検査	
6-12-1	機械保全	機械系保全	
6-13-1	電子機器組立て	電子機器組立て	
6-14-1	電気機器組立て	回転電機組立て	
6-14-2		変圧器組立て	
6-14-3		配電盤・制御盤組立て	
6-14-4		開閉制御器具組立て	

6-14-5		回転電機巻線製作	
6-15-1	プリント配線板製造	プリント配線板設計	
6-15-2		プリント配線板製造	

7　その他（20 職種 38 作業）

コード	職種	作業	取扱いの有無
7-1-1	家具製作	家具手加工	
7-2-1	印刷	オフセット印刷	
7-2-2		グラビア印刷	
7-3-1	製本	製本	
7-4-1	プラスチック成形	圧縮成形	
7-4-2		射出成形	
7-4-3		インフレーション成形	
7-4-4		ブロー成形	
7-5-1	強化プラスチック成形	手積み積層成形	
7-6-1	塗装	建築塗装	
7-6-2		金属塗装	
7-6-3		鋼橋塗装	
7-6-4		噴霧塗装	
7-7-1	溶接	手溶接	
7-7-2		半自動溶接	
7-8-1	工業包装	工業包装	
7-9-1	紙器・段ボール箱製造	印刷箱打抜き	
7-9-2		印刷箱製箱	
7-9-3		貼箱製造	
7-9-4		段ボール箱製造	
7-10-1	陶磁器工業製品製造	機械ろくろ成形	
7-10-2		圧力鋳込み成形	
7-10-3		パッド印刷	
7-11-1	自動車整備	自動車整備	
7-12-1	ビルクリーニング	ビルクリーニング	
7-13-1	介護	介護	
7-14-1	リネンサプライ	リネンサプライ仕上げ	
7-15-1	コンクリート製品製造	コンクリート製品製造	
7-16-1	宿泊	接客・衛生管理	
7-17-1	RPF 製造	RPF 製造	
7-18-1	鉄道施設保守整備	軌道保守整備	
7-19-1	ゴム製品製造	成形加工	
7-19-2		押出し加工	
7-19-3		混練り圧延加工	
7-19-4		複合積層加工	
7-20-1	鉄道車両整備	走行装置検修・解ぎ装	
7-20-2		空気装置検修・解ぎ装	
99-1-1	空港グランドハンドリング	航空機地上支援	
99-1-2		航空貨物取扱	
99-1-3		客室清掃	

9　移行対象職種・作業以外の取扱職種

コード	取扱職種	取扱いの有無
9-9		

(注意)

1　「取扱いの有無」の欄は、取扱いのある職種・作業についてチェックマークを付すこと。

2　９欄の「移行対象職種・作業以外の取扱職種」については、１欄から７欄までの移行対象職種・作業以外について取扱職種とするときに、その取扱職種の全てについて、端的に記載すること。

20△△年　　△△月　△△日　　作成

申請者の氏名又は名称　○○事業協同組合　理事長　甲野　優一

作成責任者　役職・氏名○○事業協同組合　事務局長　乙原　次郎

送出機関の変更
の場合の別紙例

送出機関一覧

1 件目

外国の送出機関	①氏名又は名称	○○ International Corporation
	②外国政府認定送出機関リスト No. ※二国間取決めがされている場合	VNM○○○○○○
	③送出機関の国名	ベトナム
	④変更年月日	

②には、機構ホームページにおいて公表されている外国の送出機関に係る番号を記載すること。2 国間取り決めがあれば「認定送出機関番号」を記載し、2 国間取り決めがない場合は「整理番号」を記載する。

2 件目

外国の送出機関	①氏名又は名称	△△ Agency INC.
	②外国政府認定送出機関リスト No. ※二国間取決めがされている場合	VNM△△△△△△
	③送出機関の国名	ベトナム
	④変更年月日	20○○年△△月××日

④変更年月日は、送出機関を追加/削除した日など変更した際の年月日を記載する。監理団体許可申請を行った当初から契約している送出機関については④は空欄でよい。

3 件目（今回削除）

外国の送出機関	①氏名又は名称	×× Joint Stock Company
	②外国政府認定送出機関リスト No. ※二国間取決めがされている場合	□□□□
	③送出機関の国名	中国
	④変更年月日	20○○年××月△日

4 件目（今回追加）

外国の送出機関	①氏名又は名称	Asia ◎◎ △△ Corporation
	②外国政府認定送出機関リスト No. ※二国間取決めがされている場合	PHL○○○△△△
	③送出機関の国名	フィリピン
	④変更年月日	20○○年○月△日

別記様式第 17 号（第 47 条第１項及び第２項関係）　　　　　　　　　　　　（日本産業規格Ａ列４）

変更届出書としての例（一部の監理事業所の廃止の例）

〈1〉

※　変更届出受理番号	記載しない。

変　更　届　出　書

~~変更届出書及び許可証書換申請書~~

〈2〉

〈3〉

20△△年　△△月　△△日

外国人技能実習機構　理事長

〈4〉

届出者~~／申請者~~　○○事業協同組合　理事長　甲野　優一

1．外国人の技能実習の適正な実施及び技能実習生の保護に関する法律第 32 条第３項の規定により下記のとおり変更の届出をします。なお、変更の届出後も、監理団体が外国人の技能実習の適正な実施及び技能実習生の保護に関する法律第 26 条各号に規定する欠格事由のいずれにも該当しないことを誓約するとともに、監理責任者が同条第５号イ（同法第 10 条第 11 号に係る部分を除く）又はロからニまでのいずれにも該当しないものであることを誓約します。

~~2．外国人の技能実習の適正な実施及び技能実習生の保護に関する法律第 32 条第６項の規定により下記のとおり許可証の書換えを申請します。~~

記

1許可番号		許 220400△△△△
2許可年月日		20△△年　△△月　△△日
3監理団体	(ふりがな) ①名称	○○じぎょうきょうどうくみあい ○○事業協同組合
	②住所	〒987－6543 ○○県○○市○○１－１－１ （電話○○ ―○○ ―○○）
4監理事業を行う事業所	(ふりがな) ①名称	別紙のとおり
	②所在地	〒 （電話　　―　　―　　）

		項目	変更前	変更後	変更年月日
5変更の内容	①既に申請又は届出をしている事項の変更				

既に申請又は届出をしている事項を変更する場合は、①を記載し、「変更届出書（別記様式第 17 号）」（P. 2〜5）として提出する。

			内容	年月日
5変更の内容	②監理事業を行う事業所の新設	(ふりがな) i 名称		新設年月日 年　月　日
		ii 所在地	〒　— 該当なし （電話　—　—　）	
		監理責任者 iii 氏名 (ふりがな)		
		監理責任者 iv 住所	〒　—	
		v 事業所枝番号		
	③監理事業を行う事業所の廃止	(ふりがな) i 名称	○○じぎょうきょうどうくみあい　△△じむしょ ○○事業協同組合　△△事務所	廃止年月日 20△△年　△月△△日
		ii 所在地	〒　876　—　5432 △△県◎◎市□□2-3-4 （電話　◎◎　—　△△　—　××　）	
6備考			本届出に係る担当者 ①氏　名　△△　△△ ②職　名　専務理事 ③連絡先　（事務所）◎◎ — △△ — ×× （携　帯）○○ — ×× — ○○ 上記事業所を廃止する理由：該当事業所では、これまで受け入れていた技能実習生が全員帰国し、今後、受け入れる予定がないため。	

監理事業を行う事業所を新設する場合は、「変更届出書及び許可証書換申請書（別記様式第 17 号）」として提出する。

（注意）

1　※印欄には、記載をしないこと。

2　変更の内容が許可証の記載事項に該当しない場合は、表題の「変更届出書及び許可証書換申請書」、上方2の全文及び記名欄の「／申請者」を抹消すること。

3　変更の内容が許可証の記載事項に該当する場合は、表題の「変更届出書」を抹消すること。

4　３欄及び４欄は、届出前の事項を記載すること。

5　５欄の①は、変更の内容が分かるよう具体的に記載すること。なお、同欄で記載する内容が外国の送出機関の氏名又は名称の変更である場合は、当該氏名又は名称の記載のみならず、外国人技能実習機構のホームページにおいて公表されている外国の送出機関に係る番号を記載すること。当該番号が公表されていない場合には、外国人技能実習機構から提示された整理番号を記載すること。

6　外国人の技能実習の適正な実施及び技能実習生の保護に関する法律第 27 条第２項の規定により読み替えて適用する職業安定法第32条の12 第１項の規定による届出は、５欄の①の記載により行うものとすること。

7　５欄の②は、新設する全ての事業所について記載すること。複数あるときは、同欄に「別紙のとおり」と記載し、別紙を添付すること。また、事業所を新設する理由を６欄に具体的に記載すること。

8　５欄の③は、廃止する全ての事業所について記載すること。複数あるときは、同欄に「別紙のとおり」と記載し、別紙を添付すること。また、事業所を廃止した理由を６欄に具体的に記載すること。

9　６欄には、変更の届出に係る担当者の氏名、職名及び連絡先を記載すること。その他伝達事項があれば併せて記載すること。

別記様式第17号（第47条第１項及び第２項関係）　　　　　　　　　　　　　　　　（日本産業規格Ａ列４）

変更届出書及び許可証書換申請書としての例（<u>監理団体の住所の変更の例</u>）

〈1〉

※　変更届出受理番号	記載しない。

〈2〉

~~変　　更　　届　　出　　書~~

変更届出書及び許可証書換申請書

〈3〉

20△△年　△△月　△△日

外国人技能実習機構　理事長　殿

〈4〉

届出者／申請者　○○事業協同組合　理事長　甲野　優一

1．外国人の技能実習の適正な実施及び技能実習生の保護に関する法律第32条第３項の規定により下記のとおり変更の届出をします。なお、変更の届出後も、監理団体が外国人の技能実習の適正な実施及び技能実習生の保護に関する法律第26条各号に規定する欠格事由のいずれにも該当しないことを誓約するとともに、監理責任者が同条第５号イ（同法第10条第11号に係る部分を除く）又はロからニまでのいずれにも該当しないものであることを誓約します。

2．外国人の技能実習の適正な実施及び技能実習生の保護に関する法律第32条第６項の規定により下記のとおり許可証の書換えを申請します。

記

１許可番号		許220400△△△△
２許可年月日		20△△年　△△月　△△日
３監理団体	(ふりがな) ①名称	○○じぎょうきょうどうくみあい ○○事業協同組合
	②住所	〒987－6543 ○○県○○市○○１－１－１ （電話○○　—○○　—○○）
４監理事業を行う事業所	(ふりがな) ①名称	別紙のとおり
	②所在地	〒　　— （電話　　—　　—　　）

変更届出書及び許可証書換申請書（別記様式第 17 号）1 枚目　記載要領

全般的な注意事項

・監理団体許可申請書（別記様式第 11 号）の記載事項（事業の区分を除く。）に変更があり、変更事項が監理団体の許可証の記載事項に該当するときに、監理団体が機構本部審査課に提出する書類。
※「監理団体・監理事業所の名称・住所の変更」、「監理事業を行う事業所の新設」の場合、変更届出書及び許可証書換申請書（別記様式第 17 号）添付書類（P.179～186）を参照する。

・以下に示す事項の変更については、下記の申請書を、機構本部審査課に提出する必要がある。
① 監理団体許可証（別記様式第 14 号）の記載事項以外・・・変更届出書（別記様式第 17 号）
② 監理団体許可証（別記様式第 14 号）の「許可の別」・・・事業区分変更許可申請書及び許可証書換申請書（別記様式第 16 号）（P.126 参照）（監理団体許可関係諸申請記載例【第 I 分冊】参照）

・変更内容ごとの対応と変更事由に応じて提出が求められる書類については、表「監理団体の変更届出」（P.194）を参照する。

・変更届出をしようとする場合にあっては、変更の日から 1 か月以内に届出を行う。

・変更届出を受理した後に、機構が監理団体の許可の各要件に適合しないものであることを確認した場合にあっては、当該変更を是正するよう指導することとなるので、指導を受けた監理団体は当該指導に従う。当該指導に従わない場合にあっては、監理団体の許可の取消し、改善命令等の対応につながることとなるので留意する。

・本申請書による申請においては、申請書は正本 1 通及び副本 2 通、申請書の添付書類は申請書の正本 1 通及び副本 1 通にそれぞれ添付する。

該当番号	記載上の注意事項
<1>	機構が受理時に記載する欄であり、空欄のまま提出する。
<2>	表題の「変更届出書」を抹消する。
<3>	作成した日付を記載する。
<4>	・監理団体名、代表者の役職・氏名を記載する。 ・監理団体名の変更であっても、届出前の名称を記載する。
1	監理団体の許可番号を記載する。
2	監理団体の許可年月日を記載する。
3	・監理団体について記載する。 ・本欄に係る変更届出の場合、届出前の事項を記載する。
4	・既に許可を受けている全ての監理事業を行う事業所について記載する。 ・本欄に係る変更届出の場合、届出前の事項を記載する。 ・複数あるときは、本欄に「別紙のとおり」と記載し、別紙を添付する。

<table>
<tr><td rowspan="11">5変更の内容</td><td rowspan="2">①既に申請又は届出をしている事項の変更</td><td>項目</td><td>変更前</td><td>変更後</td><td>変更年月日</td></tr>
<tr><td>監理団体の住所</td><td>〒987−6543
○○県○○市○○１−１−１
（電話○○ —○○ —○○）</td><td>〒777−1234
○○県□□市△△７−１−７
（電話□□ —□□ —□□）</td><td>20△△年　△月　△日</td></tr>
<tr><td rowspan="5">②監理事業を行う事業所の新設</td><td>(ふりがな)
ｉ名称</td><td colspan="2"></td><td rowspan="5">新設年月日
年　月　日</td></tr>
<tr><td>ⅱ所在地</td><td colspan="2">〒　　−
（電話　　—　　—　　）</td></tr>
<tr><td>監理責任者 (ふりがな)
ⅲ氏名</td><td colspan="2"></td></tr>
<tr><td>監理責任者 ⅳ住所</td><td colspan="2">〒　　−
該当なし</td></tr>
<tr><td>ｖ事業所枝番号</td><td colspan="2"></td></tr>
<tr><td rowspan="2">③監理事業を行う事業所の廃止</td><td>(ふりがな)
ｉ名称</td><td colspan="2"></td><td rowspan="2">廃止年月日
年　月　日</td></tr>
<tr><td>ⅱ所在地</td><td colspan="2">〒　　−
（電話　　—　　—　　）</td></tr>
<tr><td colspan="2">6備考</td><td colspan="4">本届出に係る担当者
①氏　名　△△　△△
②職　名　専務理事
③連絡先　（事務所）□□ — □□ — □□
（携　帯）○○ — ×× — ○○</td></tr>
</table>

（注意）

1　※印欄には、記載をしないこと。

2　変更の内容が許可証の記載事項に該当しない場合は、表題の「変更届出書及び許可証書換申請書」、上方２の全文及び記名欄の「／申請者」を抹消すること。

3　変更の内容が許可証の記載事項に該当する場合は、表題の「変更届出書」を抹消すること。

4　３欄及び４欄は、届出前の事項を記載すること。

5　５欄の①は、変更の内容が分かるよう具体的に記載すること。なお、同欄で記載する内容が外国の送出機関の氏名又は名称の変更である場合は、当該氏名又は名称の記載のみならず、外国人技能実習機構のホームページにおいて公表されている外国の送出機関に係る番号を記載すること。当該番号が公表されていない場合には、外国人技能実習機構から提示された整理番号を記載すること。

6　外国人の技能実習の適正な実施及び技能実習生の保護に関する法律第 27 条第２項の規定により読み替えて適用する職業安定法第32条の12第１項の規定による届出は、５欄の①の記載により行うものとすること。

7　５欄の②は、新設する全ての事業所について記載すること。複数あるときは、同欄に「別紙のとおり」と記載し、別紙を添付すること。また、事業所を新設する理由を６欄に具体的に記載すること。

8　５欄の③は、廃止する全ての事業所について記載すること。複数あるときは、同欄に「別紙のとおり」と記載し、別紙を添付すること。また、事業所を廃止した理由を６欄に具体的に記載すること。

9　６欄には、変更の届出に係る担当者の氏名、職名及び連絡先を記載すること。その他伝達事項があれば併せて記載すること。

変更届出書及び許可証書換申請書（別記様式第17号）2枚目　記載要領

該当番号	記載上の注意事項
5	・変更する内容を記載する。 ・既に申請又は届出をしている事項の変更の場合は①に、監理事業を行う事業所を新設する場合は②に、一部の監理事業所を廃止する場合は③に記載する。 ・届出がない項目は、「該当なし」と記載する。
5①	・変更の内容が分かるよう具体的に記載する。 ・「項目」欄は、届け出る変更事項の監理団体許可申請書（別記様式第11号）における項目名を記載する。 ・「変更前」欄は、変更する（届け出る）前の内容を記載する。 ・「変更後」欄は、変更した（届け出た）後の内容を記載する。 ・なお、変更点が分かりやすいように記載することが望ましい。 ・「変更年月日」欄は、変更が生じた年月日を記載する。 ・記載事項が多く、本欄に記載しきれない場合は「別紙のとおり」と記載し、別紙を添付する。
5②	・新設する全ての監理事業を行う事業所について記載する（P.184～186）。 ・複数あるときは、同欄に「別紙のとおり」と記載し、別紙を添付する。 ・事業所を新設する理由を6欄に具体的に記載する。 ・「変更届出書」として提出する場合は、「該当なし」と記載する。
5②ⅰ	新設する事業所の名称を記載する（例：○○事業協同組合△△支部）。
5②ⅱ	・当該事業所の所在地を記載する。 ・当該事業所が登記されている場合は、登記事項証明書に記載された住所を記載する。
5②ⅲ	・技能実習法第40条及び同法施行規則第53条に規定される「監理責任者」について記載する。 【監理責任者に係る規定（要点）】 ① 監理事業を行う事業所ごとに選任する。 ② 当該事業所に所属する監理団体の常勤の役員又は職員のうち、監理責任者の業務を適正に遂行する能力を有する者を選任する。 ③ 過去3年以内に監理責任者講習（法務大臣及び厚生労働大臣が告示で定めるものに限る。）を修了した者を選任する。 ④「監理事業を行う事業所で実習監理を行う団体監理型実習実施者と密接な関係を有する者」が当該事業所の監理責任者となる場合、その者は当該団体監理型実習実施者に対する実習監理に関与することは認められず、他に監理責任者を設置することが求められる。 ※「監理事業を・・・と密接な関係を有する者」とは、次の者が該当する。 a) 当該事業所において実習監理を行う団体監理型実習実施者 b) 上記a)の役員または職員 c) 過去5年以内に上記a)またはb)であった者 d) 上記a)～c)に該当する者の配偶者または二親等以内の親族 e) 上記a)～d)のほか、当該事業所において実習監理を行う団体監理型実習実施者と社会生活において密接な関係を有する者であって、実習監理の公正が害されるおそれがあると認められるもの。
5②ⅳ	住民票に記載された住所を記載する。
5②ⅴ	事業所枝番号がある場合は記載する。無い場合は「無」と記載する。
5③	・監理事業は廃止せず、一部の監理事業所を廃止する場合は、「変更届出書（別記様式第17号）」として届け出る。その場合、事業所を廃止する理由を6欄に記載する。 ・一部の監理事業所を廃止する以外の変更の際は、「該当なし」と記載する。
6	・本届出に係る担当者の氏名、職名及び連絡先を記載する。 ・事業所を新設する場合は、その理由を具体的に記載する。 ・その他伝達事項があれば、併せて記載する。

別記様式第 18 号（第 48 条第１項関係）　　　　（日本産業規格Ａ列４）

〈1〉

※　困難時届出受理番号	記載しない。

技能実習実施困難時　届出書

〈2〉

20△△年　△△ 月　△△日

外国人技能実習機構　理事長　殿

〈3〉

届出者　○○事業協同組合　理事長　甲野　優一

外国人の技能実習の適正な実施及び技能実習生の保護に関する法律第 33 条第１項の規定により下記のとおり技能実習を行わせることが困難となった場合の届出をします。

記

１届出者	①許可番号		許 220400△△△△
	(ふりがな) ②名称		○○じぎょうきょうどうくみあい ○○事業協同組合
	③住所		〒987－6543 ○○県○○市○○１－１－１ (電話○○ —○○ —○○)
２団体監理型実習実施者	①実習実施者届出受理番号		△△△△△△
	(ふりがな) ②氏名又は名称		かぶしきかいしゃ　△△こうぎょう 株式会社　△△工業
	③住所		〒123－4567 △△県△△市□□２－２－２ (電話△△ — △△ —△△)
３団体監理型技能実習計画	①認定番号		○○○○○○○○
	②認定年月日		20△△年　△△月　△△日
	③技能実習の区分		□　第１号団体監理型技能実習　☑　第２号団体監理型技能実習 □　第３号団体監理型技能実習
４団体監理型技能実習生	①氏名	ローマ字	NGUYEN VIET NAM
		漢字	
	②国籍（国又は地域）		ベトナム
	③生年月日、年齢及び性別		△△△△年　00月　□□日（△△才）　　性別（(男)・　女　）
５団体監理型実習実施者からの通知の有無			☑　有（通知日：20△△年　××月　□□日） □　無

技能実習実施困難時届出書（別記様式第 18 号）1 枚目　記載要領

全般的な注意事項
・団体監理型実習実施者は、事業上・経営上の都合、技能実習生の病気や怪我（労災を含む。）の事情等で技能実習を行わせることが困難となった場合には、速やかに、監理団体に通知することとされている。 ・通知を受けた監理団体は、技能実習生が途中帰国することとなる場合は帰国日前までに、それ以外の理由で技能実習を行わせることが困難になった場合は困難になった事由が発生してから 2 週間以内に、本届出書を当該実習実施者の本店所在地を管轄する機構の地方事務所・支所の認定課に提出する必要がある。ただし、本届出書の提出が不要となる場合もあることに留意する（P.112～P.115 参照）。 ・技能実習生が失踪した場合（失踪した技能実習生の失踪先が判明して説得を行うなどしている場合を含む。）も、行方不明の欄に記入し、機構へ本届出書を提出する。なお、いったん失踪した技能実習生が失踪前の実習実施者に復帰し、技能実習の再開を希望する場合の取扱いについては、別途、機構の地方事務所に相談する。 ・企業単独型技能実習の場合は、別記様式第 9 号を使用する。

該当番号	記載上の注意事項
<1>	機構が届出受理時に記載する欄であり、空欄のまま提出する。
<2>	作成した日付を記載する。
<3>	監理団体名及び代表者の役職・氏名を記載する。
1	本欄には監理団体について記載する。
1①	監理団体許可番号を記載する。
1②	監理団体名を記載する（基本的には＜3＞と同じ名称になる。）。
1③	監理団体の本部所在地を記載する。
2	本届出の対象となる実習実施者について記載する。
2①	実習実施者届出受理番号を記載する。
2②	実習実施者名を記載する。
2③	・法人の場合、登記事項証明書に記載された住所を記載する。 ・個人事業主の場合、住民票に記載された住所を記載する。
3及び4	認定を受けた技能実習計画が複数あり、同時に技能実習を行わせることが困難となった場合の届出をする場合であって、これらの欄にその記載事項の全てを記載することができないときは、同欄に「別紙のとおり」と記載し、別紙を添付する。
3	・本届出の対象となる技能実習計画について記載する。 ・技能実習計画認定通知書に基づき、正確に記載する。
4	本届出の対象となる技能実習生について記載する。
4①	・ローマ字（大文字）で在留カード上のとおりの氏名を記載する。 ・漢字の氏名がある場合にはローマ字の氏名と併せて、漢字の氏名も記載する。
4②	・技能実習生が有する国籍を記載する。 ・「台湾」は「台湾」、「香港」は「中国（香港）」と記載する。
4③	年齢は、作成日（本届出書 1 枚目右上記載の日付）現在の年齢を記載する。
5	・本届出の事案を把握するに当たり、実習実施者からの通知の有無について、該当するものを選択する。 ・「有」の場合は、実習実施者から通知を受けた年月日を記載する。

6技能実習を行わせることが困難となった事由並びにその発生時期及び原因		☐　監理団体の都合 （理由　☐ 監理許可の取消し　☐ 監理事業の廃止 ☐ その他　（　　　　　　　　　　　　　　　　）） ☐　団体監理型実習実施者の都合 （理由　☐ 実習認定の取消し　☐ 経営上・事業上の理由 ☐ その他　（　　　　　　　　　　　　　　　　）） ☑　団体監理型技能実習生の都合 （理由　☐ 病気・怪我　☐ 実習意欲の喪失・ホームシック ☐ 行方不明（　　　年　　月　　日発生） ☑ 本国の家族の都合 ☐ その他　（　　　　　　　　　　　　　　　　）） 上記事由の概要（発生時期、経緯、原因等） （　母国に住む父親の体調が良くないことから病院で診察を受けた結果、××病と診断され、現在は仕事を休んで静養しているとのことである。 　同居する祖父母の面倒を見る母親の体調も万全の状態ではないことから、20△△年××月□□日、途中帰国したい旨本人から申し出があったもの。）
7団体監理型技能実習生の現状	①入国状況	☐　入国前　☑　入国済（20△△年　××月入国） （「入国前」にチェックマークを付した場合は7②及び③は記載不要。）
	②住居の確保	☑　有　☐　無
	③生活費等の確保	☐　有（休業手当）　☐　有（雇用保険）　☑　有（生活費等）　☐　無
		②及び③の具体的状況等（支援実施者、受給開始日等） （20△△年□□月○○日の帰国までの間、雇用は継続し、住居も継続して現アパートに居住予定。）
8団体監理型技能実習の継続のための措置		団体監理型技能実習生の団体監理型技能実習の継続意思 ☐　有　☑　無 転籍等の連絡調整等の状況、帰国する場合はその理由や予定時期等 （上述のとおり、母国の家族の事情からやむを得ず、本人の希望に基づき20△△年××月□□日に帰国を予定している。）
9備考		1．本届出に係る担当者 ①氏　名　丙山　一（へいやま　はじめ） ②職　名　第一チームリーダー ③連絡先　（事務所）□□ — □□ — □□ （携　帯）○○ — ○○ — ○○ 2．帰国予定日 20△△年□□月○○日××空港10:20発JTC123便で帰国予定

技能実習実施困難時届出書（別記様式第18号）2枚目　記載要領

該当番号	記載上の注意事項
6	・本届出を行うに至った、技能実習を行わせることが困難となった事由について該当する項目を選択した上で、その発生時期、原因等について具体的に記載する。 ・実習実施者の事業規模の縮小等を受けて、技能実習生本人が転籍等を希望している場合は、「団体監理型技能実習生の都合」ではなく、「団体監理型実習実施者の都合」の「経営上・事業上の理由」を選択する。 ・技能実習生が技能実習の期間中に途中帰国する場合には、帰国の方針が決まった時点で帰国日前に届け出る必要がある。
7	・本届出の対象となる技能実習生の現状について、入国状況、住居の確保、生活費等の確保について該当する項目を選択し、その具体的状況を詳細に記載する。 ・特に、問題が生じている場合は、詳しく記載する。
8	・技能実習生の技能実習の継続意思について、「有」「無」いずれかを選択した上、継続の意思がある場合は、転籍等の調整の状況等を記載し、継続の意思がない場合は、帰国理由及び帰国予定時期等について詳細を記載する。 ・特に「無」を選択し、技能実習生が技能実習計画の満了前に途中で帰国することとなる場合には、技能実習生に対し、意に反して技能実習を中止して帰国する必要がないことの説明や帰国の意思確認を書面により十分に行った上、技能実習生の帰国が決定した時点で帰国前に、機構の地方事務所・支所の認定課へ届け出なければならない。 ただし、以下の場合は、技能実習生の帰国の意思確認を十分に行い、参考様式第1-40号（P.112）や参考様式第1-41号（P.114）を作成することにより、技能実習生の同意が得られていれば、本届出書の提出は不要となる。 ➢ 帰国便の都合や帰国予定の技能実習生が期間満了日までに有給休暇をまとめて消化する等の技能実習期間の満了まで技能実習を行わせられないことにやむを得ない事情がある場合など技能実習生の意に反するものでないことが確認できる場合 ➢ 次段階の技能実習に移行予定の技能実習生が、現在の技能実習期間の満了前に次段階の技能実習に係る在留資格変更許可を受ける場合で、早期に移行した日数の分、全体の技能実習期間が短縮される場合
9	・本届出に係る担当者の氏名、職名及び連絡先を記載する。 ・その他連絡事項があれば本欄に記載する。

（注意）
1　※印欄には、記載をしないこと。
2　３欄及び４欄は、認定を受けた技能実習計画が複数あり、同時に技能実習を行わせることが困難となった場合の届出をする場合であって、これらの欄にその記載事項の全てを記載することができないときは、同欄に「別紙のとおり」と記載し、別紙を添付すること。
3　４欄の①は、ローマ字で旅券（未発給の場合、発給申請において用いるもの）と同一の氏名を記載するほか、漢字の氏名がある場合にはローマ字の氏名と併せて、漢字の氏名も記載すること。
4　５欄には、団体監理型実習実施者からの通知の有無につき該当するものにチェックマークを付すこと。
5　６欄には、届出に至った事由につき該当するものにチェックマークを付すこと（実習実施者の事業規模の縮小等を受けて、技能実習生本人が転籍等を希望している場合は、「団体監理型技能実習生の都合」ではなく、「団体監理型実習実施者の都合」の「経営上・事業上の理由」を選択すること）。また、その発生時期及び原因について具体的に記載すること。なお、技能実習生が技能実習の期間中に途中帰国する場合には、帰国の方針が決まった時点で、帰国日前に届け出ること。
6　７欄の①から③までは、技能実習の継続が困難となった後、次の実習先が見つかるまでの間又は帰国するまでの間の団体監理型技能実習生の現状につき該当するものにチェックマークを付すこと。
7　８欄の無にチェックマークを付した場合には、技能実習生に対し、意に反して技能実習を中止して帰国する必要がないことの説明や帰国の意思確認を書面により十分に行った上、技能実習生が途中帰国する方針が決まった時点で、当該書面を添付した上で帰国する前に届け出ること。
8　９欄には、届出に係る担当者の氏名、職名及び連絡先を記載すること。その他伝達事項があれば併せて記載すること。

技能実習実施困難時届出書（別記様式第18号）3枚目　記載要領

別記様式第 19 号（第 49 条第１項関係）　　　　　　　　　　　　　　　　　（日本産業規格Ａ列４）

〈1〉

※　休廃止届出受理番号	記載しない。

~~事　業　廃　止　届　出　書~~

〈2〉

事　業　休　止　届　出　書

〈3〉

20△△年　△△月　△△日

外国人技能実習機構　理事長　殿

〈4〉

届出者　○○事業協同組合　理事長　甲野　優一

外国人の技能実習の適正な実施及び技能実習生の保護に関する法律第 34 条第１項の規定により下記のとおり届出をします。

記

１許可番号		許 220400△△△△
２許可年月日		20□□年　□□月　□□日
３監理団体	（ふりがな） ①名称	○○じぎょうきょうどうくみあい ○○事業協同組合
	②住所	〒987－6543 ○○県○○市○○１－１－１ （電話○○ —○○ —○○）
４監理事業を行う事業所	（ふりがな） ①名称	別紙のとおり
	②所在地	〒　　－ （電話　　—　　—　　）
５廃止又は休止の予定日		20△△年　××月　××日
６休止する事業の範囲及び休止期間		監理事業の休止（3 年程度）
７廃止又は休止する理由		唯一の団体監理型実習実施者（株式会社△△工業：実習実施者届出受理番号△△△△△△△）にて受け入れている技能実習生が 20△△年××月△△日に帰国し、当面、技能実習生を受け入れる予定がないため。

事業廃止届出書／事業休止届出書（別記様式第 19 号）1 枚目　記載要領

全般的な注意事項
・技能実習法第 34 条及び同法施行規則第 49 条第 1 項の規定により、監理団体は、監理事業を休廃止しようとするときは、休廃止予定日の 1 か月前までに、休廃止する旨、実習監理を行う実習実施者に係る技能実習を継続するための措置などについて本届出書に記載して、機構本部審査課に提出しなければならない。 ・監理事業を廃止するとき、又は休止する場合であって当該休止により技能実習の実習監理を継続することが困難なときは、受け入れている技能実習生が技能実習を継続したいとの希望を持っているかを確認することが必要となる。継続の希望を持っている場合には、他の実習実施者や監理団体等との連絡調整等の必要な措置を講じることが求められる（法第 51 条）。 ・実習実施者や監理団体が責任を持って次の実習先を確保することが必要であるが、機構が行う実習先変更支援のサービスを利用することもできる。 ・監理事業を廃止したときは監理事業を行う全ての事業所に係る許可証、監理事業を行う事業所を廃止したときは廃止した事業所に係る許可証を機構の本部部審査課に返納しなければならない。 ・監理事業を休止した場合には、許可証を返納する必要はないが、事業所には掲示せず、亡失・滅失等のないように保管しなければならない。 ・監理事業を休廃止した場合も、休廃止した事業年度に係る事業報告書（P.32～P.41）の提出は必要である。

該当番号	記載上の注意事項
<1>	機構が届出書受理時に記載する欄であり、空欄のまま提出する。
<2>	届出の内容が事業の廃止の場合には表題の「事業休止届出書」を、事業の休止の場合には表題の「事業廃止届出書」を抹消する。
<3>	作成した日付を記載する。
<4>	監理団体名及び代表者の役職・氏名を記載する。
1	監理団体の許可番号を記載する。
2	監理団体の許可年月日を記載する。
3	・届出前の事項を記載する。 ・監理団体名を記載する。 ・監理団体の本部所在地（登記事項証明書に記載された住所）を記載する。
4	・届出前の事項を記載する。 ・監理事業を行う事業所の全てを記載する。 ・複数あるときは、同欄に「別紙のとおり」と記載し、別紙を添付する。
5	監理事業を廃止又は休止する予定日を記載する。本届出書は本欄に記載の予定日の 1 か月前までに提出する。
6	・本届出の内容が事業の休止に該当する場合に記載する。 ・休止する事業の範囲及び休止期間を記載する。 ・廃止する場合は、「該当事項なし」と記載する。
7	廃止又は休止する理由について具体的に記載する。

<table>
<tr><td rowspan="14">8実習監理を行った団体監理型技能実習に係る事項</td><td colspan="4">①実習実施者届出受理番号</td><td rowspan="14">別紙のとおり</td></tr>
<tr><td colspan="4">(ふりがな)
②団体監理型実習実施者の氏名又は名称</td></tr>
<tr><td rowspan="12">③技能実習計画</td><td rowspan="3">i</td><td colspan="2">認定番号</td></tr>
<tr><td rowspan="2">団体監理型技能実習生の氏名</td><td>ローマ字</td></tr>
<tr><td>漢字</td></tr>
<tr><td rowspan="3">ii</td><td colspan="2">認定番号</td></tr>
<tr><td rowspan="2">団体監理型技能実習生の氏名</td><td>ローマ字</td></tr>
<tr><td>漢字</td></tr>
<tr><td rowspan="3">iii</td><td colspan="2">認定番号</td></tr>
<tr><td rowspan="2">団体監理型技能実習生の氏名</td><td>ローマ字</td></tr>
<tr><td>漢字</td></tr>
<tr><td rowspan="3">iv</td><td colspan="2">認定番号</td></tr>
<tr><td rowspan="2">団体監理型技能実習生の氏名</td><td>ローマ字</td></tr>
<tr><td>漢字</td></tr>
<tr><td colspan="5">9団体監理型技能実習継続のための措置</td><td>受け入れていた技能実習生は全員、帰国済みであり、当面の間、他の技能実習生を受け入れる予定はない。</td></tr>
<tr><td colspan="5">10備考</td><td>本届出に係る担当者
①氏　名　△△　△△
②職　名　専務理事
③連絡先　(事務所) □□ — □□ — □□
(携　帯) ○○ — ×× — ○○</td></tr>
</table>

(注意)

1　※印欄には、記載をしないこと。

2　届出の内容が事業の廃止の場合には表題の「事業休止届出書」を、事業の休止の場合には表題の「事業廃止届出書」を抹消すること。

3　3欄及び4欄は、届出前の事項を記載すること。

4　4欄は、監理事業を行う事業所の全てを記載すること。複数あるときは、同欄に「別紙のとおり」と記載し、別紙を添付すること。

5　6欄は、届出の内容が事業の休止の場合にのみ記載すること。

6　7欄は、廃止又は休止する理由について具体的に記載すること。

7　8欄は、直近の許可の有効期間において実習監理を行った団体監理型技能実習に係る事項について全て記載すること。また、団体監理型実習実施者ごとに、届出の際に現に実習監理を行っていた技能実習計画について記載すること。その記載事項の全てを欄内に記載することができないときは、同欄に「別紙のとおり」と記載し、別紙を添付すること。

8　10欄は、休廃止の届出に係る担当者の氏名、職名及び連絡先を記載すること。その他伝達事項があれば併せて記載すること。

事業廃止届出書／事業休止届出書（別記様式第19号）2枚目　記載要領

該当番号	記載上の注意事項
8	・直近の許可の有効期間において実習監理を行った団体監理型技能実習に係る事項について全て記載する。 ・団体監理型実習実施者ごとに、届出の際に現に実習監理を行っていた技能実習計画について記載する。 ・記載事項の全てを欄内に記載することができないときは、同欄に「別紙のとおり」と記載し、別紙を添付する。
9	団体監理型技能実習継続のための措置について具体的に記載する。
１０	・本届出に係る担当者の氏名、職名及び連絡先を記載する。特に、事業廃止の場合、かつ、登録住所が抹消される場合は、必ず、担当者の氏名等を記載する。 ・その他伝達事項があれば、併せて記載する。

別記様式第 22 号（第 55 条第１項関係）　　　　　　　　　　　　　　　　（日本産業規格Ａ列４）

第１面　Ｄ・Ｅ・Ｆ

〈1〉

※　監査報告受理番号	記載しない。

監　　査　　報　　告　　書

〈2〉

20△△年　△△月　△△日

外国人技能実習機構　理事長　殿

〈3〉

提出者　○○事業協同組合　理事長　甲野　優一

外国人の技能実習の適正な実施及び技能実習生の保護に関する法律第 42 条第１項の規定により、下記のとおり監査報告書を提出します。

記

１許可番号		許 220400△△△△
(ふりがな) ２監理団体の名称		○○じぎょうきょうどうくみあい ○○事業協同組合
３監理事業を行う事業所	(ふりがな) ①名称	○○じぎょうきょうどうくみあい△△しぶ ○○事業協同組合△△支部
	②事業所枝番号	□△
４監査対象実習実施者	①実習実施者届出受理番号	△△△△△△
	(ふりがな) ②氏名又は名称	かぶしきかいしゃ　△△こうぎょう 株式会社　△△工業
	③住所	〒123－4567 △△県△△市□□２－２－２ （電話△△ ― △△ ―△△）
	④技能実習生の数	合計　10 人（第１号　0 人、第２号　6 人、第３号　4 人）
	⑤技能実習責任者	国際　次郎
	⑥技能実習指導員	技能　一郎
	⑦従前の監査の実施の有無	(有)（直近の実施日　△△月　××日）・無
５監査実施日		20△△年　××月　△△日
６監査実施者	①監理責任者	乙原　次郎
	②補助者	LE THI VANG

監査報告書（別記様式第 22 号）1 枚目　記載要領

全般的な注意事項

- 法第 39 条第 3 項、及び法第 42 条第 1 項の規定により、監理団体は、その実習監理を行う実習実施者について、規則第 52 条第 1 号に定める基準（記載上の注意事項 12 欄参照）に従い、3 か月に 1 回以上の頻度で監査を行い、その結果を本報告書にとりまとめた上で、監査を行った日から 2 か月以内に、4 欄記載の監査対象実習実施者の住所地を管轄する機構地方事務所・支所の指導課に提出する。
- 実習実施者が法第 16 条第 1 項各号（実習認定の取消し事由）のいずれかに該当する疑いがあると監理団体が認めた場合に直ちに行う監査を、便宜上、臨時監査（※）と呼んでいるが、この臨時に行う監査についても、規則第 52 条第 1 号に規定する監査の一つである。したがって、直近の定期監査又は臨時監査を行った日から 3 か月以内に定期監査を行うことが求められるものであり、必ずしも定期監査を 3 か月に 1 回以上の頻度で臨時監査とは別に実施しなければいけないわけではない。
- 技能実習の実施状況の監査に関し保存することが望ましいとされる書類として、本報告書の写しのほかに、監査実施概要（参考様式第 4－7 号）（P.62）（同実施概要を用いて監査を実施した場合）、技能実習責任者・技能実習指導員からの報告内容、技能実習生との面談結果等を記録した文書、監査の際に撮影した設備等の写真等が挙げられる。

※臨時の監査については、実習実施者が認定計画に従って技能実習を行わせていないなどの情報を得たときはもとより、実習実施者が不法就労者を雇用しているなど出入国関係法令に違反している疑いがあるとの情報を得たとき、実習実施者が技能実習生の労働災害を発生させたなど労働関係法令に違反している疑いがあるとの情報を得たときなどにも行うことが求められる。特に、技能実習生に対する暴行、脅迫その他人権を侵害する行為が疑われる情報を得た場合、迅速かつ確実に臨時監査を実施する必要がある。また、臨時監査後、電話等により、その概要を直ちに実習実施者の住所地を管轄する機構地方事務所・支所の指導課に連絡するとともに、当該監査の実施結果を監査報告書によりとりまとめの上、当該監査実施後、遅くとも 2 週間以内に同課に報告する必要がある。

該当番号	記載上の注意事項
<1>	機構が報告書受理時に記載する欄であり、空欄のまま提出する。
<2>	作成した日付を記載する。
<3>	監理団体名及び代表者の役職・氏名を記載する。
1	監理団体の許可番号を記載する。
2	監理団体名を記載する。
3①	4 欄記載の監査対象実習実施者を管轄する監理事業所名を記載する。
3②	事業所枝番がある場合は記載する（ない場合は「無」と記載する。）。
4	監査の対象となる団体監理型実習実施者について記載する。
4①	団体監理型実習実施者届出受理番号を記載する。
4②	団体監理型実習実施者名を記載する。
4③	・ 法人の場合、登記事項証明書に記載された住所を記載する。 ・ 個人の場合、住民票に記載された住所を記載する。
4④	・ 監査実施日現在の当該監理団体が監理する団体監理型技能実習生の数について、技能実習区分の号ごと及びその合計を記載する。 ・ 監査は、自らが監理する団体監理型技能実習生を対象とし、他の監理団体が監理する技能実習生又は企業単独型技能実習生が在籍していた場合、それらは監査対象から除く。
4⑤	技能実習責任者（複数いる場合は全員）の氏名を記載する。
4⑥	技能実習指導員（複数いる場合は全員）の氏名を記載する。
4⑦	・ 監理団体として、当該団体監理型実習実施者に対して従前に実施した監査の有無を記載する。 ・ 「有」に○印を付した場合は、カッコ内に前回実施した日付を記載する。
5	・ 監査は、3 か月に 1 回以上の頻度で適切に行うことと規定されている。 ・ 4⑦欄記載の直近の実施日から 3 か月を超えて実施した場合、15 欄に、その理由を記載する。
6	監査は、監理責任者の指揮の下に実施することと規定されている。
6①	・ 監理責任者の氏名を記載する。 ・ 実習現場に赴いたかどうかを問わず、必ず記載する。
6②	監理責任者の指揮の下に、監査の実務を担当する監理団体の役職員（実習現場を訪問し、監査を実施した者）を記載する。

7実地に確認した場所	①事業所	株式会社　△△工業　□□工場 住所：□□県□□市□□４－４－４
	②実習実施場所	住所：同上
	③宿泊施設	株式会社　△△工業　□□寮 住所：□□県□□市□□８－８－８
8技能実習責任者及び技能実習指導員からの報告		実施　・　未実施
9技能実習生との面談	①人数	合計　３人（第１号　０人、第２号　２人、第３号　１人）
	②技能実習生の氏名等	認定番号：○○○○○○○○　、氏名：NGUYEN VIET NAM 認定番号：○○○○○○○△　、氏名：○○　××　□□ 認定番号：○○○○○○○□　、氏名：△△　□□　○○ 認定番号：　、氏名： 認定番号：　、氏名：
10設備の確認及び帳簿書類の閲覧		実施　・　未実施
11宿泊施設その他の生活環境の確認		実施　・　未実施
12特記事項		特記事項なし
13監査結果		技能実習法施行規則第52条第1号に掲げる方法により、監査実施概要（参考様式第4−7号）を用いて監査を実施したところ、法令違反は見受けられなかった。 時間外労働が増えているので、36協定を超える時間外労働が発生しないよう、改めて実習実施者には注意喚起を行った。
14総合講評		概ね技能実習計画に従って技能実習が行われており、また、技能実習生の待遇及び技能実習環境にも大きな問題は見受けられなかった。
15備考		本報告に係る担当者 ①氏　名　LE THI VANG（レ　ティ　ヴァン） ②職　名　職員 ③連絡先　（事務所）□□ ― □□ ― □□ （携　帯）○○ ― ×× ― ○○

（注意）

1　※印欄には、記載をしないこと。

2　３欄の②については、事業所枝番号がある場合に記載すること。

3　６欄の②については、監理責任者の指揮の下に、監査の実務を担当する監理団体の役職員を記載すること。

4　９欄の②については、面談を行った技能実習生に係る技能実習計画の認定番号と氏名を記載すること。その記載事項の全てを欄内に記載することができないときは、同欄に「別紙のとおり」と記載し、別紙を添付すること。

5　12 欄には、技能実習生が従事する業務の性質上、外国人の技能実習の適正な実施及び技能実習生の保護に関する法律施行規則第 52 条第１号に規定する方法により監査を行うことができなかった場合に、その理由と他の適切な監査方法を記載すること。

6　14 欄については、今回の監査結果に対する監理団体としての評価を簡潔に記載すること。

7　15 欄には、報告に係る担当者の氏名、職名及び連絡先を記載すること。その他伝達事項があれば、併せて記載すること。

監査報告書（別記様式第22号）2枚目　記載要領

該当番号	記載上の注意事項
7①	6欄に記載した監理団体の役職員が監査を行うために実際に訪問した事業所名及び所在地を記載する。
7②	・事業所の所在地と実習実施場所の所在地が異なる場合、実習実施場所の所在地を記載する（記載すべき名称があれば、併せて記載する。）。 ・事業所の所在地と実習実施場所の所在地が異なる場合としては、例えば、建設関係職種での受入れ等が考えられる。 ・事業所の所在地と実習実施場所の所在地が同じ場合は、「同上」と記載してもよい。
7③	技能実習生の宿泊施設の所在地を記載する（記載すべき名称があれば、併せて記載する。）。
8	技能実習責任者及び技能実習指導員から報告を受けることが規定されている。
9	・技能実習生との面談状況について記載する。 ・面談する人数は、当該実習実施者が受け入れている技能実習生のうち、当該監理団体が監理する団体監理型技能実習生について、その全体の1／4以上（ただし、当該団体監理型技能実習生が2人以上4人以下の場合にあっては2人以上）を対象に実施することとされており、3か月に1回以上の監査によってできる限り全ての技能実習生と面談することが望まれる。
9①	面談した技能実習生について、技能実習区分の各号ごとの人数及びその合計を記載する。
9②	・面談した技能実習生全員の技能実習計画認定番号及び氏名を記載する。 ・記載事項の全てを欄内に記載することができないときは、本欄に「別紙のとおり」と記載し、別紙を添付する。 ・技能実習生の氏名は、ローマ字（大文字）で在留カード上のとおりに記載する。 ・漢字の氏名がある場合にはローマ字の氏名と併せて、漢字の氏名も記載する。
10	事業所の設備・帳簿書類の確認に当たっては、例えば以下のような点に留意することが必要である。 ①　技能実習計画に記載された機械、器具等の設備を用いて、安全衛生面に配慮して、技能実習計画に記載されたとおりに技能実習が行われていること ②　賃金台帳、タイムカードなどから確認できる技能実習生に対して支払われた報酬や労働時間が技能実習計画に記載された内容と合致していること ③　技能実習生に対する業務内容・指導内容を記録した日誌から、技能実習生が技能実習計画に記載された業務を行っていること
11	・宿泊施設等の生活環境の確認に当たっては、例えば以下のような点に留意することが必要である。 ①　宿泊施設の衛生状況が良好であるか ②　宿泊施設の1部屋当たりの実習生数が何名となっているか ③　不当に私生活の自由が制限されていないか ・宿泊施設が離れた場所で複数に分かれており、毎回全てを確認することが困難な場合には、複数回の定期監査に分けて各宿泊施設を訪れるということでも構わない。その場合においても、複数回の定期監査によりできる限り全ての宿泊施設を訪れることが望まれる。
12	技能実習生が従事する業務の性質上、規則第52条第1号に規定する方法により監査を行うことができなかった場合に、その理由と他の適切な監査方法を記載する。 【規則第52条第1号に規定する方法（要点）】 ①　実地による確認 ②　技能実習責任者及び技能実習指導員からの報告 ③　指定人数以上の団体監理型技能実習生（4分の1以上）との面談 ④　事業所における設備の確認、帳簿書類等の閲覧 ⑤　宿泊施設等の生活環境の確認 ※なお、特定の職種・作業については告示で定める方法による。
13	・今回の監査方法、監査項目等を示した上で、監査結果を簡潔に記載する。 ・事後に問題が生じた場合、機構から監査実施概要（参考様式第4−7号）の提出を求められることが想定されることから、同概要を用いて監査を実施した場合は、機構からの指示に応じて速やかに提出できるよう、監理事業を行う事業所に備え付けておく。
14	今回の監査結果に対する監理団体としての評価を簡潔に記載する。
15	・本報告に係る担当者の氏名、職名及び連絡先を記載する。 ・その他伝達事項があれば、併せて記載する。

別記様式第 23 号（第 55 条第２項関係）　　　　（日本産業規格Ａ列４）

〈1〉

※　事業報告受理番号	記載しない。

事　　　業　　　報　　　告　　　書

〈2〉
20△△年　　△△月　　△△日

外国人技能実習機構　理事長　殿

〈3〉
提出者　○○事業協同組合　理事長　甲野　優一

外国人の技能実習の適正な実施及び技能実習生の保護に関する法律第 42 条第２項の規定により、下記のとおり監理事業に関する事業報告書を提出します。

記

１報告対象技能実習事業年度		20△×年度（　20△×年　４月　１日　～　20△△年　３月３１日）
２許可番号		許 220400△△△△
３監理団体	（ふりがな） ①名称	○○じぎょうきょうどうくみあい ○○事業協同組合
	②住所	〒　987－6543 ○○県○○市○○１－１－１ （電話　○○　—　○○　—　○○　）
４監理事業を行う事業所	（ふりがな） ①名称	○○じぎょうきょうどうくみあい△△しぶ ○○事業協同組合△△支部
	②所在地	〒　234－5678 □□県□□市□□３－３－３ （電話　□□　—　□□　—　□□　）
	③事業所枝番号	□△
５実習監理した団体監理型実習実施者の数		団体監理型実習実施者　　△△人／法人
６実習監理した団体監理型技能実習生の数		計　△△△人（第１号　△△△人、第２号　△△△人、第３号　△△△人）
７実習監理した団体監理型技能実習生の国籍（国又は地域）及び人数		ベトナム（第１号　△△△人、第２号　△△△人、第３号　△△△人）
		中国　　（第１号　△△△人、第２号　△△△人、第３号　△△△人）
		××××（第１号　△△△人、第２号　△△△人、第３号　△△△人）

事業報告書（別記様式第 23 号）1 枚目　記載要領

全般的な注意事項

・監理団体は、毎年 1 回、監理事業を行う事業所ごとに本報告書を作成の上、次の書類を添付して、機構本部審査課に提出しなければならない。
　① 直近の技能実習事業年度に係る監理団体の貸借対照表及び損益計算書又は収支計算書の写し
　② 訪問指導の内容を記録した書類の写し（P.86）
　　※入国後講習中の技能実習生のみである場合には訪問指導記録書の添付は不要である。ただし、事業報告書には新技能実習生として計上する必要がある。
　③ 外部監査の結果を記録した書類の写し（外部監査の措置を講じている場合）（P.90～101）
　　※技能実習生の受入れがない場合でも監理団体が雇用契約の成立のあっせん等の監理事業を開始しているときには、外部監査人による外部監査が必要なため、報告対象技能実習事業年度内に外部監査や外部監査（同行監査）を実施した場合は報告書（写し）を提出する。
　④ 優良要件適合申告書（監理団体）（参考様式第 2－14 号）（一般監理事業の場合）
　　※機構は、一般監理事業の許可を受けた団体に対して、1 欄の報告対象技能実習事業年度末の時点で優良要件を満たしていることを確認するため、優良要件適合申告書については対象事業年度末の内容で作成する。
　　なお、優良要件適合申告書に係る別紙 1 ～ 4 や疎明資料については、原則提出不要。

・監理団体は、毎年 4 月 1 日から 5 月 31 日までの間に、直近の技能実習事業年度（4 月 1 日に始まり翌年 3 月 31 日に終わる技能実習に関する事業年度）に係る本報告書を提出する必要がある。

・したがって、例えば、7 月 1 日から監理事業を開始した場合には、7 月 1 日から翌年 3 月 31 日までの監理事業に関する事業報告書を作成し、翌年 5 月 31 日までに提出することになる。

・監理団体の許可を受けた団体は、技能実習生の受入れの有無にかかわらず、本報告書の提出が必要である。

・複数の事業所を持つ監理団体の場合、監理団体の本部が全事業所分の報告書をとりまとめた上で、一括して提出することが望ましい。ただし、複数の監理事業所をまとめて、1 件の事業報告書を提出するのではなく、監理事業を行う監理事業所ごとの内容に基づいて、それぞれ作成する必要はある。ただし、12 欄には、主たる事業所についてのみ記載し、その他の事業所については空欄で構わない。

該当番号	記載上の注意事項
<1>	機構が報告書受理時に記載する欄であり、空欄のまま提出する。
<2>	作成した日付を記載する。
<3>	監理団体名及び代表者の役職・氏名を記載する。
1	・報告を行おうとする技能実習事業年度を記載する。 ・報告対象事業年度は、監理団体の会計年度とは関係なく、必ず、4 月 1 日から翌年 3 月 31 日とする。
2	監理団体の許可番号を記載する。
3①	監理団体名を記載する（基本的には上記<3>と同じ名称になる。）。
3②	監理団体の本部所在地を記載する。
4	本報告書の対象となる事業所を記載する。
4③	事業所枝番がある場合は記載する（ない場合は「無」と記載する。）。
5及び6	「実習監理」の開始とは、次の日付が技能実習事業年度に該当する場合とする。 ① 新たに技能実習生を受け入れる場合、当該技能実習生が入国した日 ② 他の監理団体からの移籍を受ける場合、当該技能実習生の移籍が行われた日
5	・1 欄で記載した技能実習事業年度内に、上記 4 欄で記載した事業所において実習監理した全ての団体監理型実習実施者の数を記載する。年度内の一時期のみ（例：5 月～6 月のみ）実習監理した実習実施者も計上する。 ・「人／法人」とは、人は個人事業主、法人は企業を示しており、合計数を記入する。
6	・1 で記載した技能実習事業年度内に、4 欄で記載した事業所において実習監理した団体監理型技能実習生の数について、第 1 号・第 2 号・第 3 号ごと及びその合計を記載する。 ・各号の人数は年度内に**最終的に属していた号数**で計上し、二重計上にならないよう、注意する。例えば、年度当初第 1 号であったが、年度途中から第 2 号になった者は、第 2 号で計上する。 ・該当する技能実習生がいない場合、空欄ではなく、「0」と記載する。
7	・1 欄で記載した技能実習事業年度内に、4 欄で記載した事業所において実習監理した団体監理型技能実習生の数について、国籍及び技能実習の段階別に、国籍、人数の順に記載する。 ・実習監理した団体監理型技能実習生の全ての国籍を欄内に記載することができないときは、本欄に「別紙のとおり」と記載し、別紙を添付する。 ・6 欄の合計人数と一致しているか確認する。

8監理事業の実務に従事した職員の数	合計　　△△人（常勤職員　　△△人　非常勤職員　　△△人）

		受講者名	受講講習名	受講年月日
9実施体制	①監理責任者の講習受講歴	乙原　次郎	監理責任者等講習	20△×年△△月△△日
	②監理責任者以外の役職員の講習受講歴	○○　××	監理責任者等講習	20△×年△△月△△日

	試験区分		受検対象者数（A）			合格者数（B）	合格率（B／A）
			(a)修了者数	(b)やむを得ない不受検者数	(A)=(a)−(b)		
10技能検定等受検状況	①基礎級程度（第１号修了者）		△△△人	0人	△△△人	△△△人	××．×%
	②３級程度（第２号修了者）	実技	△△△人	0人	△△△人	△△△人	××．×%
	③２級程度（第３号修了者）	実技	△△人	○人	△×人	△×人	×△．×%

	試験区分		受検者数（A）	合格者数（B）	合格率（B／A）
10技能検定等受検状況	④３級程度（第２号修了者）	学科	△△△人	△△△人	××．×%
	⑤２級程度（第３号修了者）	学科	0人	0人	0%

11行方不明者の発生状況	行方不明者　　×人　（行方不明率　　×．×　%）

12他の実習実施者における技能実習の継続が困難となった技能実習生の受入れ状況及び実習先変更支援ポータルサイトへの登録の有無	人数	○○人
	登録の有無	（有）・　無

		概要
13地域社会との共生に向けた取組の実施状況	①日本語学習支援	・団体監理型技能実習生全員に日本語学習教材を無償配付 ・日本語能力試験合格者への報奨金支給
	②地域社会との交流の機会提供	20△×年△△月○○日、□□県□□市で開催された「国際交流フェスティバル」に参加（傘下実習実施者△者○○人）等（詳細別紙のとおり）
	③日本文化を学ぶ機会の提供	20△×年○○月△△日、△△県□□市で開催された「××祭り」に参加（傘下実習実施者×者○○人）等（詳細別紙のとおり）

事業報告書（別記様式第23号）2枚目　記載要領

該当番号	記載上の注意事項
8	・報告年度内に監理事業の実務に従事した職員数について、報告年度末時点における勤務形態別（常勤・非常勤）に記載する。なお、報告年度内に退職した職員についても、退職時点における勤務形態別（常勤・非常勤）に計上する。 ・合計人数の計算間違えに注意する。
9	・４欄で記載した事業所に所属する監理団体の役職員のうち、１欄で記載した技能実習事業年度内に監理責任者等講習を受講した者について、①監理責任者及び②監理責任者以外に分けて記載する。 ・監理責任者等講習の受講証（写し）については、原則提出不要。 ・監理団体向け養成講習についてのみを記載する。受講したもののみを記載する。 ・受講した者が複数あり、その記載事項の全てを欄内に記載することができないときは、本欄に「別紙のとおり」と記載し、別紙を添付する。
10	・実習監理した団体監理型技能実習生のうち、１欄で記載した技能実習事業年度内に各段階の技能実習を修了し、又は修了する予定であった技能実習生について記載する（移行対象職種以外の職種で実習をしていた者は除く）。 ・１欄で記載した技能実習事業年度内に受検した者であっても、その段階の技能実習の修了予定が次技能実習事業年度の場合は、次技能実習事業年度の本報告書に計上する。 ・技能検定等に合格した時の監理団体と修了した際の監理団体が異なる場合（例えば、合格後に転籍等で監理団体変更を行った場合）、合格した時の監理団体でカウントする。この場合の合格率の計算における修了者の人数については、計算上、合格した時の監理団体の修了者人数にカウントする（合格後に監理団体変更をし、変更後に修了した際の監理団体にはカウントしない）。 ・やむを得ない不受検者とは、報告対象技能実習事業年度に技能実習を修了し、又は修了する予定であったが、実習実施者や監理団体の責めによらない行方不明、技能実習生の事情による途中帰国、技能実習生の病気や怪我により受検機会を逃した場合など、実習実施者や監理団体の責めによらない事情により、技能検定等を受検しなかった者をいう。 ・合格率は小数点第二位を四捨五入した数値を記載する。 ・「一般監理事業」で許可を受けている監理団体は、優良要件適合申告書の添付が必要であり、申告書では過去３年間の数を報告する。
11	・４欄で記載した事業所で実習監理した団体監理型技能実習生のうち、１欄で記載した技能実習事業年度内に行方不明となった者について記載する。 ・行方不明率については、行方不明者数を分子とし、6欄の合計人数を分母として小数点第二位を四捨五入した数値を記載する。
12	・他の監理団体が実習監理していた団体監理型技能実習生で、１欄で記載した技能実習事業年度内に４欄で記載した事業所において新たに技能実習計画の認定を受けて実習監理を行うこととなった者について記載する。 ・実習先変更支援ポータルサイトへの登録は監理団体単位のため、登録している場合は主たる事業所分の報告のみに「有」に○を付ける。人数については、監理団体の全事業所で受け入れた合計人数を主たる事業所分の報告に記載する（主たる事業所以外の事業所分の報告では空欄にする）。
13	１欄で記載した技能実習事業年度内に、４欄で記載した事業所において行った地域社会との共生に向けた取組があれば、該当する項目の概要欄に記載した上、その内容が分かる別紙を必要に応じ添付する。

14 監理費徴収実績	別紙のとおり
15 備考	本報告に係る担当者 ①氏　名　乙原　次郎（おつはら　じろう） ②職　名　事務局長 ③連絡先　（事務所）□□ ― □□ ― □□ （携　帯）○○ ― ×× ― ○○

（注意）

1　※印欄には、記載をしないこと。

2　１欄は、報告を行おうとする技能実習事業年度について記載すること。

3　４欄の③は、事業所枝番号がある場合について記載すること。

4　５欄は、報告対象技能実習事業年度内に実習監理した団体監理型実習実施者の数について記載すること。

5　６欄は、報告対象技能実習事業年度内に実習監理した団体監理型技能実習生の数について記載すること。

6　７欄は、報告対象技能実習事業年度内に実習監理した団体監理型技能実習生の国籍（国又は地域）及び人数について記載すること。その記載事項の全てを欄内に記載することができないときは、同欄に「別紙のとおり」と記載し、別紙を添付すること。

7　９欄は、報告対象技能実習事業年度内に講習を受講した者の全てについて記載すること。受講した者が複数あり、その記載事項の全てを欄内に記載することができないときは、同欄に「別紙のとおり」と記載し、別紙を添付すること。

8　10 欄は、実習監理した団体監理型技能実習生のうち報告対象技能実習事業年度内に各段階の技能実習を修了し、又は修了する予定であった技能実習生について記載すること。したがって、報告対象技能実習事業年度内に受検した者であっても、その段階の技能実習の修了予定が次技能実習事業年度の場合は、次技能実習事業年度の本報告書に計上すること。

また、やむを得ない不受検者とは、報告対象技能実習事業年度に技能実習を修了し、又は修了する予定であったが、実習実施者や監理団体の責めによらない行方不明、技能実習生の事情による途中帰国、技能実習生の病気や怪我により受検機会を逃した場合など、実習実施者や監理団体の責めによらない事情により、技能検定等を受検しなかった者をいう。

9　11 欄は、実習監理した団体監理型技能実習生のうち報告対象技能実習事業年度内に行方不明となった者について記載し、行方不明率については、６欄の記載の対象となる実習監理した団体監理型技能実習生の数を分母として算出し記載すること。

10　12 欄は、他の監理団体が実習監理していた技能実習生のうち、新たに技能実習計画の認定を受けて実習監理を行うこととなった者について記載すること。

11　13 欄は、各項目について該当するものがあれば概要欄に記載した上、その内容が分かる別紙を必要に応じ添付すること。

12　14 欄は、本様式別紙に必要事項を記載した上、当該別紙を提出すること。

13　15 欄は、報告に係る担当者の氏名、職名及び連絡先を記載すること。その他伝達事項があれば、併せて記載すること。

14　一般監理事業に係る監理許可を受けた監理団体については、外国人の技能実習の適正な実施及び技能実習生の保護に関する法律施行規則第 31 条の基準を満たすことを明らかにする書類を添付すること。

事業報告書（別記様式第23号）３枚目　記載要領

該当番号	記載上の注意事項
14	１欄で記載した技能実習事業年度内に、４欄で記載した事業所が実習監理する団体監理型実習実施者から徴収した監理費について、その実績を別紙にて記載する。
15	・本報告に係る担当者の氏名、職名及び連絡先を記載する。 ・その他伝達事項があれば、併せて記載する。 ・訪問指導の内容を記録した書類や外部監査の結果を記録した書類を添付しない場合、本欄に書類名とその理由を簡潔に記載する。

別記様式第23号（第55条第２項関係）別紙　　　　　　　　（日本産業規格Ａ列４）

監　理　団　体　名　：	○○事業協同組合
許　可　番　号　：	許220400△△△△

①徴収した実習実施者数	△△ ／法人

②徴収した技能実習生数	
Ⅰ定期費用	②Ⅰ　△△　人
Ⅱ不定期費用	②Ⅱ　△△　人

③技能実習生１名当たりの監理費の額	
Ⅰ定期費用	③Ⅰ　(④ⅠA÷③M)　○○ 円／月
合計在籍月	③M　△　月

Ⅱ不定期費用	③Ⅱ　(④ⅠB÷②Ⅱ)　○○　円

④徴収額内訳		定期費用	不定期費用
Ⅰ総計		④ⅠA　(④Ⅱa+④Ⅲa+④Ⅳa+④Ⅴa)　××××××　円	④ⅠB　(④Ⅱb+④Ⅲb+④Ⅳb+④Ⅴb)　××××××　円
Ⅱ職業紹介費	計	④Ⅱa　△△△△　円	④Ⅱb　△△△△　円
	募集・選抜に要する費用	△△△　円	△△△　円
	健康診断費用	△△　円	△△　円
	外国の送出機関へ支払う費用	△△　円	△△　円
	その他の職業紹介に要する費用	△△　円	△△　円
Ⅲ講習費	計	④Ⅲa　△△△△　円	④Ⅲb　△△△△　円
	入国前講習に要する費用	△△　円	△△　円
	入国後講習に要する費用	△△　円	△△　円
	入国後講習における手当	△△　円	△△　円
	その他の講習に要する費用	△△　円	△△　円
Ⅳ監査指導費	計	④Ⅳa　△△△△　円	④Ⅳb　△△△△　円
	監査に要する費用	△△　円	△△　円
	訪問指導に要する費用	△△　円	△△　円
	その他の監査指導に要する費用	△△△　円	△△△　円
Ⅴその他諸経費	計	④Ⅴa　△△△△　円	④Ⅴb　△△△△　円
	来日渡航費	△△△　円	△△△　円
	一時帰国のための渡航費	△△△　円	△△△　円
	帰国のための渡航費	△△△　円	△△△　円
	事務所経費	△△△　円	△△△　円
	上記以外の費用	△△△　円	△△△　円

事業報告書（別記様式第 23 号）別紙 1 枚目　記載要領

全般的な注意事項
事業報告書（別記様式第 23 号）の 14 欄「監理費徴収実績」を記載する別紙用紙

該当番号	記載上の注意事項
<1>	監理団体名を記載する。
<2>	監理団体の許可番号を記載する。
①	・ 徴収した実習実施者数を記載する。 ・ 事業報告書 5 欄の実習実施者数と同じ数になる。
②	・ 徴収した技能実習生数を記載する。 ・ 「定期費用」欄の人数については、6 欄の技能実習生数（合計人数）と同じ人数を記載する。また、報告年度内に、1 人の技能実習生の監理費として、「定期費用」、「不定期費用」ともに徴収している場合には、それぞれに、「1 人」を計上する。
③	監理費の額は、「徴収額内訳」の「総計」を、定期費用については「合計在籍月」で除し、また、不定期費用については「徴収した技能実習生数」で除すことで算出する。
④	当該項目は、報告対象技能実習事業年度期間中に監理費として徴収・支出した額が報告対象となる。徴収額については、報告対象技能実習事業年度内に実際に徴収した監理費のみ算入し、当該年度内に徴収予定であったが、実際には徴収することができなかった監理費については、翌年度以降の徴収額に算入する。
④Ⅱ	・ 実習実施者等と技能実習生等との間における雇用関係の成立の斡旋に係る事務に要する費用を計上する。 ・「募集及び選抜に要する費用」→技能実習生候補者の選抜・面接を行うために必要となる費用（例：監理団体職員が送出国へ渡航する際に必要となる人件費・旅費・宿泊費・交通費や実習実施者・送出機関との連絡・協議に要する費用、これらに際して通訳を依頼した場合はその謝金など）。職業紹介に要する人件費等固定経費については、全てこちらに計上する。 ・「健康診断費用」→入国前・入国後に技能実習を開始するに当たって実施した技能実習生の健康診断に要する費用。 ・「外国の送出機関に支払う費用」→監理団体と送出機関との間で締結した協定に基づき、実習実施者から徴収し、監理団体から送出機関に対して支払われる費用（例：送出管理費など）。
④Ⅲ	・ 入国前講習及び入国後講習に要する費用を計上する。 ・「入国前講習に要する費用」→入国前講習を実施する際に必要となる費用（例：教材費や講習委託費用など）。 ・「入国後講習に要する費用」→入国後講習を実施する際に必要となる費用（例：当該業務に従事する監理団体職員の人件費・交通費、施設使用料、講師や通訳への謝金、教材費、入国後講習を外部委託している場合は、その委託費用など）が該当する。なお、入国後講習に要する人件費等固定経費については、全て当該項目に計上する。 ・「入国後講習における手当」→技能実習生に対して入国後講習時に支給する手当に要する費用。なお、手当の一部を現物支給している場合は、これに要した費用も計上すること。
④Ⅳ	・ 技能実習の実施に関する監理に要する費用を計上する。 ・「監査に要する費用」→監査を行う際に必要となる費用（例：監査を実施する監理団体職員の人件費や交通費、通訳への謝金など） ・「訪問指導に要する費用」→訪問指導を行う際に必要となる費用（例：第 1 号に係る訪問指導を実施する監理団体職員の人件費や交通費、通訳への謝金など）。なお、第 2 号及び第 3 号に係る監理業務として、実習実施者に対し、監査とは別に訪問指導を行っている場合、当該訪問指導に要した費用については、「その他諸経費」に計上する。
④Ⅴ	・ その他技能実習の適正な実施及び技能実習生の保護に資する費用を計上する。 ・「来日渡航費」→技能実習生が送出国から日本に最初に入国するために必要となる費用。 ・「一時帰国のための渡航費」→第 2 号から第 3 号に移行する際などの、本国に一時帰国し、その後、日本に再入国する際に必要となる費用。 ・「帰国のための渡航費」→技能実習を終了し、本国へ帰国する際に必要となる費用。 ・「技能実習生からの相談・支援に要する費用」→技能実習生からの個別の相談やそれに伴い支援を行う際に必要となる費用（例：当該業務に従事する監理 団体職員の人件費・交通費・通訳への謝金など）。 ・「事務所経費」→監理事業所の賃料や光熱水費、通信費などの固定経費。監理事業を行う上で必要となる同費用については、全て当該項目に記載する。 ・「上記以外の費用」→「職業紹介費」、「講習費」及び「監査指導費」のいずれにも該当しない監理費であって、かつ、「来日渡航費」、「一時帰国のための渡航費」、「帰国のための渡航費」及び「事務所経費」のいずれにも該当しない監理費（例：技能実習生への相談・支援に要する費用、技能検定等の受検に要する費用、「職業紹介費」等に該当しない人件費など）。

別記様式第23号（第55条第２項関係）別紙　　　　　　　　　　　　　（日本産業規格Ａ列４）

⑤支出額内訳		
Ⅰ総計		⑤Ⅰ　（⑤Ⅱ+⑤Ⅲ+⑤Ⅳ+⑤Ⅴ） ×××××× 円
Ⅱ職業紹介費	計	⑤Ⅱ　△△△△ 円
	募集・選抜に要する費用	△△△ 円
	健康診断費用	△△△ 円
	外国の送出機関へ支払う費用	△△△ 円
	その他の職業紹介に要する費用	△△△ 円
Ⅲ講習費	計	⑤Ⅲ　△△△△ 円
	入国前講習に要する費用	△△△ 円
	入国後講習に要する費用	△△△ 円
	入国後講習における手当	△△△ 円
	その他の講習に要する費用	△△△ 円
Ⅳ監査指導費	計	⑤Ⅳ　△△△△ 円
	監査に要する費用	△△△ 円
	訪問指導に要する費用	△△△ 円
	その他の監査指導に要する費用	△△△ 円
Ⅴその他諸経費	計	⑤Ⅴ　△△△△ 円
	来日渡航費	△△△ 円
	一時帰国のための渡航費	△△△ 円
	帰国のための渡航費	△△△ 円
	事務所経費	△△△ 円
	上記以外の費用	△△△ 円

事業報告書（別記様式第23号）別紙2枚目　記載要領

該当番号	記載上の注意事項
⑤	当該項目は、報告対象技能実習事業年度期間中に監理費として徴収・支出した額が報告対象となる。支出額については、年度末までに支出することとしたものの、決裁など事務処理の都合上、4月1日以降の日付となってしまった場合には、報告対象技能実習事業年度の期間外であるが算入すること。
⑤Ⅱ	・実習実施者等と技能実習生等との間における雇用関係の成立の斡旋に係る事務に要する費用を計上する。 ・「募集及び選抜に要する費用」→技能実習生候補者の選抜・面接を行うために必要となる費用（例：監理団体職員が送出国へ渡航する際に必要となる人件費・旅費・宿泊費・交通費や実習実施者・送出機関との連絡・協議に要する費用、これらに際して通訳を依頼した場合はその謝金など）。職業紹介に要する人件費等固定経費については、全てこちらに計上する。 ・「健康診断費用」→入国前・入国後に技能実習を開始するに当たって実施した技能実習生の健康診断に要する費用。 ・「外国の送出機関に支払う費用」→監理団体と送出機関との間で締結した協定に基づき、実習実施者から徴収し、監理団体から送出機関に対して支払われる費用（例：送出管理費など）。
⑤Ⅲ	・入国前講習及び入国後講習に要する費用を計上する。 ・「入国前講習に要する費用」→入国前講習を実施する際に必要となる費用（例：教材費や講習委託費用など）。 ・「入国後講習に要する費用」→入国後講習を実施する際に必要となる費用（例：当該業務に従事する監理団体職員の人件費・交通費、施設使用料、講師や通訳への謝金、教材費、入国後講習を外部委託している場合は、その委託費用など）が該当する。なお、入国後講習に要する人件費等固定経費については、全て当該項目に計上する。 ・「入国後講習における手当」→技能実習生に対して入国後講習時に支給する手当に要する費用。なお、手当の一部を現物支給している場合は、これに要した費用も計上すること。
⑤Ⅳ	・技能実習の実施に関する監理に要する費用を計上する。 ・「監査に要する費用」→監査を行う際に必要となる費用（例：監査を実施する監理団体職員の人件費や交通費、通訳への謝金など）。 ・「訪問指導に要する費用」→訪問指導を行う際に必要となる費用（例：第1号に係る訪問指導を実施する監理団体職員の人件費や交通費、通訳への謝金など）。なお、第2号及び第3号に係る監理業務として、実習実施者に対し、監査とは別に訪問指導を行っている場合、当該訪問指導に要した費用については、「その他諸経費」に計上する。
⑤Ⅴ	・その他技能実習の適正な実施及び技能実習生の保護に資する費用を計上する。 ・「来日渡航費」→技能実習生が送出国から日本に最初に入国するために必要となる費用。 ・「一時帰国のための渡航費」→第2号から第3号に移行する際などの、本国に一時帰国し、その後、日本に再入国する際に必要となる費用。 ・「帰国のための渡航費」→技能実習を終了し、本国へ帰国する際に必要となる費用。 ・「技能実習生からの相談・支援に要する費用」→技能実習生からの個別の相談やそれに伴い支援を行う際に必要となる費用（例：当該業務に従事する監理 団体職員の人件費・交通費・通訳への謝金など）。 ・「事務所経費」→監理事業所の賃料や光熱水費、通信費などの固定経費。監理事業を行う上で必要となる同費用については、全て当該項目に記載する。 ・「上記以外の費用」→「職業紹介費」、「講習費」及び「監査指導費」のいずれにも該当しない監理費であって、かつ、「来日渡航費」、「一時帰国のための渡航費」、「帰国のための渡航費」及び「事務所経費」のいずれにも該当しない監理費（例：技能実習生への相談・支援に要する費用、技能検定等の受験に要する費用、「職業紹介費」等に該当しない人件費など）。

参考様式第２-17号　　　　　　　　　　　　　　　　　　　　　　　　　　（日本工業規格Ａ列４）

条件が付された許可がおりた後、許可事項を変更したい場合

~~監理団体許可申請の内容変更申出書~~

監理団体許可条件変更申出書

〈2〉　20△△年　△△月　△△日

〈1〉

法務大臣
厚生労働大臣　殿

〈3〉
申出者　○○事業協同組合　理事長　甲野　優一

~~1　下記の監理団体許可申請に係る許可条件の内容の変更をしたいので、下記のとおり申し出ます。~~
2　下記の監理団体許可に付された条件を変更したいので、下記のとおり申し出ます。

記

1許可（申請受理）番号		許 220400△△△△
2許可（申請）年月日		20□□年　□□月　□□日
3監理団体	（ふりがな） ①名称	○○じぎょうきょうどうくみあい ○○事業協同組合
	②住所	〒　987　－　6543 ○○県○○市○○１－１－１ （電話　○○　—　○○　—　○○　）
4変更を希望する許可条件		1　特定の職種・作業に関するもの ②　優良要件を満たさなくなった監理団体が再び優良要件を満たした場合における、実習監理を行うことができる第３号技能実習及び受入れ人数枠に関するもの 3　その他（　　　　　　　　）
5変更を希望する理由		①　特定の職種・作業のうち、（　介護　）職種の（　介護　）作業を取扱職種に追加できるようにしたい 2　その他（　　　　　　　　）
6備考		本届出に係る担当者 ①氏　名　△△　△△ ②職　名　専務理事 ③連絡先　（事務所）□□ — □□ — □□、（携帯）○○ — ×× — ○○

（注意）

1　監理団体許可申請に係る許可条件の内容を変更する場合には表題の「監理団体許可条件変更申出書」を、許可後に監理団体に付された条件を変更する場合には表題の「監理団体許可申請の申請内容変更申出書」を抹消すること。

2　１欄は、監理団体許可申請に係る許可条件の内容を変更する場合は、当該申請の申請受理番号、許可後に監理団体に付された条件を変更する場合は、許可証に記載されている許可番号を記載すること。

3　２欄は、監理団体許可申請に係る許可条件の内容を変更する場合は、当該申請の申請年月日、許可後に監理団体に付された条件を変更する場合は、許可証に記載されている許可年月日を記載する。

4　法務大臣及び厚生労働大臣が特定の職種及び作業として告示をもって指定しているものについて実習監理を行おうとする場合には、事業所管大臣が告示をもって監理団体の法人、業務実施に関する基準を満たすことを証する資料を添付すること。

5　優良要件を満たしたことにより条件の変更を求める場合には、優良要件適合申告書（参考様式第２－１４号）を添付すること。

監理団体許可条件変更申出書（参考様式第2-17号）1枚目　記載要領

全般的な注意事項
監理事業の許可を受けた監理団体で、許可の条件が付されており、当該許可条件を変更（満たさなくなった場合を含む）した上で、許可事項の変更を行おうとする場合に機構に提出する申出書 ※監理団体の許可には条件を付されることがある。付される条件の具体例としては、例えば以下のものが挙げられる。 A) 取扱職種の範囲等に関するもの 「実習監理をする団体監理型技能実習の取扱職種は、適切かつ効果的に技能等の修得等をさせる観点からの指導を担当する技能実習計画の作成指導者が在籍する職種の範囲に限る。」（監理団体の役職員に技能実習計画の作成指導者として、技能実習生に修得等をさせようとする技能等について一定の経験や知識がある者が在籍していなければならないという趣旨（規則第52条第8号参照）） B) 特定の職種及び作業に関するもの 技能実習法施行規則第29条第2項又は第52条第1号若しくは第16号の規定に基づき、法務大臣及び厚生労働大臣が特定の職種及び作業として指定している職種及び作業（●●職種の●●作業を除く。）を除く。」（法務大臣及び厚生労働大臣が特定の職種及び作業として指定しているものについて、事業所管大臣が告示をもって監理団体の法人、業務の実施に関する基準等を定めている場合には、当該告示に定める基準を満たしていることを主務大臣が確認した上で実習監理を行わせる趣旨） ※介護職種、自動車整備職種、漁船漁業・養殖業の追加を行う場合、各提出書類一覧表（P.187～193）を参照し、書類を準備する。 C) 受け入れる技能実習生の国籍（国又は地域）に関するもの 「実習監理をする団体監理型技能実習生の国籍は、相談体制が構築された国籍の範囲に限る。」（監理団体が受け入れている技能実習生の国籍に応じた相談応需体制を整備していなければならないという趣旨（規則第52条第14号参照）） ※ また、例えば、技能実習生の受入れ期間中に優良な監理団体の要件（法第25条第1項第7号）を満たさなくなった監理団体に対して、一般監理事業から特定監理事業への許可の職権変更を行うまでの一時的措置として、「第3号技能実習の実習監理は、既に実習監理を開始している技能実習に限り、新たな第3号技能実習の実習監理は認めない。」「新たな技能実習の実習監理の場合、技能実習生の受入れ人数枠は、規則第16条第1項（優良な実習実施者でない場合の規定）を適用する。」といった旨の条件を事後的に付すことも想定される。 ※ 監理団体の許可に条件が付される場合には、監理団体許可証にその内容が記載される。記載事項が長文になる場合には、別紙により条件が指定されることもある。 ※ 監理団体は、許可に条件が付された後に、条件が付された理由が解消された場合には、当該条件の解除を申し出ることができる。この場合は、事前に機構本部審査課に相談する。

該当番号	記載上の注意事項
<1>	表題中「監理団体許可申請の内容変更申出書」の文字及び申出書上方の1の全文を抹消する。
<2>	作成した日付を記載する。
<3>	監理団体名及び代表者の役職・氏名を記載する。
1	監理団体許可証の許可番号を記載する。
2	監理団体許可証の許可年月日を記載する。
3①	監理団体名を記載する（基本的には上記<3>と同じ名称になる。）。
3②	監理団体の本部所在地を記載する。
4	・該当する変更希望内容の項番に○を付ける。 ・1に○を付けた場合で、法務大臣及び厚生労働大臣が特定の職種及び作業として告示をもって指定しているものについて実習監理を行おうとする場合には、事業所管大臣が告示をもって監理団体の法人、業務実施に関する基準を満たすことを証する資料を添付する。 ・3に○を付けた場合は、カッコ内に具体的内容を記載する。
5	・変更を希望する理由が取扱職種・作業の追加の場合、1に○を付けた上で、カッコ内に具体的な職種名及び作業名を記載する。 ・変更を希望する理由が1以外の場合、2に○を付けた上で、カッコ内に具体的な理由を記載する。
6	・特記事項があれば本欄に記載する。 ・本申出書に係る担当者の氏名、職名及び連絡先を記載する。

参考様式第３－２号（規則第 49 条第３項関係）　　　　　（日本産業規格Ａ列４）

〈1〉

※　事業再開届出受理番号	記載しない。

事　業　再　開　届　出　書

〈2〉

20△△年　△△月　△△日

出入国在留管理庁長官
厚　生　労　働　大　臣　殿

〈3〉

届出者　○○事業協同組合　理事長　甲野　優一

休止していた監理事業を再開したいので、下記のとおり届出をします。

記

１許可番号		許 220400△△△△
２許可年月日		20□□年　□□月　□□日
３監理団体	（ふりがな） ①名称	○○じぎょうきょうどうくみあい ○○事業協同組合
	②住所	〒987－6543 ○○県○○市○○１－１－１ （電話○○ —○○ —○○）
４監理事業を行う事業所	（ふりがな） ①名称	○○じぎょうきょうどうくみあい△△しぶ ○○事業協同組合△△支部
	②所在地	〒222－2222 □□県□□市□□３－３－３ （電話○○ —○○ —○○）
５再開の予定日		20△△年　○○月　○○日
６再開する事業の範囲		△△支部における監理事業
７再開する理由		△△支部が監理する団体監理型実習実施者（株式会社△△工業：実習実施者届出受理番号△△△△△△）が技能実習生の受入れを再開するため。
８備考		本届出に係る担当者 ①氏　名　△△　△△ ②職　名　専務理事 ③連絡先　（事務所）□□ — □□ — □□（携　帯）○○ — ×× — ○○

事業再開届出書（参考様式第３－２号）１枚目　記載要領

全般的な注意事項
・規則第 49 条第３項の規定により、監理事業の全部又は一部を休止した者が、休止した監理事業を再開しようとするときは、その旨をあらかじめ、本届出書により、機構本部審査課に届け出なければならない。 ・監理責任者の健康保険の被保険者証の写し等、常勤性を確認できる書類を合わせて提出する。健康保険の被保険者証の場合は、被保険者等記号・番号・保険者番号・QR コードをマスキングして提出する。

該当番号	記載上の注意事項
<1>	機構が届出書受理時に記載する欄であり、空欄のまま提出する。
<2>	作成した日付を記載する。
<3>	監理団体名及び代表者の役職・氏名を記載する。
１～３	休止の届出をした際に記載した内容を記載する。
4	・監理事業を再開する全ての事業所を記載する。 ・複数あるときは、同欄に「別紙のとおり」と記載し、別紙を添付する。
5	監理事業を再開する予定日を記載する。
6	再開する事業の範囲を記載する。
7	再開する理由について具体的に記載する。
8	・本届出に係る担当者の氏名、職名及び連絡先を記載する。 ・その他伝達事項があれば、併せて記載する。

（注意）

1　※印欄には、記載をしないこと。

2　１欄から３欄までは、休止の届出をした際のものを記載すること。

3　４欄は、監理事業を再開する事業所の全てを記載すること。複数あるときは、同欄に「別紙のとおり」と記載し、別紙を添付すること。

4　７欄は、再開する理由について具体的に記載すること。

5　８欄は、事業再開届出に係る担当者の氏名、職名及び連絡先を記載すること。その他伝達事項があれば併せて記載すること。

事業再開届出書（参考様式第３−２号）２枚目　記載要領

参考様式第３-３号（規則第52条第13号関係）　　　　　　　　　　　　　　（日本産業規格Ａ列４）

許可取消し事由該当事実に係る報告書

〈1〉

20△△年　△△月　△△日

外国人技能実習機構　理事長　殿

〈2〉

提出者　○○事業協同組合　理事長　甲野　優一

外国人の技能実習の適正な実施及び技能実習生の保護に関する法律施行規則第52条第13号の規定に基づき、下記のとおり、報告します。

記

１　監理団体

①許可番号		許220400△△△△
（ふりがな） ②名称		○○じぎょうきょうどうくみあい ○○事業協同組合
③所在地		〒987－6543 ○○県○○市○○１－１－１ （電話○○ —○○ —○○）
④監理事業を行う事業所の名称及び所在地	（ふりがな） Ⅰ名称	別紙のとおり
	Ⅱ所在地	〒　－ （電話　—　—　）

２　該当条項（該当するものにチェックを付す。）

☑ 法第37条第１項第１号（許可基準不適合）

☐ 法第37条第１項第２号（欠格事由該当）

☐ 法第37条第１項第３号（監理許可条件違反）

☐ 法第37条第１項第４号（法の規定・命令・処分等違反）

☐ 法第37条第１項第５号（出入国・労働に関する法令に関し不正又は著しい不当な行為）

許可取消し事由該当事実に係る報告書（参考様式第３−３号）１枚目　記載要領

全般的な注意事項
・監理団体は、法第 37 条第１項各号のいずれかに該当するに至ったときは、規則第 52 条第 13 号の規定に基づき、直ちに、機構に当該事実を報告する。 ・一度許可を受けた監理団体であっても、許可基準を満たさなくなった場合、監理団体が欠格事由に該当することとなった場合、許可の条件に違反した場合、改善命令に違反した場合、入管法令や労働関係法令に違反した場合等には、許可の取消しの対象となる。 ・監理団体の許可が取り消されると、監理事業を行うことができなくなり、現在受け入れている技能実習生の実習監理も継続できなくなる。また、許可の取消しを受けた旨が公示されることとなり、不適正な受入れを行っていることが周知の事実となるほか、取消しの日から５年間は新たな監理団体の許可が受けられなくなる（法第 26 条第２号）。 ・監理団体の許可の取消しが行われた場合にあっては、原則として、対象となる監理団体が実習監理する全ての技能実習生について、当該監理団体の実習監理の下では実習を継続することができないこととなるため、技能実習生が同一の実習実施者で引き続き実習を継続するためには、当該実習実施者が他の監理団体に監理団体を変更することが必要となる。その場合、新たな監理団体の指導を受けて、技能実習計画の変更の認定を受けることとなる。 ・また、許可の取消しを受けた監理団体は、実習実施者等から徴収した監理費について、徴収と費用支出の時期に応じて適切に精算することが必要である。 ・一般監理事業の許可を受けた監理団体が、優良な監理団体の要件を満たさなくなった場合には、監理団体は、特定監理事業の許可への変更申請を自ら行うことが望まれる（自ら事業の区分の変更許可申請を行わなかった場合は、職権での許可区分の変更などの処分を受ける可能性がある。）。 ・特定監理事業への変更後は、第３号技能実習生の実習監理ができなくなるので、既に受け入れて実習監理を行っている第３号技能実習生に関しては、他の監理団体への転籍等の手続が事前に必ず必要となる。また、特定監理事業への変更後も、規則第 16 条第２項の規定の適用を受けて優良な監理団体として同条第１項に定める人数枠を超えて技能実習生を受け入れていた場合、技能実習計画の認定の取消し事由に該当することとなる。規則第 16 条第１項に定める人数枠を超える技能実習生については、速やかに、他の監理団体への転籍等の手続を行うことが望まれる。

該当番号	記載上の注意事項
<1>	作成した日付を記載する。
<2>	監理団体名及び代表者の役職・氏名を記載する。
1①	監理団体許可番号を記載する。
1②	監理団体名を記載する。
1③	監理団体の本部所在地を記載する。
1④	・監理事業を行う事業所の名称及び所在地を記載する。 ・監理事業を行う事業所が複数ある場合は、本欄に「別紙のとおり」と記載し、別紙を添付する。
2	監理団体許可の取消事由となった該当条項を選択する。

3　該当する具体的な事実の概要

20△△年××月××日、主務大臣から改善命令を受けたことから、一般監理事業の基準に適合しなくなったもの。

4　改善の措置結果又は改善の状況

改善命令に対する改善報告については、20△△年××月□□日、機構本部に提出済である。
おって、一般監理事業から特定監理事業への事業区分変更許可申請書を提出する予定である。

許可取消し事由該当事実に係る報告書（参考様式第3−3号）2枚目　記載要領

該当番号	記載上の注意事項
3	監理団体許可の取消事由に該当する具体的な事実の概要を記載する。
4	監理団体許可の取消事由に該当する事実に対する改善の措置結果又は改善の状況について、具体的に記載する。

参考様式第４－５号（規則第 54 条第１項第２号関係）　　　　　　　　　　　　　　　　　（日本産業規格Ａ列４）

監　理　費　管　理　簿

〈1〉
対象期間　：　20△△年４月１日　～　20△△年３月３１日

1　年月日別支出状況

①年月日	②実習実施者名	③監理費の種類	④支出額	⑤備考（監理費の支出の根拠等）
△△年 △△月△△日	株式会社△△工業	職業紹介費・講習費・監査指導費 その他諸経費（　　　　　）	△△△△円	【講習視察】交通費２人分（△△駅～××駅） 人件費２名分(①△△月分給与△△△△円×(所要△時間÷月間△△時間)、②△△月分給与□□□□円×（所要△時間÷月総労働□□時間))
△△年 △△月△△日	○○鉄工株式会社	職業紹介費・講習費・監査指導費 その他諸経費（　　　　　）	△△△△円	【監査】交通費２人分（△△駅～××駅） 人件費２名分(①△△月分給与△△△△円×(所要△時間÷月間△△時間)、②△△月分給与□□□□円×（所要△時間÷月総労働□□時間))
△△年 △△月△△日	有限会社××建設	職業紹介費・講習費・監査指導費 その他諸経費（　　　　　）	△△△△円	【選抜】旅費２人分（成田～ﾊﾉｲ往復） 人件費２名分(①△△月分給与△△△△円×(所要△時間÷月間△△時間)、②△△月分給与□□□□円×（所要△時間÷月総労働□□時間))
△△年 △△月△△日	○○鉄工株式会社	職業紹介費・講習費・監査指導費 その他諸経費（相談対応費　　）	△△△△円	【実習生喧嘩】交通費２人分（各自宅～寮往復） 人件費２名分(①△△月分給与△△△△円×(所要△時間÷月間△△時間)、②△△月分給与□□□□円×（所要△時間÷月総労働□□時間))
△△年 △△月△△日	株式会社△△工業	職業紹介費・講習費・監査指導費 その他諸経費（帰国関係費　　）	△△△△円	【帰国】旅費２人分（成田→ﾊﾉｲ） 職員交通費１人分（△△駅～××駅） 人件費１名分（△△月分給与△△△△円×（所要△時間÷月間△△時間)) 車両借上代△△△円（△時間）
△△年 △△月△△日	有限会社××建設	職業紹介・講習費・監査指導費 その他諸経費（計画指導費　）	△△△△円	【計画認定申請】人件費１名分（△△月分給与△△△△円×（所要△時間÷月間△△時間))
△△年 △△月△△日	○○鉄工株式会社	職業紹介費・講習費・監査指導費 その他諸経費（　　　　　）	△△△△円	【送出管理費】実習生○○人△△月分（@△△△△円×○○人）
△△年 △△月△△日	有限会社××建設	職業紹介費・講習費・監査指導費 その他諸経費（　　　　　）	△△△△円	入国後講習委託費（△△年××月××日入国○○名分）
合計			××××円	

（注意）
1　同日に複数の種類の監理費を支出した場合には、種類ごとに分けて記載すること。
2　②欄には、どの実習実施者に関する支出かを明確にするために、実習実施者名を記載すること。
3　⑤欄には、監理費の支出の根拠となった人件費や交通費等の内訳がわかるように記載し、支出額が実費として適正なものであることを明らかにするように記載すること。
4　監理費の支出を裏付ける領収書等の書類は、支出について説明を求められた際に速やかに提示ができるよう保存しておくこと。

監理費管理簿（参考様式第４－５号）１枚目　記載要領

全般的な注意事項
・ 監理団体が実習実施者から監理費を徴収した場合にその収支を明らかにするための参考様式 ・ 監理団体は、法第 28 条第 2 項に基づき規則第 37 条で定められた監理費を実習実施者等へあらかじめ用途及び金額を明示した上で徴収する以外には、いかなる名義でも手数料又は報酬を徴収することはできず、技能実習生等からは、直接的又は間接的にも、負担を求めることはできない。 ・ 技能実習生が外国の送出機関へ支払う手数料が、外国の送出機関を経由して監理団体に流れている場合等は、監理団体が実質的に技能実習生から手数料を徴収しているとみなされるため、法第 28 条第 1 項の規定に抵触することとなる。 ・ 監理費の種類は、法施行規則第 37 条において、①職業紹介費、②講習費、③監査指導費及び④その他諸経費の 4 つに区分されており、それぞれ同条に定める額及び徴収方法の監理費が認められている。 ① 職業紹介費 実習実施者等と技能実習生等との間における雇用関係の成立のあっせんに係る事務に要する費用とされており、例えば以下のものが挙げられる。 A) 募集及び選抜に要する人件費、交通費 i. 送出機関との連絡・協議に要する費用 ii. 実習実施者との連絡・協議に要する費用 B) 外国の送出機関へ支払う費用 i. 外国の送出機関が技能実習生を監理団体に取り次ぐに当たって要する費用（人件費、事務諸経費、送出管理費等） ii. 実習実施者と技能実習生の雇用契約の成立に資する目的で取り次ぐ前に送出機関が行った入国前講習に該当しない日本語学習・日本在留のための生活指導等の事前講習に要する費用 iii. 実習実施者と技能実習生の雇用契約の成立に資する目的で取り次ぐ前に送出機関が行った技能実習生に対する健康診断の費用 なお、外国の送出機関が、監理団体への取次ぎを行うに際して、外国において技能実習生から手数料を徴収することもあり得るが、一般論として、この手数料はあっせんに係るものには該当せず、職業紹介費に含まれるものではない。 ② 講習費 入国前講習及び入国後講習に要する費用が該当する。講習費に含まれる費用としては、例えば、監理団体が支出する施設使用料、講師及び通訳人への謝金、教材費、講習手当、入国前・入国後講習委託費等が挙げられる。 ③ 監査指導費 実習実施者に対する監査及び指導に要する人件費、交通費等の費用が該当する。 ④ その他諸経費 職業紹介費、講習費及び監査指導費に含まれない、技能実習の適正な実施及び技能実習生の保護に資する費用であり、例えば以下のものが挙げられる。 i. 技能実習生の渡航及び帰国に要する費用（帰国するまでの間の生活支援に要する費用を含む。） ii. 実習実施者及び技能実習生に対する相談、支援に要する費用（送出機関が日本に職員を派遣するなどして、技能実習生からの相談対応や支援等を行う場合、技能実習生が事故に遭った場合の対応に要する費用を含む。） iii. 実習実施者の倒産等により技能実習が継続できなくなった場合の対応に要する費用 iv. その他職業紹介費、講習費及び監査指導費に含まれないもののうち、監理事業の実施に要する費用（人件費、事務諸経費、会議等の管理的費用等） ・ 監理費の徴収については、「求人の申込みを受理した時以降」「講習の開始日以降」といった形で、実際に費用が発生した日以降に徴収する旨が規定されているが、これはあくまで監理費として精算する時点を規定したものである。例えば、渡航及び帰国に要する費用や実習実施者の倒産等により技能実習が継続できなくなった場合の対応に要する費用については、予期せず急に出費が必要となる場合等もあることから、実習実施者等が事前に監理団体に一定の金銭を預託しておき、費用が発生した時点で預託しておいた金銭から精算するという方法も可能である。 ・ 監理費の額については、職業紹介費、講習費、監査指導費及びその他諸経費のいずれの種類についても、規則第 37 条において実費に限る旨が規定されているが、実費については決算等により事後的に確定する部分もある。この場合に、実費の確定前に、実費に相当する額が記載された監理費の料金表（監理費表）を定め、実習実施者等から事前に徴収することは差し支えない。 ・ この場合、監理費表に基づき徴収した監理費については、決算等の結果に基づき、実費として適正なものであったかについて事後的な確認が必要となる。また、監理費表についても、実費としてふさわしい設定となっているか、不断に見直しを行うことが必要である。 ・ あらかじめ監理費を徴収した場合において、徴収した額が、急な出費に必要な額として預託した額を上回るときは、当該額については、決算後に精算することや、監理費として徴収する額を減額するなどの手法により実習実施者に対して返還することが求められる。 ・ なお、監理費管理簿には、監理費の区分を明記して記載する必要がある。また、人件費・交通費など、1 回の支出に関係する実習実施者が複数にわたり明らかでないときには、実習実施者の記載を省略することができる。 ・ 複数の実習場所で技能実習を行う実習実施者で、実習場所が複数の監理団体の監理事業を行う事業所にまたがる場合は、監理費を徴収した事業所が計上する。 ・ 保管期間は、本記録の基となる技能実習が終了した日から 1 年間（例：技能実習生が第 2 号までの 3 年間の実習を行った場合、第 2 号終了時から 1 年間）

該当番号	記載上の注意事項
<1>	「対象期間」は、報告対象技能実習事業年度（毎年 4 月 1 日に始まり翌年 3 月 31 日に終わるもの）と可能な限り一致させる。
1	・ 同日に複数の種類の監理費を支出した場合には、種類ごとに分けて記載する。 ・ ⑤欄には、監理費の支出の根拠となった人件費や交通費等の内訳がわかるように記載し、支出額が実費として適正なものであることを明らかにするように記載する。 ・ 監理費の支出を裏付ける領収書等の書類は、支出について説明を求められた際に速やかに提示ができるよう保存しておく。

2　事業年度別収支状況

①監理費の種類		②徴収額	③支出額	④備考
Ⅰ総計		××××××円	××××××円	
Ⅱ職業紹介費	計	△△△△円	△△△△円	
	人件費	△△△円	△△△円	
	交通費	△△円	△△円	
	外国の送出機関へ支払う費用	△△円	△△円	
	その他（　　　　　　　）	△△円	△△円	
Ⅲ講習費	計	△△△△円	△△△△円	
	施設使用料	△△△円	△△△円	
	講師及び通訳への謝金	△△円	△△円	
	教材費	△△円	△△円	
	技能実習生に支給する手当	△△円	△△円	
	その他（人件費　　　　　）	△△円	△△円	講習視察
Ⅳ監査指導費	計	△△△△円	△△△△円	
	人件費	△△△円	△△△円	
	交通費	△△円	△△円	
	その他（　　　　）	△△円	△△円	
Ⅴその他諸経費	計	△△△△円	△△△△円	
	（相談対応費　　　　　）	△△△円	△△△円	
	（帰国関係費　　　　　）	△△△円	△△△円	
	（計画指導費　　　　　）	△△△円	△△△円	

（注意）

1　監理費管理簿は監理費の収支を明らかにするためのものであるが、同時に事業報告書の「14 監理費徴収実績」を明らかにするものでもあるので、監理費管理簿の「対象期間」は、事業報告書の「報告対象技能実習事業年度＜毎年４月１日に始まり翌年３月３１日に終わるもの＞」と合わせてもらうことが望まれる。

2　監理費表に基づき監理費の種類ごとに徴収額を、裏面の「1　年月日別支出状況」に基づき監理費の種類ごとに支出額を記載すること。

3　監理費の額については、職業紹介費、講習費、監査指導費及びその他諸経費のいずれの種類についても、規則第37条において実費に限る旨が規定されているため、特段の理由がない限り、それぞれについて徴収額と支出額が一致することが原則であることに留意すること。

4　支出額については、対象期間内に支出することとしたものの、決裁など事務処理の都合上、対象期間経過後に支出額が確定した場合には、対象期間外に確定した支出額となるが、対象期間内の支出額として算入すること（支出額については、対象期間経過後に支払いが発生した場合であっても、対象期間内に支出することが確定しているものは、対象期間内の支出額として算入すること）。

5　監理費表に基づき実習実施者が事前に監理団体に毎月一定の金額を預託する場合においても、監理費の種類ごとの徴収額を明確にしておく必要があることに留意すること。

監理費管理簿（参考様式第4−5号）２枚目　記載要領

該当番号	記載上の注意事項
2	・監理費の額については、職業紹介費、講習費、監査指導費及びその他諸経費のいずれの種類についても、規則第37条において実費に限る旨が規定されているため、特段の理由がない限り、徴収額と支出額が一致することが原則であることに留意する。 ・支出額については、対象期間内に支出することとしたものの、決裁など事務処理の都合上、対象期間経過後に支出額が確定した場合には、対象期間外に確定した支出額となるが、対象期間内の支出額として算入する（支出額については、対象期間経過後に支払いが発生した場合であっても、対象期間内に支出することが確定しているものは、対象期間内の支出額として算入する）。

参考様式第４-６号（規則第54条第１項第３号関係）　　　　（日本産業規格Ａ列４）

第１面

雇用関係の成立のあっせんに係る管理簿（求人）

① 求人受理 整理番号	②求人者の氏名又は名称 ③住所 ④連絡担当者 連絡先電話番号	⑤ 受付年月日	⑥ 有効期間	⑦ 求人数	⑧ 職種	⑨ 実習実施場所	⑩ 実習期間	⑪ 賃金	⑫求職者をあっせんした場合 紹介年月日	求職者番号 求職者氏名 （国籍）	採用・ 不採用	採用年月日	備考
△△△△	株式会社　△△工業 △△県△△市□□２－２－２ 丙山　一 △△－△△－△△	20△△年 △月△△日		７人	溶接	株式会社　△△工業　□□工場 □□県□□市□□４－４－４	20△△年 ●月●日 ～ 20××年 □月□日	時給・日給・（月給） （150,000円）	20△△年 ○月○○日	○○○ NGUYEN VIET NAM （ベトナム）	（採用）・ 不採用	20△△年 ●月●日	
											採用・ 不採用		
								時給・日給・月給 （　　　円）			採用・ 不採用		
											採用・ 不採用		
								時給・日給・月給 （　　　円）			採用・ 不採用		
											採用・ 不採用		

雇用関係の成立のあっせんに係る管理簿（求人）（第１面）１枚目（参考様式第４−６号）　記載要領

全般的な注意事項
・団体監理型技能実習に係る雇用関係の成立のあっせんに係る管理簿の参考様式 ・保管期間は、本記録の基となる技能実習が終了した日から１年間（例：技能実習生が第２号までの３年間の実習を行った場合、第２号終了時から１年間）

該当番号	記載上の注意事項
①	求人受理整理番号を記載する。
②	求人者（複数の事業所を有するときは、求人の申込み及び採用選考の主体となっている事業所）の氏名又は名称を記載する。
③	②の住所を記載する。
④	②の求人及び採用選考に関し必要な連絡を行う際の担当者の氏名及び連絡先電話番号を記載する。
⑤	・求人を受け付けた年月日を記載する。 ・なお、同一の求人者から複数の求人を同日に受け付ける場合で、受付が同時でないときはその旨も記載する。
⑥	求人の取扱いで有効期間がある場合に、当該有効期間を記載し、有効期間が終了した都度、その旨を記載する。なお、有効期間については、事前に求人者に説明する。
⑦	求人数を記載する。
⑧	当該求人により技能実習生が従事する職種を記載する。
⑨	当該求人により技能実習生に技能実習を行わせる事業所を記載する。
⑩	当該求人による技能実習生の実習期間を記載する。
⑪	当該求人による技能実習生の賃金を記載する。なお、求人管理簿上に記載された賃金について、求人によって支払単位が異なるときは、時給・日給・月給等が判別できるように記載する。また、技能実習生の能力等によって、賃金額が異なる場合については、下限額及び上限額を記載することでも差し支えない。
⑫	当該求人者に求職者をあっせんした場合において、技能実習職業紹介を行った紹介年月日、求職者の氏名、採用・不採用の顛末等を記載し、採用された場合は採用年月日も併せて記載する。

(注意)

1　②は、求人者が複数の事業所を有するときは、求人の申込み及び採用選考の主体となっている事業所について記載すること。

2　⑥は、求人の取扱いで有効期間がある場合に、当該有効期間を記載し、有効期間が終了した都度、その旨を記載すること。なお、有効期間については、事前に求人者に説明すること。

3　⑧は、当該求人により技能実習生が従事する職種を記載すること。

4　⑨は、当該求人により技能実習生に技能実習を行わせる事業所を記載すること。

5　⑩は、当該求人による技能実習生の実習期間を記載すること。

6　⑪は、当該求人による技能実習生の賃金を記載すること。なお、求人管理簿上に記載された賃金について、求人によって支払単位が異なるときは、時給・日給・月給等が判別できるように記載すること。また、技能実習生の能力等によって、賃金額が異なる場合については、下限額及び上限額を記載することでも差し支えない。

7　⑫は、当該求人者に求職者をあっせんした場合において、技能実習職業紹介を行った紹介年月日、求職者の氏名、採用・不採用の顛末等を記載し、採用された場合は採用年月日も併せて記載すること。

雇用関係の成立のあっせんに係る管理簿（求人）（第1面）2枚目（参考様式第4-6号）記載要領

参考様式第４－６号（規則第 54 条第１項第３号関係）　　　　　　　　　　（日本工業規格Ａ列４）

第２面

雇用関係の成立のあっせんに係る管理簿（求職）

① 外国の送出機関の氏名又は名称	②求職者番号 ③求職者氏名（国籍） ④生年月日	⑤ 希望職種	⑥ 受付年月日	⑦ 有効期間	⑧求人者をあっせんした場合 紹介年月日	求人受理整理番号	求人事業所名称	採用・不採用	採用年月日	備考
VIETNAM HUMAN RESOURCES DEVELOPMENT COMPANY LIMITED	○○○	溶接	20△△年 △月○○日		20△△年 ○月○○日	△△△△	株式会社　△△工業	[採用]・不採用	20△△年 ●月●日	
	NGUYEN VIET NAM（ベトナム）							採用・不採用		
	19△△年△月△日							採用・不採用		
								採用・不採用		
								採用・不採用		
								採用・不採用		
								採用・不採用		
								採用・不採用		
								採用・不採用		
								採用・不採用		
								採用・不採用		
								採用・不採用		

（注意）

1　⑦は、求職の取扱いで有効期間がある場合、当該有効期間を記載し、有効期間が終了した都度、その旨を記載すること。なお、有効期間については、事前に求職者に説明すること。

2　⑧は、当該求職者に求人者をあっせんした場合において、技能実習職業紹介を行った紹介年月日、求人者の氏名又は名称、採用・不採用の顛末等を記載し、採用された場合は採用年月日も併せて記載すること。

雇用関係の成立のあっせんに係る管理簿（求職）（第２面）（参考様式第４－６号）　記載要領

該当番号	記載上の注意事項
①	求職者を取り次ぐ外国の送出機関の氏名又は名称を記載する。
②	求職者番号を記載する。
③	求職者の氏名と国籍を記載する。
④	求職者の生年月日を記載する。
⑤	求職者の希望職種を記載する。
⑥	求職を受け付けた年月日を記載する。
⑦	求職の取扱いで有効期間がある場合に、当該有効期間を記載し、有効期間が終了した都度、その旨を記載する。なお、有効期間については、事前に求職者に説明する。
⑧	当該求職者に求人者をあっせんした場合において、技能実習職業紹介を行った紹介年月日、求人者の氏名、採用・不採用の顛末等を記載し、採用された場合は採用年月日も併せて記載する。

参考様式第４-７号（規則第 54 条第１項第４号関係）　　　　　　　　　　　　　　　　　　　　（日本産業規格Ａ列４）

監　　査　　実　　施　　概　　要　〈1〉

監査対象実習実施者　株式会社　△△工業
監査実施日　　20△△年　××月　△△日

1　団体監理型技能実習の実施状況の実地での確認による監査

監査事項		問題等の有無	問題内容
業務	①　認定計画と異なる作業に従事させていないこと。	有 ・ **無**	
	②　技能実習が認定計画どおりに進捗していること。	有 ・ **無**	
	③　他の事業主の下で業務に従事させていないこと。	有 ・ **無**	
保護	④　技能実習生に対して暴行・脅迫・監禁等の不法行為をしていないこと。	有 ・ **無**	
その他	⑤　不法就労者や他の事業者に所属する技能実習生を業務に従事させていないこと。	有 ・ **無**	
	⑥	有 ・ 無	

（注意）
その他の⑥の欄については、①から⑤までのほかに、団体監理型技能実習の実施状況の実地での確認により監査した事項について記載すること。

2　技能実習責任者及び技能実習指導員からの報告による監査

監査事項		問題等の有無	問題内容
業務	①　認定計画と異なる作業に従事させていないこと。	有 ・ **無**	
	②　技能実習が認定計画どおりに進捗していること。	**有** ・ 無	NGUYEN VIET NAM の技能修得状況が計画より若干遅れている。
	③　他の事業主の下での業務に従事させていないこと。	有 ・ **無**	
	④　業務に従事させる時間の配分が適切であること。	有 ・ **無**	
	⑤　入国後講習の期間中に業務に従事させていないこと（１号のみ）。	有 ・ **無**	

監査実施概要（参考様式第４－７号）１枚目　記載要領

全般的な注意事項
監査報告書（別記様式第 22 号）（P.28）の 13 欄「監査結果」を記載する別紙参考様式

該当番号	記載上の注意事項
<1>	余白に、監査対象実習実施者名及び監査実施日を記載しておくとよい。
１、２	・１、２に掲げられる項目について、監査事項ごとに問題等の有無を確認し、「有」「無」いずれかに○を付ける。 ・「有」に○を付けた場合、具体的な問題内容を記載する。

	⑥ 安全衛生に配慮して適切に業務を行わせていること。	有 ・ **無**	
待遇	⑦ 雇用契約に基づき適切に報酬を支払っていること。	有 ・ **無**	
	⑧ 労働時間を適正に記録しており、認定計画と異なる労働時間となっていないこと。	**有** ・ 無	36 協定の範囲内の時間外労働が行われている（労働時間の記録及び時間外手当の支給金額に問題なし）。
	⑨ 休日、休暇等を適切に付与していること。	有 ・ **無**	
	⑩ 適切な宿泊施設を確保していること。	有 ・ **無**	
	⑪ 技能実習生が負担する食費、居住費等が適正なものであること。	有 ・ **無**	
書類	⑫ 技能実習生の管理簿を適切に作成していること。	有 ・ **無**	
	⑬ 認定計画の履行状況に係る管理簿を適切に作成していること。	有 ・ **無**	
	⑭ 業務・指導内容を記録した日誌を適切に作成していること。	有 ・ **無**	
保護	⑮ 技能実習生に対し暴行・脅迫・監禁等の不法行為をしていないこと。	有 ・ **無**	
	⑯ 保証金の徴収・違約金を定める契約等をしていないこと。	有 ・ **無**	
	⑰ 預金通帳の管理など不当な財産管理を行っていないこと。	有 ・ **無**	
	⑱ 技能実習生が自分で旅券・在留カードを保管していること。	有 ・ **無**	
	⑲ 技能実習生の私生活の自由を不当に制限していないこと。	有 ・ **無**	
その他	⑳ 不法就労者や他の事業者に所属する技能実習生を業務に従事させていないこと。	有 ・ **無**	
	㉑ 技能実習生が自分で技能実習生手帳を保管していること。	**有** ・ 無	
	㉒		

（注意）
その他の㉒の欄については、①から㉑までのほかに、技能実習責任者及び技能実習指導員からの報告により監査した事項について記載すること。

監査実施概要（参考様式第４－７号）２枚目　記載要領

3　技能実習生との面談による監査

監査事項		問題等の有無	問題内容
業務	① 認定計画と異なる作業に従事していないこと。	有・**無**	
	② 技能実習が認定計画どおりに進捗していること。	**有**・無	NGUYEN VIET NAM の技能修得状況が計画より若干遅れているが、本人の技能実習意欲はみられる。
	③ 他の事業主の下で業務に従事していないこと。	有・**無**	
	④ 入国後講習の期間中に業務に従事していないこと（1号のみ）。	有・**無**	
	⑤ 安全衛生に配慮して適切に業務を行っていること。	有・**無**	
待遇	⑥ 雇用契約に基づき毎月適切に報酬を受け取っていること。	有・**無**	
	⑦ 認定計画と異なる労働時間となっていないこと。	**有**・無	時間外労働時間が発生
	⑧ 休日、休暇等が適切に付与されていること。	有・**無**	
	⑨ 適切な宿泊施設が確保されていること。	有・**無**	
	⑩ 技能実習生が負担する食費、居住費等が合意したとおりのものであること。	有・**無**	
保護	⑪ 暴行・脅迫・監禁等の不法行為を受けていないこと。	有・**無**	
	⑫ 相手方を問わず保証金の徴収・違約金を定める契約等がないこと。	有・**無**	
	⑬ 預金通帳の管理など不当な財産管理を受けていないこと。	有・**無**	
	⑭ 旅券・在留カードを自分で保管していること。	有・**無**	
	⑮ 私生活の自由を不当に制限されていないこと。	有・**無**	
その他	⑯ 不法就労者が働いていないこと。	有・**無**	
	⑰ 技能実習生が自分で技能実習生手帳を保管していること。	**有**・無	
	⑱		

（注意）
その他の⑱の欄については、①から⑰までのほかに、技能実習責任者及び技能実習指導員からの報告により監査した事項について記載すること。

監査実施概要（参考様式第４−７号）３枚目　記載要領

該当番号	記載上の注意事項
３	・３に掲げられる項目について、監査事項ごとに問題等の有無を確認し、「有」「無」いずれかに○を付ける。 ・「有」に○を付けた場合、具体的な問題内容を記載する。

4　設備の確認及び帳簿書類の閲覧による監査

	監査事項	問題等の有無	問題内容
業務	① 認定計画と異なる作業に従事させていないこと。	有 ・ (無)	
	② 技能実習が認定計画どおりに進捗していること。	(有) ・ 無	NGUYEN VIET NAM の技能修得状況が計画より若干遅れている。
	③ 他の事業主の下で業務に従事させていないこと。	有 ・ (無)	
	④ 業務に従事させる時間の配分が適切であること。	有 ・ (無)	
	⑤ 入国後講習の期間中に業務に従事させていないこと（1号のみ）。	有 ・ (無)	
	⑥ 安全衛生に配慮して適切に業務を行わせていること。	有 ・ (無)	
待遇	⑦ 雇用契約に基づき適切に報酬を支払っていること。	有 ・ (無)	
	⑧ 労働時間を正確に記録しており、認定計画と異なる労働時間となっていないこと。	(有) ・ 無	36 協定の範囲内の時間外労働が行われている（労働時間の記録及び時間外手当の支給金額に問題なし）。
	⑨ 休日、休暇等を適切に付与していること。	有 ・ (無)	
	⑩ 適切な宿泊施設を確保していること。	有 ・ (無)	
	⑪ 技能実習生に負担させる食費、居住費等が適正なものであること。	有 ・ (無)	
書類	⑫ 技能実習生の管理簿を適切に作成していること。	有 ・ (無)	
	⑬ 認定計画の履行状況に係る管理簿を適切に作成していること。	有 ・ (無)	
	⑭ 業務・指導内容を記録した日誌を適切に作成していること。	有 ・ (無)	
保護	⑮ 暴行・脅迫・監禁等の不法行為をしていないこと。	有 ・ (無)	
	⑯ 保証金の徴収・違約金を定める契約等をしていないこと。	有 ・ (無)	
	⑰ 預金通帳の管理など不当な財産管理を行っていないこと。	有 ・ (無)	
	⑱ 技能実習生が自分で旅券・在留カードを保管していること。	有 ・ (無)	
	⑲ 技能実習生の私生活の自由を不当に制限していないこと。	有 ・ (無)	

監査実施概要（参考様式第４－７号）４枚目　記載要領

該当番号	記載上の注意事項
4	・４に掲げられる項目について、監査事項ごとに問題等の有無を確認し、「有」「無」いずれかに○を付ける。 ・「有」に○を付けた場合、具体的な問題内容を記載する。

その他	⑳ 不法就労者や他の実習実施者に所属する技能実習生を業務に従事させていないこと。	有 ・ **無**	
	㉑技能実習生が自分で技能実習生手帳を保管していること。	**有** ・ 無	
	㉒		

（注意）
その他の㉒の欄については、①から㉑までのほかに、設備の確認及び帳簿書類の閲覧により監査した事項について記載すること。

5　宿泊施設その他の生活環境の確認による監査

監査事項		問題等の有無	問題内容
待遇	① 適切な宿泊施設を確保し、施設の状況や収容定員に認定計画からの変更がないこと。	有 ・ **無**	
	② 宿泊施設の衛生状況等の生活環境が適切に整備されていること。	有 ・ **無**	
	③	有 ・ 無	

（注意）
③の欄については、①及び②のほかに、宿泊施設その他の生活環境の確認により監査した事項について記載すること。

6　法令違反の有無等（自由記述）

- 法令違反は見受けられなかった。
- 時間外労働が増えているので、36 協定を超える時間外労働が発生しないよう、改めて実習実施者には注意喚起を行った。

（注意）
法令違反の有無等について記載すること。特に法令違反等の疑いがあり、臨時に監査を行った場合には、臨時の監査に至った経緯を含め詳細に記載すること。

監査実施概要（参考様式第４－７号）５枚目　記載要領

該当番号	記載上の注意事項
5	・５に掲げられる項目について、監査事項ごとに問題等の有無を確認し、「有」「無」いずれかに○を付ける。 ・「有」に○を付けた場合、具体的な問題内容を記載する。
6	・監査の結果、法令違反が見つかった場合には、当該違反について、具体的に記載する。 ・特に法令違反の疑いから臨時に監査を実施した場合には、臨時監査に至った経緯を含め、詳細に記載する。

7　その他技能実習実施に当たっての問題、課題等（自由記述）

1．技能実習生２名による喧嘩について
- 20△△年××月××日、△△工場勤務のNGUYEN VIET HOAN及びLE THI SONが口論の末、お互いを刃物で切りつけ、警察沙汰になった事件（20△△年△△月○○日付技能実習実施困難時届出書で報告済）以降、他の技能実習生への動揺が広がっていないか、△△工場長及び××技能実習指導員と連携の上、注視してきたが、ほとんどの技能実習生が落ち着いて技能実習に取り組んでいる。
- 生活面においても、特段の問題も発生していないことから、上記事件の影響は最小限に食い止めることができていると考えられる。

2．その他
- NGUYEN VIET NAM（ﾅﾑ）の技能修得状況が計画より若干遅れており、作業ﾐｽが多いことから、××技能実習指導員が特別にﾅﾑの技能実習状況を確認する対応を取っている。

（注意）
技能実習を実施するに当たっての問題、課題等について、自由に記載すること。

上記の記載内容は、事実と相違ありません。

<2>

20△△年　△△月　△△日　作成

監理責任者の氏名　乙　原　次　郎　㊞

監査実施概要（参考様式第４－７号）６枚目　記載要領

該当番号	記載上の注意事項
7	法令違反にまでは至らないが、円滑な技能実習を実施する上で妨げとなる問題、課題等があれば、具体的に記載する。
<2>	本概要を作成した日付及び監理責任者の氏名を記載し、同責任者の個人印を押印する。

参考様式第４－８号（規則第54条第１項第５号関係）　　　　　　　　　　（日本産業規格Ａ列４）

D

〈1〉

入　国　前　講　習　実　施　記　録

（実施期間　20△△年△△月△△日から　20○○年○○月○○日まで）

〈2〉

（対象：別紙「技能実習生一覧表」のとおり）

日付	時間	科目（内容）	講師 （役職・氏名）	実施場所	備考
20△△/△△/△△	8:00 ～ 17：00	その他本邦での円滑な技能等の修得等に資する知識 （技能実習の目的・意義）	○○教育センター 代表 △△ △△ △△	○○教育センター （△△省△△県△△）	
20△△/△△/△△	8:00 ～ 17：00	日　本　語 （読み書き、会話、文法）	○○教育センター 講師 □□ □□ □□	同　上	
20△△/△△/△△	8:00 ～ 17：00	日　本　語 （読み書き、会話、文法）	○○教育センター 講師 □□ □□ □□	同　上	
20△△/△△/△△	8:00 ～ 17：00	本邦での生活一般に関する知識 （日本の文化・生活様式）	○○教育センター 講師 ○○ ○○ ○○	同　上	
20△△/△△/△△	8:00 ～ 17：00	日　本　語 （読み書き、会話、文法）	○○教育センター 講師 □□ □□ □□	同　上	
20△△/△△/△△	8:00 ～ 12：00	日　本　語 （読み書き、会話、文法）	○○教育センター 講師 □□ □□ □□	同　上	
20△△/△△/△△	8:00 ～ 17：00	本邦での生活一般に関する知識 （職場のルール）	○○教育センター 講師 ○○ ○○ ○○	同　上	
20△△/△△/△△	8:00 ～ 17：00	日　本　語 （読み書き、会話、文法）	○○教育センター 講師 □□ □□ □□	同　上	
20△△/△△/△△	8:00 ～ 17：00	日　本　語 （読み書き、会話、文法）	○○教育センター 講師 □□ □□ □□	同　上	
20△△/△△/△△	8:00 ～ 17：00	その他本邦での円滑な技能等の修得等に資する知識 （修得技能の目標、内容、専門用語等）	○○教育センター 講師 □□ □□ □□	同　上	
20△△/△△/△△	8:00 ～ 17：00	日　本　語 （読み書き、会話、文法）	○○教育センター 講師 □□ □□ □□	同　上	
20△△/△△/△△	8:00 ～ 12：00	日　本　語 （読み書き、会話、文法）	○○教育センター 講師 □□ □□ □□	同　上	
20△△/△△/△△	8:00 ～ 17：00	本邦での生活一般に関する知識 （日本の文化・生活様式）	○○教育センター 講師 ○○ ○○ ○○	同　上	
20△△/△△/△△	8:00 ～ 17：00	日　本　語 （読み書き、会話、文法）	○○教育センター 講師 □□ □□ □□	同　上	
20△△/△△/△△	8:00 ～ 17：00	日　本　語 （読み書き、会話、文法）	○○教育センター 講師 □□ □□ □□	同　上	
20△△/△△/△△	8:00 ～ 17：00	本邦での生活一般に関する知識 （職場のルール）	○○教育センター 講師 ○○ ○○ ○○	同　上	
20△△/△△/△△	8:00 ～ 17：00	日　本　語 （読み書き、会話、文法）	○○教育センター 講師 □□ □□ □□	同　上	
20△△/△△/△△	8:00 ～ 12：00	日　本　語 （読み書き、会話、文法）	○○教育センター 講師 □□ □□ □□	同　上	
20△△/△△/△△	8:00 ～ 17：00	その他本邦での円滑な技能等の修得等に資する知識 （修得技能の目標、内容、専門用語等）	○○教育センター 講師 □□ □□ □□	同　上	
20△△/△△/△△	8:00 ～ 17：00	日　本　語 （読み書き、会話、文法）	○○教育センター 講師 □□ □□ □□	同　上	
20△△/△△/△△	8:00 ～ 17：00	日　本　語 （読み書き、会話、文法）	○○教育センター 講師 □□ □□ □□	同　上	

入国前講習実施記録（参考様式第４−８号）１枚目　記載要領

全般的な注意事項
・入国前講習の実施状況を記録するための参考様式 ・監理団体は、本記録を作成し、監理事業を行う事業所に備え付ける。 ・技能実習生一覧表（参考様式第４−８号別紙）に記載された技能実習生が、複数の監理事業を行う監理事業所が監理する実習実施者に所属する場合、本記録は主たる事業所（本部）の監理責任者が作成し、従たる事業所は、「原本は○○事業所が保管」と記載した写しを備え付ける。 ・技能実習生ごとに入国前講習の開始日、内容等が異なる場合は分けて作成する。 ・技能実習生一覧表（参考様式第４−８号別紙）と併せて保管する。 ・保管期間は、本記録の基となる技能実習が終了した日から１年間（例：技能実習生が第２号までの３年間の実習を行った場合、第２号終了時から１年間）

該当番号	記載上の注意事項
<1>	入国前講習の実施期間を記載する。
<2>	実施した入国前講習の内容を記載する。

日付	時間	科目（内容）	講師 （役職・氏名）	実施場所	備考
20○○/○○/○○	8:00 ～ 12 : 00	その他本邦での円滑な技能等の修得等に資する知識 （技能実習生の心構え）	○○教育センター 代表 △△ △△ △△	○○教育センター （△△省△△県△△）	
/ /	: ～ :				
/ /	: ～ :				
/ /	: ～ :				
/ /	: ～ :				
/ /	: ～ :				
/ /	: ～ :				
/ /	: ～ :				
/ /	: ～ :				
/ /	: ～ :				
/ /	: ～ :				
/ /	: ～ :				
/ /	: ～ :				
/ /	: ～ :				
/ /	: ～ :				
/ /	: ～ :				
/ /	: ～ :				
/ /	: ～ :				
/ /	: ～ :				
/ /	: ～ :				
/ /	: ～ :				

（注意）
技能実習生ごとに入国前講習の開始日、内容等が異なる場合は分けて作成すること。

〈3〉

20△△年　△△月　△△日

監理団体の名称　　○○事業協同組合

監理責任者の氏名　　乙　原　　次　郎　　㊞

入国前講習実施記録（参考様式第 4－8 号）2 枚目　記載要領

該当番号	記載上の注意事項
<3>	・本記録を作成した日付、監理団体名及び監理責任者の役職・氏名を記載の上、職印（なければ社印及び個人印）を押印する。 ・技能実習生一覧表（参考様式第 4－8 号別紙）に記載された技能実習生が、複数の監理事業を行う監理事業所が監理する実習実施者に所属する場合、本記録は主たる事業所の監理責任者が作成する。

〈1〉　技　能　実　習　生　一　覧　表

番号	技能実習生氏名	入国日	備考
1	NGUYEN VIET NAM	20○○/○/△○	
2	△△ △△ △△	20○○/○/△○	
3	△△ △△ △△	20○○/○/△○	
4	△△ △△ △△	20○○/○/△○	
5	△△ △△ △△	20○○/○/△○	
6	△△ △△ △△	20○○/○/△○	
7	△△ △△ △△	20○○/○/△○	
8	△△ △△ △△	20○○/○/△○	
9	△△ △△ △△	20○○/○/△○	
10	△△ △△ △△	20○○/○/△○	
11	△△ △△ △△	20○○/○/△○	
12	△△ △△ △△	20○○/○/△○	
13	△△ △△ △△	20○○/○/△○	
		/　/	
		/　/	
		/　/	
		/　/	
		/　/	
		/　/	
		/　/	

（注意）
実習監理を行う実習実施者の管理簿及び実習監理に係る技能実習生の管理簿と併せて保存すること。

技能実習生一覧表（参考様式第 4－8 号別紙）　記載要領

全般的な注意事項
・入国前講習の実施状況を記録するための入国前講習実施記録（参考様式第 4－8 号）の別紙
・入国前講習実施記録（参考様式第 4－8 号）と併せて保管する。

該当番号	記載上の注意事項
<1>	本記録に記載した入国前講習を受講した技能実習生の氏名や入国日などを記載する。

参考様式第４－９号(規則第54条第１項第５号関係)　　　　　　　　　　　　　　　(日本産業規格Ａ列４)

D

〈1〉

入　国　後　講　習　実　施　記　録

(実施期間　20○○年 ○月 △日から　20○○年 ○月 △△日まで)

〈2〉

(対象：別紙「技能実習生一覧表」のとおり)

日付	時間	科目（内容）	講師 (役職・氏名)	実施場所	備考
20○○/○/△	8:30 ～ 17：30	その他本邦での円滑な技能等の修得等に資する知識 (技能実習の目的・意義)	理事長 甲野　優一	○○事業協同組合 会議室	
20○○/○/○△	8:30 ～ 17：30	日　本　語 (読み書き、会話、文法)	講師 □□　□□	□□講習センター	
20○○/○/○△	8:30 ～ 17：30	日　本　語 (読み書き、会話、文法)	講師 □□　□□	同　上	
20○○/○/○△	8:30 ～ 17：30	日　本　語 (読み書き、会話、文法)	講師 □□　□□	同　上	
20○○/○/○△	8:30 ～ 17：30	日　本　語 (読み書き、会話、文法)	講師 □□　□□	同　上	
20○○/○/○△	8:30 ～ 17：30	日　本　語 (読み書き、会話、文法)	講師 □□　□□	同　上	
20○○/○/○△	8:30 ～ 17：30	日　本　語 (読み書き、会話、文法)	講師 □□　□□	同　上	
20○○/○/○△	8:30 ～ 17：30	日　本　語 (読み書き、会話、文法)	講師 □□　□□	同　上	
20○○/○/○△	8:30 ～ 17：30	日　本　語 (読み書き、会話、文法)	講師 ××　××	同　上	
20○○/○/○△	8:30 ～ 17：30	日　本　語 (読み書き、会話、文法)	講師 ××　××	同　上	
20○○/○/○△	8:30 ～ 17：30	日　本　語 (読み書き、会話、文法)	講師 □□　□□	同　上	
20○○/○/○△	8:30 ～ 17：30	日　本　語 (読み書き、会話、文法)	講師 □□　□□	同　上	
20○○/○/○△	8:30 ～ 17：30	法的保護に必要な情報	講師 保護　浩司	同　上	
20○○/○/○△	8:30 ～ 17：30	日　本　語 (基本作業用語)	講師 □□　□□	同　上	
20○○/○/○△	8:30 ～ 17：30	日　本　語 (基本作業用語)	講師 □□　□□	同　上	
20○○/○/○△	8:30 ～ 17：30	日　本　語 (基本作業用語)	講師 □□　□□	同　上	
20○○/○/○△	8:30 ～ 17：30	本邦での生活一般に関する知識 (日本の生活案内)	講師 ××　××	同　上	
20○○/○/○△	8:30 ～ 17：30	日　本　語 (基本作業用語)	講師 □□　□□	同　上	(午前)消防訓練 から変更
20○○/○/○△	8:30 ～ 12：30	本邦での生活一般に関する知識 (□□市内見学)	講師 ××　××	□□市	
20○○/○/○△	13:30 ～ 17：30	本邦での生活一般に関する知識 (交通安全)	講師 △△警察署	同　上	
20○○/○/○△	8:30 ～ 12：30	本邦での生活一般に関する知識 (消防訓練)	講師 ○○消防署	同　上	

入国後講習実施記録（参考様式第４−９号）１枚目　記載要領

全般的な注意事項
・入国後講習の実施状況を記録するための参考様式
・監理団体は、本記録を作成し、監理事業を行う事業所に備え付ける。
・技能実習生一覧表（参考様式第４−９号別紙）に記載された技能実習生が、複数の監理事業を行う監理事業所が監理する実習実施者に所属する場合、本記録は主たる事業所（本部）の監理責任者が作成し、従たる事業所は、「原本は○○事業所が保管」と記載した写しを備え付ける。
・技能実習生ごとに入国後講習の開始日、内容等が異なる場合は分けて作成する。
・技能実習生一覧表（参考様式第４−９号別紙）と併せて保管する。
・保管期間は、本記録の基となる技能実習が終了した日から１年間（例：技能実習生が第２号までの３年間の実習を行った場合、第２号終了時から１年間）

該当番号	記載上の注意事項
<1>	入国後講習の実施期間を記載する。
<2>	実施した入国後講習の内容を記載する。

日付	時間	科目（内容）	講師 （役職・氏名）	実施場所	備考
20○○/○/○△	13:30 ～ 17 : 30	日　本　語 （まとめ）	講師 □□　□□	同　上	
20○○/○/○△	8:30 ～ 17 : 30	日　本　語 （まとめ）	講師 □□　□□	同　上	
20○○/○/△△	8:30 ～ 17 : 30	その他本邦での円滑な技能等の修得等に資する知識 （企業内での規律・心構え）	理事長 甲野　優一	○○事業協同組合 会議室	
/　/	:　～　:				
/　/	:　～　:				
/　/	:　～　:				
/　/	:　～　:				
/　/	:　～　:				
/　/	;　～　·				
/　/	:　～　:				
/　/	:　～　:				
/　/	:　～　:				
/　/	:　～　:				
/　/	:　～　:				
/　/	:　～　:				
/　/	:　～　:				
/　/	:　～　:				
/　/	:　～　:				
/　/	:　～　:				
/　/	:　～　:				
/　/	:　～　:				

（注意）
技能実習生ごとに入国後講習の開始日、内容等が異なる場合は分けて作成すること。

〈3〉

20△△年　△△月　△△日

監理団体の名称　　○○事業協同組合

監理責任者の氏名　　乙　原　　次　郎　　㊞

入国後講習実施記録（参考様式第４−９号）２枚目　記載要領

該当番号	記載上の注意事項
<3>	・本記録を作成した日付、監理団体名及び監理責任者の役職・氏名を記載の上、職印（なければ社印及び個人印）を押印する。 ・技能実習生一覧表（参考様式第４−９号別紙）に記載された技能実習生が、複数の監理事業を行う監理事業所が監理する実習実施者に所属する場合、本記録は主たる事業所の監理責任者が作成する。

参考様式第４－９号別紙（規則第54条第１項第５号関係）　　　　（日本産業規格Ａ列４）

D　　　　　　　　　　　　　　　　　　　　　　　　　（入国後講習実施記録別紙）

〈1〉　技　能　実　習　生　一　覧　表

番号	技能実習生氏名	入国日	備考
1	NGUYEN VIET NAM	20○○/○/△○	
2	△△ △△ △△	20○○/○/△○	
3	△△ △△ △△	20○○/○/△○	
4	△△ △△ △△	20○○/○/△○	
5	△△ △△ △△	20○○/○/△○	
6	△△ △△ △△	20○○/○/△○	
7	△△ △△ △△	20○○/○/△○	
8	△△ △△ △△	20○○/○/△○	
9	△△ △△ △△	20○○/○/△○	
10	△△ △△ △△	20○○/○/△○	
11	△△ △△ △△	20○○/○/△○	
12	△△ △△ △△	20○○/○/△○	
13	△△ △△ △△	20○○/○/△○	
14	△△ △△ △△	20○○/○/△○	
15	△△ △△ △△	20○○/○/△○	
16	△△ △△ △△	20○○/○/△○	
17	△△ △△ △△	20○○/○/△○	
18	△△ △△ △△	20○○/○/△○	
19	△△ △△ △△	20○○/○/△○	
20	△△ △△ △△	20○○/○/△○	

（注意）
認定計画の履行状況に係る管理簿及び技能実習日誌と併せて保存すること。

技能実習生一覧表（参考様式第 4－9 号別紙）　記載要領

全般的な注意事項
・入国後講習の実施状況を記録するための入国後講習実施記録（参考様式第 4－9 号）の別紙
・入国後講習実施記録（参考様式第 4－9 号）と併せて保管する。

該当番号	記載上の注意事項
<1>	本記録に記載した入国後講習を受講した技能実習生の氏名や入国日などを記載する。

訪　問　指　導　記　録　書

<1>【訪問指導対象期間】　20△△年　△△月　△△日　～　20□□年　□□月　□□日

<2>【技能実習対象業種】　職種・作業（又は業種）名：溶接職種・半自動溶接作業

<3>【到　達　目　標】　目標：溶接技能評価試験初級合格　時期：第１号団体監理型技能実習の９月目　確認方法：溶接技能評価試験初級の受検

<4>【監　理　団　体】

名　　称：〇〇事業協同組合　印

監理責任者：乙原　次郎

訪問指導実施者：LE THI VANG　印

<5>【実 習 実 施 者】

氏名又は名称：株式会社　△△工業

技能実習責任者：国際　次郎　印

対象月	<6> 訪問指導実施日	<7> 技能実習計画の進捗状況			<7> 技能実習生の実習状況			<7> 技能実習生の生活一般状況		<8> 特記事項
		実習進捗	修得度合	時間配分	実習態度	実習意欲	日本語理解	生活態度	規律違反	
１か月目	20△△年△△月△△日	○	○	○	○	○	△	○	○	
２か月目	20△△年□□月□□日	○	○	○	○	○	△	○	○	
３か月目	20△△年○○月○○日	○	○	○	○	○	○	○	○	
４か月目	20△△年××月××日	○	○	○	○	○	○	○	○	
５か月目	20△△年◇◇月◇◇日	○	○	○	○	○	○	○	○	
６か月目	20△△年△□月△□日	○	○	○	○	○	○	○	○	
７か月目	20△△年□○月□○日	○	○	○	○	○	○	○	×	実施困難時届出書参照
８か月目	20△△年○×月○×日	○	○	○	○	○	○	○	○	
９か月目	20△△年×◇月×◇日	○	○	○	○	○	○	○	○	
10 か月目	20□□年△○月△○日	○	○	○	○	○	○	○	○	
11 か月目	20□□年△×月△×日	○	○	○	○	○	○	○	○	
12 か月目	20□□年△×月△×日	○	○	○	○	○	○	○	○	

（注意）各項目の評価は、良好（指導なし）→○、不良ではないものの指摘事項あり→△、不良（指導あり）→×、と記入する。

訪問指導記録書（参考様式第 4－10 号）　記載要領

全般的な注意事項
・監理団体が実習実施者に行った訪問指導の内容を記載する参考様式 ・訪問指導とは、第 1 号団体監理型技能実習の場合に、監査とは別に、監理責任者の指揮の下に、1 か月につき少なくとも 1 回以上、監理団体の役職員が実習実施者に赴いて技能実習の実施状況を実地で確認するとともに、認定された技能実習計画に基づいて技能実習を適正に行わせるよう必要な指導を行うことである。 ・訪問指導を行った場合は、本記録書に指導した内容を記録し、事業所に備え付けなければならない。また、本記録書の写しは、事業報告書に添付し、年に一度、機構本部審査課に提出しなければならない。ただし、事業報告書の報告対象技能実習事業年度内までの間、入国後講習中の技能実習生のみである場合には、本記録書の提出は不要である。 ・保管期間は、本記録の基となる技能実習が終了した日から 1 年間（例：技能実習生が第 2 号までの 3 年間の実習を行った場合、第 2 号終了時から 1 年間） ・訪問指導は、技能実習の初期段階である第 1 号技能実習を行わせるに当たって、監理団体が作成の指導を行った技能実習計画に基づいて技能実習を適正に行わせているかを確認するものであるため、実習実施者に対して適切な指導を行うことができるように技能実習計画の作成の指導を担当した者が実施するのが望ましい。 ・また、実習監理を行う実習実施者の数や所在地などの関係から、技能実習計画の作成指導者のみで全ての訪問指導に対応することが困難な場合には、他の役職員がその技能実習計画作成指導者から事前に必要な説明を受けるなどした上で、訪問指導を実施することが望ましい。

該当番号	記載上の注意事項
<1>	実習実施者において第 1 号団体監理型技能実習が連続して行われている期間を記載する（入国後講習期間を除く）。
<2>	全ての第 1 号団体監理型技能実習について、技能実習 2 号移行対象職種・作業の場合は職種・作業名を、移行対象職種・作業以外の場合は業種名を記載する。
<3>	修得技能の到達目標、到達時期及び確認方法について記載する。
<4>	・監理団体の名称、監理責任者の氏名及び訪問指導実施者の氏名をそれぞれ記載し、監理責任者及び訪問指導実施者それぞれの個人印を押印する。 ・訪問指導実施者が複数の場合は、余白に複数名記載する。
<5>	実習実施者の名称（実習実施者が個人の場合は氏名）及び技能実習責任者の氏名を記載し、同責任者の個人印を押印する。
<6>	・訪問指導を行った日付を記載する。 ・訪問指導は、監査とは別に、1 か月につき少なくとも 1 回以上実施する。
<7>	各項目の評価は、「良好（指導なし）」は「○」、「不良ではないものの指摘事項あり」は「△」、「不良（指導あり）」は「×」、のいずれかを記載する。
<8>	特記すべき事項があれば本欄に略記し、必要に応じて別紙を添付する。

参考様式第４-11 号（規則第 54 条第１項第７号関係） （日本産業規格Ａ列４）

〈1〉
株式会社　△△△工業
□□工場

団体監理型技能実習生からの相談対応記録書

〈2〉 日付	〈3〉 技能実習生 氏名	〈4〉 相談受付者 氏名	〈5〉 相談内容	〈6〉 対応内容 （対応日、対応者氏名）	〈7〉 監理責任者 確認印
20△△/△△/△△	NGUYEN VIET NAM	LE THI VANG	頭痛と悪寒がするため、病院に付き添って欲しい。	△△病院に付き添った上、通訳を行った。 技能実習責任者国際次郎氏に結果報告済 （20△△/△△/△△、LE THI VANG）	乙原
20△△/△△/××	HOAN KIEM LOAN	同　上	技能実習中に左上腕を切ったため、病院に引率して欲しい。	××病院に引率し、通訳を行った。 技能実習指導員技能一郎氏に結果報告済 （20△△/△△/××、LE THI VANG）	乙原
20△△/××/△△	△△ △△ △△	同　上	財布を紛失。銀行のキャッシュカード及び在留カードが中に入っていた。	○○警察署に遺失届、銀行にキャッシュカード紛失・再発行手続に立ち会う。 在留カード再交付申請を JITCO に依頼 技能実習責任者国際次郎氏に結果報告済 （20△△/××/△△、LE THI VANG）	乙原
20△△/××/○○	◇◇ ◇◇ ◇◇	同　上	寮のクーラーが故障したので、修理して欲しい。	生活指導員生活花子氏に至急状況を確認し、対応するよう依頼 （20△△/××/○○、生活花子氏）	乙原
20△△/○○/□□	○○ ○○ ○○	同　上	母親が病気のため緊急入院したため、至急、一時帰国したい。	技能実習責任者国際次郎氏に本人の意向を伝達。実習実施者内で検討の結果、一時帰国に同意。帰国日の調整後、結果を本人に伝達 （20△△/○○/□□、LE THI VANG、国際次郎氏）	乙原
20△△/□□/××	□□ □□ □□	同　上	ベトナムに送金したいが、やり方がわからない。	銀行に引率し、通訳を行った。 生活指導員生活花子氏に結果報告済 （20△△/□□/××、LE THI VANG）	乙原

団体監理型技能実習生からの相談対応記録書（参考様式第 4－11 号）　記載要領

全般的な注意事項
・監理団体が監理する技能実習生から寄せられた相談内容とそれに対する対応について記録する参考様式 ・技能実習生からの相談内容に係る対応については、監理事業に従事する役職員が行わなければならず、その内容に応じて、公的機関や実習実施者の生活指導員等と連携して適切に対応する必要がある。 ・技能実習生からの相談に対応した場合は、本記録書を作成し、事業所に備え付けなければならない。 ・保管期間は、本記録の基となる技能実習が終了した日から 1 年間（例：技能実習生が第 2 号までの 3 年間の実習を行った場合、第 2 号終了時から 1 年間）

該当番号	記載上の注意事項
<1>	本記録書を実習実施者ごとに作成する場合は余白に実習実施者名を記載してもよい。
<2>	技能実習生から相談を受けた日付を記載する。
<3>	相談が寄せられた技能実習生の氏名を記載する。
<4>	相談を受けた監理団体の役職員の氏名を記載する。
<5>	相談内容を記載する。
<6>	・相談への対応状況を記載する。 ・相談へ対応した日付及び対応者の氏名をカッコ内に記載する。
<7>	寄せられた相談内容とそれに対する対応状況を、監理事業を行う事業所の監理責任者が確認の上、押印する。

参考様式第４-12 号（規則第 54 条第１項第８号関係）　　　　　　　　　　　　　　　　（日本産業規格Ａ列４）

外　部　監　査　報　告　書

〈1〉
20△△年　△△月　△○日

〈2〉
○○事業協同組合　理事長　甲野　優一　殿

〈3〉
提出者　　　　□□法人　○○　㊞

外国人の技能実習の適正な実施及び技能実習生の保護に関する法律施行規則第 30 条第６項第１号の規定に基づく監査を実施したので、報告書を提出します。

記

１　外部監査を実施した監理団体

(1) 監理団体	①名称	○○事業協同組合
	②所在地	〒　987 － 6543 ○○県○○市○○１－１－１ （電話　○○　—　○○　—　○○　）
	③責任役員の氏名	責任　幹夫
(2) 事業所	①名称	○○事業協同組合△△支部
	②所在地	〒　234 － 5678 □□県□□市□□３－３－３ （電話　□□　—　□□　—　□□　）
	③監理責任者の氏名	乙原　次郎

（注意）
監理事業を行う事業所ごとに作成すること。

２　外部監査結果

(1)　外部監査実施日		20△△年　　△△月　　○日	
(2) 外部監査実施者	① 実施責任者	監査　次郎	
	② 補　助　者	（Ⅰ）監査　三郎	（Ⅱ）
(3)　責任役員及び監理責任者からの報告		実施　・　未実施	
(4)　設備の確認及び帳簿書類の閲覧		実施　・　未実施	
(5)　外部監査結果		別紙「外部監査実施概要」のとおり	
(6)　総合講評		監理事業に係る問題なし	
(7)　備考		特記事項なし	

（注意）
1　(5)欄については、別途「外部監査実施概要」と題する別紙を作成し、詳細に記載すること。
2　(6)欄については、今回の監査結果について外部監査実施者としての評価を簡潔に記載すること。

外部監査報告書（参考様式第 4－12 号）　記載要領

全般的な注意事項
・外部監査人は、監理団体の各事業所について監査等の業務の遂行状況を 3 か月に 1 回以上確認することが求められており、確認した結果を記載するための参考様式
・監理団体の業務の中立的な運営を担保するため、監理団体は、外部役員を置くこと、又は、外部監査の措置を講じること、のいずれかの措置を講じる義務がある。本報告書は、外部監査の措置を講じることとした場合に、外部監査人が作成する参考様式である。
・外部監査の結果について、外部監査実施概要（参考様式第 4-12 号別紙）に記載し、本報告書に添付する。
・外部監査人は、本報告書を、監理事業を行う事業所ごとに作成する。
・外部監査人は本報告書を監理団体へ提出し、監理団体は本報告書を、監理事業を行う事業所に備え付ける。
・保管期間は、本記録の基となる技能実習が終了した日から 1 年間（例：技能実習生が第 2 号までの 3 年間の実習を行った場合、第 2 号終了時から 1 年間）
・監理団体は、毎年 1 回、監理事業を行う事業所ごとに事業報告書（別記様式第 23 号）（P.32）を作成の上、本報告書の写しと外部監査報告書（同行監査）（参考様式第 4-13 号）（P.98）の写しを添付し、機構本部審査課に提出する必要がある。
・技能実習生の受入れがない場合でも監理団体が雇用契約の成立のあっせん等の監理事業を開始している場合には、外部監査人による外部監査が必要である。

該当番号	記載上の注意事項
<1>	本報告書を作成した日付を記載する。
<2>	監査等の業務の遂行状況を確認した監理団体の代表者名を記載する。
<3>	提出者である外部監査人の名称を記載し、外部監査人の印を押印する。
1（1）	外部監査を行った監理団体について記載する。
1（2）	・外部監査を行った監理事業を行う事業所について記載する。 ・本報告書は監理事業を行う事業所ごとに作成する。
2（1）	外部監査を行った日付を記載する。
2（2）	外部監査を実施した実施責任者と補助者の氏名を記載する。
2（3）	外部監査人は、監理団体の各事業所について監査等の業務の遂行状況を 3 か月に 1 回以上確認する場合、責任役員及び監理責任者から報告を受けることとされている（規則第 30 条第 3 項第 1 号）。
2（4）	外部監査人は、監理団体の各事業所について監査等の業務の遂行状況を 3 か月に 1 回以上確認する場合、各事業所においてその設備を確認し、帳簿書類その他の物件を閲覧することとされている（規則第 30 条第 3 項第 2 号）。
2（5）	外部監査実施概要（参考様式第 4-12 号別紙）を作成し、本報告書に添付する。
2（6）	今回の監査結果について、外部監査実施者としての評価を簡潔に記載する。
2（7）	その他特記事項があれば記載する。なければ、「特記事項なし」と記載する。

外　部　監　査　実　施　概　要

１　外部監査事項

監査事項		問題等の有無	問題内容
監理費	①団体監理型実習実施者等へあらかじめ用途及び金額を明示した上で徴収していること。	有・無	
	②徴収した職業紹介費が団体監理型実習実施者等と団体監理型技能実習生等との間における雇用関係の成立のあっせんに係る事務に要する費用（募集及び選抜に要する人件費、交通費、外国の送出機関へ支払う費用その他の実費に限る。）の額を超えていないこと。	有・無	
	③徴収した講習費が、入国後講習に要する費用（監理団体が支出する施設使用料、講師及び通訳への謝金、教材費、第１号団体監理型技能実習生に支給する手当その他の実費に限る。）の額を超えていないこと。	有・無	
	④徴収した監査指導費が、団体監理型技能実習の実施に関する監理に要する費用（団体監理型実習実施者に対する監査及び指導に要する人件費、交通費その他の実費に限る。）の額を超えていないこと。	有・無	
	⑤徴収したその他諸経費が、その他技能実習の適正な実施及び技能実習生の保護に資する費用（実費に限る。）の額を超えていないこと。	有・無	
業務	①団体監理型実習実施者が認定計画に従って技能実習を行わせているか等、監理責任者の指揮の下、主務省令第 52 条第１号イからホまでに定める方法（団体監理型技能実習生が従事する業務の性質上当該方法によることが著しく困難な場合にあっては、他の適切な方法）によって３か月に１回以上の頻度で監査を行うほか、実習認定の取消し事由に該当する疑いがあると認めたときは、直ちに監査を行っていること。	有・無	
	②第１号団体監理型技能実習に係る実習監理にあっては、監理責任者の指揮の下、１か月に１回以上の頻度で、団体監理型実習実施者が認定計画に従って団体監理型技能実習を行わせているかについて実地による確認（団体監理型技能実習生が従事する業務の性質上当該方法によることが著しく困難な場合にあっては、他の適切な方法による確認）を行うとともに、団体監理型実習実施者に対し必要な指導を行っていること。	有・無	
	③技能実習を労働力の需給の調整の手段と誤認させるような方法で、団体監理型実習実施者等の勧誘又は監理事業の紹介をしていないこと。	有・無	

外部監査実施概要（参考様式第4－12号別紙）1枚目　記載要領

全般的な注意事項
・外部監査人が実施した外部監査の結果を記載するための外部監査報告書（参考様式第4-12号）の別紙 ・外部監査報告書（参考様式第4-12号）と合わせて保管する。

該当番号	記載上の注意事項
1	・各項目について外部監査を行った結果、問題等の有無について、該当するものに○を付ける。 ・「有」に○を付けた場合は、その問題の内容について記載する。 ・当該項目が該当しない場合は、「無」に○を付けた上で、「問題内容」欄に「該当しない」と記載する。

	④入国後講習を認定計画に従って実施しており、かつ、入国後講習の期間中に団体監理型技能実習生を業務に従事させていないこと。	有・無	
	⑤技能実習計画作成の指導に当たって、団体監理型技能実習を行わせる事業所及び団体監理型技能実習生の宿泊施設を実地に確認するほか、主務省令第 52 条第 8 号イからハに規定する観点から指導を行っていること。	有・無	
	⑥技能実習生の帰国旅費（第 3 号技能実習の開始前の一時帰国を含む。）を負担するとともに技能実習生が円滑に帰国できるよう必要な措置を講じていること。	有・無	
	⑦実習監理を行っている団体監理型技能実習生の人権を著しく侵害する行為を行っていないこと。	有・無	
	⑧団体監理型技能実習生との間で認定計画と反する内容の取決めをしていないこと。	有・無	
	⑨実習監理を行っている団体監理型技能実習生からの相談に適切に応じるとともに、団体監理型実習実施者及び団体監理型技能実習生への助言、指導その他の必要な措置が講じられていること。	有・無	
	⑩事業所内の一般の閲覧に便利な場所に、監理団体の業務（監理費の徴収を含む。）に係る規程を掲示していること。	有・無	
	⑪団体監理型実習実施者が、団体監理型技能実習に関し労働関係法令に違反しないよう、監理責任者に必要な指導を行わせていること。	有・無	
	⑫団体監理型実習実施者が、団体監理型技能実習に関し労働関係法令に違反していると認めるときは、監理責任者に是正のための必要な指示を行わせていること。	有・無	
	⑬⑫の指示を行ったときは、速やかに、その旨を関係行政機関に通報していること。	有・無	
	⑭事業所管大臣が特定の職種及び作業に特有の事情に鑑み告示で定める基準や方法に従って業務を行っていること（該当がある場合に限る）。	有・無	該当しない
書類	①団体監理型実習実施者及び団体監理型技能実習生の管理簿が適切に作成され、備え付けられていること。	有・無	
	②監理費に係る管理簿が適切に作成され、備え付けられていること。	有・無	
	③団体監理型技能実習に係る雇用関係の成立のあっせんに係る管理簿が適切に作成され、備え付けられていること。	有・無	
	④団体監理型技能実習の実施状況に係る監査に係る文書が適切に作成され、備え付けられていること。	有・無	
	⑤入国後講習及び入国前講習の実施状況を記録した書類が適切に作成され、備え付けられていること。	有・無	

外部監査実施概要（参考様式第4－12号別紙）2枚目　記載要領

	⑥訪問指導内容を記録した書類が適切に作成され、備え付けられていること。	有・無	
	⑦団体監理型技能実習生から受けた相談の内容及び当該相談内容への対応を記録した書類が適切に作成され、備え付けられていること。	有・無	
	⑧外部監査人による監査に係る文書が適切に作成され、備え付けられていること。	有・無	
	⑨事業所管大臣が特定の職種及び作業に特有の事情に鑑み告示で定める基準や方法に従って書類を作成し備え付けていること（該当がある場合に限る）。	有・無	該当しない
保護	①暴行・脅迫・監禁等により技能実習を強制していないこと。	有・無	
	②保証金の徴収・違約金を定める契約等がないこと。	有・無	
	③預金通帳の管理など不当な財産管理を行っていないこと。	有・無	
	④旅券・在留カードを保管していないこと。	有・無	
	⑤技能実習生の私生活の自由を不当に制限していないこと。	有・無	
その他	①監理団体の許可証を各事業所に備え付けていること。	有・無	
	②技能実習の実施が困難となった場合、技能実習生が引き続き技能実習を行うことを希望するものが技能実習を行うことができるよう、他の監理団体等との連絡調整等を行っていること。	有・無	

2　法令違反の有無等（自由記述）

・技能実習法、入管法、労働関係法令違反は見受けられなかった。
・技能実習制度における監理事業を適正に実施している。
・訪問指導、監査等を通じ、団体監理型実習実施者への的確な指導が行われている。

（注意）
1欄に記載した事項以外の法令違反の有無等について、自由に記載すること。

3　その他監理事業を実施するに当たっての問題、課題等（自由記述）

20△△年××月××日、株式会社△△工業△△工場（実習実施者届出受理番号：△△△△△△－△△）勤務の技能実習生2名による傷害事件では、実習実施者と連携して、的確に対応に当たったと言える。現時点では他の技能実習生への動揺も広がっていないが、当分の間、注視していくことが望まれる。

（注意）
監理事業を実施するに当たっての問題、課題等について、自由に記載すること。

外部監査実施概要（参考様式第4－12号別紙）3枚目　記載要領

該当番号	記載上の注意事項
2	1欄に記載した事項以外の法令違反の有無等について、自由に記載する。
3	監理事業を実施するに当たっての問題、課題等について、自由に記載する。

参考様式第４-13 号（規則第 54 条第１項第８号関係）　　　　　　　　　　　　（日本産業規格Ａ列４）

外 部 監 査 報 告 書（同 行 監 査）

〈1〉
20△△年　△△月　△△日

〈2〉
○○事業協同組合　理事長　甲野　優一　殿

〈3〉
提出者　　□□法人　○○　㊞

外国人の技能実習の適正な実施及び技能実習生の保護に関する法律施行規則第 30 条第６項第２号の規定に基づく監査を実施したので、報告書を提出します。

記

1　外部監査（同行監査）を実施した監理団体

(1) 監理団体	①名称	○○事業協同組合
	②所在地	〒　987　－　6543 ○○県○○市○○１－１－１ （電話　○○　—　○○　—　○○　）
	③責任役員の氏名	責任　幹夫
(2) 事業所	①名称	○○事業協同組合△△支部
	②所在地	〒　234　－　5678 □□県□□市□□３－３－３ （電話　□□　—　□□　—　□□　）
	③監理責任者の氏名	乙原　次郎

（注意）
監理事業を行う事業所ごとに作成すること。

2　外部監査（同行監査）結果

(1) 外部監査（同行監査）実施日		20△△年　△△月　○□日	
(2) 外部監査（同行監査）実施者	①実施責任者	監査　次郎	
	②補　助　者	（Ⅰ）監査　三郎	（Ⅱ）
(3) 外部監査（同行監査）対象実習実施者	①氏名又は名称	株式会社△△工業	
	②住所	〒　123　－　4567 △△県△△市□□２－２－２ （電話　△△　—　△△　—　△△　）	
(4) 実地に確認した場所	①事業所	株式会社　△△工業　□□工場 住所：□□県□□市□□４－４－４	
	②実習実施場所	住所：同上	
	③宿泊施設	株式会社　△△工業　□□寮 住所：□□県□□市□□８－８－８	

外部監査報告書（同行監査）（参考様式第４－13 号）１枚目　記載要領

全般的な注意事項

・外部監査人は、監理団体が行う実習実施者への監査に、監理団体の各事業所につき１年に１回以上同行して確認することが求められており、その確認した結果を記載するための参考様式

・監理団体の業務の中立的な運営を担保するため、監理団体は、外部役員を置くこと、又は、外部監査の措置を講じること、のいずれかの措置を講じる義務がある。本報告書は、外部監査の措置を講じることとした場合に、外部監査人が作成する参考様式である。

・外部監査人は、本報告書を、監理事業を行う事業所ごとに作成する。

・外部監査人は本報告書を監理団体へ提出し、監理団体は本報告書を、監理事業を行う事業所に備え付ける。

・保管期間は、本記録の基となる技能実習が終了した日から１年間（例：技能実習生が第２号までの３年間の実習を行った場合、第２号終了時から１年間）

・監理団体は、毎年１回、監理事業を行う事業所ごとに事業報告書（別記様式第 23 号）（P.32）を作成の上、本報告書の写しと外部監査報告書（参考様式第 4-12 号）（P.90）の写しを添付し、機構本部審査課に提出する必要がある。

該当番号	記載上の注意事項
<1>	本報告書を作成した日付を記載する。
<2>	監査等の業務の遂行状況を確認した監理団体の代表者名を記載する。
<3>	提出者である外部監査人の名称を記載し、外部監査人の印を押印する。
１（１）	外部監査（同行監査）を行った監理団体について記載する。
１（２）	・外部監査（同行監査）を行った監理事業を行う事業所について記載する。 ・本報告書は監理事業を行う事業所ごとに作成する。
２（１）	外部監査（同行監査）を行った日付を記載する。
２（２）	外部監査（同行監査）を実施した実施責任者と補助者の氏名を記載する。
２（３）	監査の対象となる団体監理型実習実施者について記載する。
２（３）①	団体監理型実習実施者名を記載する。
２（３）②	・法人の場合、登記事項証明書に記載された住所を記載する。 ・個人の場合、住民票に記載された住所を記載する。
２（４）①	１欄に記載した監理団体の役職員が監査を行うために実際に訪問した事業所名及び所在地を記載する。
２（４）②	・事業所の所在地と実習実施場所の所在地が異なる場合、実習実施場所の所在地を記載する（記載すべき名称があれば、併せて記載する。）。 ・事業所の所在地と実習実施場所の所在地が異なる場合としては、例えば、建設関係職種での受入れ等が考えられる。 ・事業所の所在地と実習実施場所の所在地が同じ場合は、「同上」と記載してもよい。
２（４）③	技能実習生の宿泊施設の所在地を記載する（記載すべき名称があれば、併せて記載する。）。

(5) 技能実習責任者及び技能実習指導員からの報告	実施 ・ 未実施
(6) 技能実習生との面談	実施 ・ 未実施
(7) 設備の確認及び帳簿書類の閲覧	実施 ・ 未実施
(8) 宿泊施設その他の生活環境の確認	実施 ・ 未実施
(9) その他監査の実施方法	適正 ・ 不適正
(10) 総合講評	監査は適切に実施されており、特段問題はない。
(11) 備考	特記事項なし

（注意）

1 (6)欄については、実習実施者が技能実習を行わせている技能実習生の４分の１以上（当該技能実習生が２人以上４人以下の場合にあっては２人以上）と面談している場合に実施を選択すること。

2 (9)欄については、(4)から(8)までのほか、監理団体による実習実施者に対する監査が法令にのっとって適切に実施されているか否かという観点から外部監査（同行監査）を行い、その結果を記載すること。

3 (10)欄については、今回の監査結果について外部監査実施者としての評価を簡潔に記載すること。

外部監査報告書（同行監査）（参考様式第4－13号）2枚目　記載要領

該当番号	記載上の注意事項
2（5）	監理団体は、技能実習責任者及び技能実習指導員から報告を受けることが規定されているため、確認し、実施または未実施に○をつける。
2（6）	監理団体の役職員と技能実習生との面談を確認し、技能実習生の4分の1以上（当該技能実習生が2人以上の場合は2人以上）と面談している場合に実施に○をつける。
2（7）	監理団体の役職員による事業所の設備の確認や帳簿書類の閲覧を確認し、実施または未実施に○をつける。監理団体による事業所の設備・帳簿書類の確認における留意点は、監査報告書（別記様式第22号）の記載要領（P.29）を参照する。
2（8）	監理団体の役職員による宿泊施設その他の生活環境の確認に同行し、実施または未実施に○をつける。監理団体による宿泊施設等の生活環境の確認における留意点は、監査報告書（別記様式第22号）の記載要領（P.29）を参照する。
2（9）	2(4)から 2(8)までの他、監理団体による実習実施者に対する監査が法令にのっとって適切に実施されているか否かという観点から外部監査（同行監査）を行い、その結果を記載する。
2（10）	今回の監査結果について、外部監査実施者としての評価を簡潔に記載する。
2（11）	その他特記事項があれば記載する。なければ「特記事項なし」と記載する。

参考様式第４-14 号（規則第 54 条第１項第８号関係）　　　　　　　　　　　　　（日本産業規格Ａ列４）

外　部　役　員　確　認　書

20△△年　△△月　△△日

〈1〉

外部役員　　指　定　　外　子　　㊞

外国人の技能実習の適正な実施及び技能実習生の保護に関する法律施行規則第 30 条第３項の規定に基づく確認を実施したので、その結果を記録した書類を作成します。

記

1　外部役員による確認を実施した監理団体

(1) 監理団体	①名称	○○事業協同組合
	②所在地	〒987－6543 ○○県○○市○○１－１－１ （電話○○ —○○ —○○）
	③責任役員の氏名	責任　幹夫
(2) 事業所	①名称	○○事業協同組合△△支部
	②所在地	〒234－5678 □□県□□市□□３－３－３ （電話□□ — □□ — □□）
	③監理責任者の氏名	乙原　次郎

（注意）

監理事業を行う事業所ごとに作成すること。

2　外部役員による確認結果

(1)　外部役員による確認の実施日	20△△年　□□月　□□日
(2)　責任役員及び監理責任者からの報告	実施　・　未実施
(3)　設備の確認及び帳簿書類の閲覧	実施　・　未実施
(4)　外部役員による確認の結果	別紙「外部役員による確認概要」のとおり
(5)　総合講評	監理事業に係る問題なし
(6)　備考	特記事項なし

（注意）

1　(4)欄については、別途「外部役員による確認概要」と題する別紙を作成し、詳細に記載すること。

2　(5)欄については、今回の確認の結果について外部役員としての評価を簡潔に記載すること。

外部役員確認書（参考様式第 4－14 号）　記載要領

全般的な注意事項
・指定外部役員は、監理団体の各事業所について監査等の業務の遂行状況を 3 か月に 1 回以上確認することが求められており、確認した結果を記載するための参考様式 ・指定外部役員による確認の結果について、外部役員による確認概要（参考様式第 4－14 号別紙）に記載し、本確認書に添付する。 ・指定外部役員は、本確認書を、監理事業を行う事業所ごとに作成する。 ・監理団体は、本確認書を、監理事業を行う事業所に備え付ける。 ・保管期間は、本記録の基となる技能実習が終了した日から 1 年間（例：技能実習生が第 2 号までの 3 年間の実習を行った場合、第 2 号終了時から 1 年間）

該当番号	記載上の注意事項
<1>	・本確認書を作成した日付を記載する。 ・確認を行った指定外部役員の氏名を記載し、個人印を押印する。
1（1）	指定外部役員が確認を行った監理団体について記載する。
1（2）	・指定外部役員が確認を行った監理事業を行う事業所について記載する。 ・本確認書は監理事業を行う事業所ごとに作成する。
2	指定外部役員による確認結果について記載する。
2（1）	指定外部役員が確認を行った日付を記載する。
2（2）	指定外部役員は、監理団体の各事業所について監査等の業務の遂行状況を 3 か月に 1 回以上確認する場合、責任役員及び監理責任者から報告を受けることとされている（規則第 30 条第 3 項第 1 号）。
2（3）	指定外部役員は、監理団体の各事業所について監査等の業務の遂行状況を 3 か月に 1 回以上確認する場合、各事業所においてその設備を確認し、帳簿書類その他の物件を閲覧することとされている（規則第 30 条第 3 項第 2 号）。
2（4）	指定外部役員による確認の結果について、外部役員による確認概要（参考様式第 4－14 号別紙）を作成し、本確認書に添付する。
2（5）	今回の確認の結果について、指定外部役員としての評価を簡潔に記載する。
2（6）	その他特記事項があれば記載する。なければ「特記事項なし」と記載する。

外 部 役 員 に よ る 確 認 概 要

1　外部役員による確認の結果

<table>
<tr><th colspan="2">監査事項</th><th>問題等の有無</th><th>問題内容</th></tr>
<tr><td rowspan="5">監理費</td><td>①団体監理型実習実施者等へあらかじめ用途及び金額を明示した上で徴収していること。</td><td>有 ・ 無</td><td></td></tr>
<tr><td>②徴収した職業紹介費が団体監理型実習実施者等と団体監理型技能実習生等との間における雇用関係の成立のあっせんに係る事務に要する費用（募集及び選抜に要する人件費、交通費、外国の送出機関へ支払う費用その他の実費に限る。）の額を超えていないこと。</td><td>有 ・ 無</td><td></td></tr>
<tr><td>③徴収した講習費が、入国後講習に要する費用（監理団体が支出する施設使用料、講師及び通訳への謝金、教材費、第１号団体監理型技能実習生に支給する手当その他の実費に限る。）の額を超えていないこと。</td><td>有 ・ 無</td><td></td></tr>
<tr><td>④徴収した監査指導費が、団体監理型技能実習の実施に関する監理に要する費用（団体監理型実習実施者に対する監査及び指導に要する人件費、交通費その他の実費に限る。）の額を超えていないこと。</td><td>有 ・ 無</td><td></td></tr>
<tr><td>⑤徴収したその他諸経費が、その他技能実習の適正な実施及び技能実習生の保護に資する費用（実費に限る。）の額を超えていないこと。</td><td>有 ・ 無</td><td></td></tr>
<tr><td rowspan="3">業務</td><td>①団体監理型実習実施者が認定計画に従って技能実習を行わせているか等、監理責任者の指揮の下、主務省令第 52 条第１号イからホまでに定める方法（団体監理型技能実習生が従事する業務の性質上当該方法によることが著しく困難な場合にあっては、他の適切な方法）によって３か月に１回以上の頻度で監査を行うほか、実習認定の取消し事由に該当する疑いがあると認めたときは、直ちに監査を行っていること。</td><td>有 ・ 無</td><td></td></tr>
<tr><td>②第１号団体監理型技能実習に係る実習監理にあっては、監理責任者の指揮の下、１か月に１回以上の頻度で、団体監理型実習実施者が認定計画に従って団体監理型技能実習を行わせているかについて実地による確認（団体監理型技能実習生が従事する業務の性質上当該方法によることが著しく困難な場合にあっては、他の適切な方法による確認）を行うとともに、団体監理型実習実施者に対し必要な指導を行っていること。</td><td>有 ・ 無</td><td></td></tr>
<tr><td>③技能実習を労働力の需給の調整の手段と誤認させるような方法で、団体監理型実習実施者等の勧誘又は監理事業の紹介をしていないこと。</td><td>有 ・ 無</td><td></td></tr>
</table>

外部役員による確認概要（参考様式第 4－14 号別紙）1 枚目　記載要領

全般的な注意事項
・指定外部役員が確認した結果を記録するための外部役員確認書（参考様式第 4－14 号）の別紙 ・外部役員確認書（参考様式第 4－14 号）と併せて保管する。

該当番号	記載上の注意事項
1	・指定外部役員が各項目について確認を行った結果、問題等の有無について、該当するものに〇を付ける。 ・「有」に〇を付けた場合は、その問題の内容について記載する。 ・当該項目が該当しない場合は、「無」に〇を付けた上で、「問題内容」欄に「該当しない」と記載する。

	④入国後講習を認定計画に従って実施しており、かつ、入国後講習の期間中に団体監理型技能実習生を業務に従事させていないこと。	有・無	
	⑤技能実習計画作成の指導に当たって、団体監理型技能実習を行わせる事業所及び団体監理型技能実習生の宿泊施設を実地に確認するほか、主務省令第 52 条第 8 号イからハに規定する観点から指導を行っていること。	有・無	
	⑥技能実習生の帰国旅費（第 3 号技能実習の開始前の一時帰国を含む。）を負担するとともに技能実習生が円滑に帰国できるよう必要な措置を講じていること。	有・無	
	⑦実習監理を行っている団体監理型技能実習生の人権を著しく侵害する行為を行っていないこと。	有・無	
	⑧団体監理型技能実習生との間で認定計画と反する内容の取決めをしていないこと。	有・無	
	⑨実習監理を行っている団体監理型技能実習生からの相談に適切に応じるとともに、団体監理型実習実施者及び団体監理型技能実習生への助言、指導その他の必要な措置が講じられていること。	有・無	
	⑩事業所内の一般の閲覧に便利な場所に、監理団体の業務（監理費の徴収を含む。）に係る規程を掲示していること。	有・無	
	⑪団体監理型実習実施者が、団体監理型技能実習に関し労働関係法令に違反しないよう、監理責任者に必要な指導を行わせていること。	有・無	
	⑫団体監理型実習実施者が、団体監理型技能実習に関し労働関係法令に違反していると認めるときは、監理責任者に是正のための必要な指示を行わせていること。	有・無	
	⑬⑫の指示を行ったときは、速やかに、その旨を関係行政機関に通報していること。	有・無	
	⑭事業所管大臣が特定の職種及び作業に特有の事情に鑑み告示で定める基準や方法に従って業務を行っていること（該当がある場合に限る）。	有・無	該当しない
書類	①団体監理型実習実施者及び団体監理型技能実習生の管理簿が適切に作成され、備え付けられていること。	有・無	
	②監理費に係る管理簿が適切に作成され、備え付けられていること。	有・無	
	③団体監理型技能実習に係る雇用関係の成立のあっせんに係る管理簿が適切に作成され、備え付けられていること。	有・無	
	④団体監理型技能実習の実施状況に係る監査に係る文書が適切に作成され、備え付けられていること。	有・無	
	⑤入国後講習及び入国前講習の実施状況を記録した書類が適切に作成され、備え付けられていること。	有・無	
	⑥訪問指導内容を記録した書類が適切に作成され、備え付けられてい	有・無	

外部役員による確認概要（参考様式第4－14号別紙）2枚目　記載要領

	ること。		
	⑦団体監理型技能実習生から受けた相談の内容及び当該相談内容への対応を記録した書類が適切に作成され、備え付けられていること。	有・無	
	⑧外部役員による確認に係る文書が適切に作成され、備え付けられていること。	有・無	
	⑨事業所管大臣が特定の職種及び作業に特有の事情に鑑み告示で定める基準や方法に従って書類を作成し備え付けていること（該当がある場合に限る）。	有・無	該当しない
保護	①暴行・脅迫・監禁等により技能実習を強制していないこと。	有・無	
	②保証金の徴収・違約金を定める契約等がないこと。	有・無	
	③預金通帳の管理など不当な財産管理を行っていないこと。	有・無	
	④旅券・在留カードを保管していないこと。	有・無	
	⑤技能実習生の私生活の自由を不当に制限していないこと。	有・無	
その他	①監理団体の許可証を各事業所に備え付けていること。	有・無	
	②技能実習の実施が困難となった場合、技能実習生が引き続き技能実習を行うことを希望するものが技能実習を行うことができるよう、他の監理団体等との連絡調整等を行っていること。	有・無	

2　法令違反の有無等（自由記述）

・ 技能実習法、入管法、労働関係法令違反は見受けらなかった。
・ 技能実習制度における監理事業を適正に実施している。
・ 訪問指導、監査等を通じ、団体監理型実習実施者への的確な指導が行われている。

（注意）
1欄に記載した事項以外の法令違反の有無等について、自由に記載すること。

3　その他監理事業を実施するに当たっての問題、課題等（自由記述）

20△△年××月××日、株式会社△△工業△△工場（実習実施者届出受理番号：△△△△△△－△△）勤務の技能実習生２名による傷害事件では、実習実施者と連携して、的確に対応に当たったと言える。現時点では他の技能実習生への動揺も広がっていないが、当分の間、注視していくことが望まれる。

（注意）
監理事業を実施するに当たっての問題、課題等について、自由に記載すること。

外部役員による確認概要（参考様式第４－14 号別紙）３枚目　記載要領

該当番号	記載上の注意事項
2	１欄に記載した事項以外の法令違反の有無等について、自由に記載する。
3	監理事業を実施するに当たっての問題、課題等について、自由に記載する。

参考様式第１-39号　　　　　　　　　　　　　　　　　　　　　　　　　（日本産業規格Ａ列４）

Ｄ・Ｅ・Ｆ

技能実習生の個人情報の取り扱いに係る同意書

外国人技能実習機構　理事長　殿

外国人の技能実習の適正な実施及び技能実習生の保護に関する法律第 19 条第１項又は同法第 33 条第１項の規定に基づき「技能実習実施困難時届出書」を提出した当該技能実習生に係る情報に関し、雇用保険制度における失業等給付に係る事務において必要となることもあることから、その必要が生じた場合に当該技能実習生に技能実習を行わせていた実習実施者の所在地を管轄する都道府県労働局及び公共職業安定所に連絡することについて、「独立行政法人等の保有する個人情報の保護に関する法律」（平成十五年法律第五十九号）第９条第２項第１号に基づき同意します。

〈1〉

署 名 年 月 日：　20△△年　△△月　△△日

〈2〉

技能実習生の署名：　Nguyen Viet Nam

技能実習生の個人情報の取り扱いに係る同意書（参考様式第１－39 号）　記載要領

全般的な注意事項
・技能実習計画認定申請に係る提出書類一覧・確認表に含まれている書類であるが、内容としては、「技能実習実施困難時届出書（別記様式第 18 号）」（P.18）を提出した技能実習生に係る個人情報を、必要が生じた場合に、当該技能実習生に技能実習を行わせていた実習実施者の所在地を管轄する都道府県労働局及び公共職業安定所へ連絡することについての同意を求めるものである。 ・技能実習計画認定申請に当たって、機構地方事務所・支所認定課に提出する申請書に添付する書類 ・雇用保険制度における失業等給付に係る事務において、機構から実習実施者の所在地を所管する都道府県労働局及び公共職業安定所に個人情報を提供することに同意する場合に提出する。 ・技能実習生に対して、本同意書の内容を口頭にて十分説明し、理解してもらう点に留意する。 ・技能実習生が十分に理解できる言語（機構のホームページには、英語、中国語、ベトナム語、インドネシア語、タガログ語、タイ語、カンボジア語、ミャンマー語、モンゴル語を併記した参考様式が掲載されている。）を併記しなければならない点に留意する。 ・本様式は、機構ホームページでは、様式の左肩に「Ｄ・Ｅ・Ｆ」と記載されているのみであるが、企業単独型においても使用できるため、様式の左肩に「Ａ・Ｂ・Ｃ」を追記して使用することになる。

該当番号	記載上の注意事項
<1>	技能実習生が本同意書の内容を十分に理解し、署名をした日付を記載する。
<2>	・本同意書の内容を口頭にて十分説明を受け、理解した上で技能実習生本人が自筆で署名する。 ・２部作成し、１部は必ず技能実習生本人に交付するのが望ましい。

参考様式第１-40 号　　　　　　　　　　　　　　　　　　　　　　　　（日本産業規格Ａ列４）
Ａ・Ｂ・Ｃ・Ｄ・Ｅ・Ｆ

技能実習期間満了前の帰国についての申告書

下記の事項を申告します。

記

〈1〉
私は、帰国便都合・技能実習期間の末日が休日であること・その他（　　　　　　　　）（※１）により、20○○ 年 ○ 月 ○○ 日までの技能実習期間満了前の 20○○ 年 ○ 月 ○△ 日に帰国することを了承しました。

〈2〉
私は、このことについて、監理団体または実習実施者（※２）（氏名：　乙原　次郎　）から十分な説明を受けました。

今般、技能実習期間満了前に帰国することについては、私の意に反するものではありません。

上記の記載内容は、事実と相違ありません。

〈3〉　20○○年　○月　△日

技能実習生の署名　Nguyen Viet Nam

※１　技能実習期間前に帰国する理由に該当するものに○をつけること。また、その他に○をした場合には、理由を記載すること。

※２　意に反して帰国する必要のないことについての説明をした方に○をすること。また、説明者の氏名を記載すること。

技能実習期間満了前の帰国についての申告書（参考様式第１−40 号）　記載要領

全般的な注意事項
・技能実習生が技能実習計画の満了前に途中で帰国することとなる場合には、技能実習生に対し、意に反して技能実習を中止して帰国する必要がないことの説明や帰国の意思確認を書面により十分に行った上、技能実習生の帰国が決定した時点で帰国前に、技能実習実施困難時届出書（※）を機構の地方事務所・支所の認定課へ提出する必要がある。ただし、帰国便の都合や帰国予定の技能実習生が期間満了日までに有給休暇をまとめて消化する等の技能実習期間の満了まで技能実習を行わせられないことにやむを得ない事情がある場合など、技能実習生の意に反するものでないことが確認できる場合には、本申告書により、帰国の意思確認を十分に行い、これらのやむを得ない事情があったことを記録しておく場合は、技能実習実施困難時届出書の提出は不要となる。 （※）団体監理型は別記様式第 18 号（P.18 参照）を使用し、企業単独型は別記様式第 9 号（P.130 参照）を使用する。 ・技能実習生に対して、本申告書の内容を口頭にて十分説明し、理解してもらう点に留意する。 ・技能実習生が十分に理解できる言語（機構のホームページには、英語、中国語、ベトナム語、インドネシア語、タガログ語、タイ語、カンボジア語、ミャンマー語、モンゴル語を併記した参考様式が掲載されている。）を併記しなければならない点に留意する。

該当番号	記載上の注意事項
<1>	・技能実習期間満了前に帰国する理由に該当するものに〇をつける。 ・その他に〇をつけた場合、その理由を記載する（例：期間満了日までに有給休暇をまとめて消化する）。
<2>	・意に反して帰国する必要のないことについての説明をした監理団体又は実習実施者のどちらかに〇をつける。 ・説明者の氏名を記載する。
<3>	・技能実習生が本申告書の内容を十分に理解し、署名をした日付を記載する。 ・本同意書の内容を口頭にて十分説明を受け、理解した上で技能実習生本人が自筆で署名する。 ・2 部作成し、1 部は必ず技能実習生本人に交付するのが望ましい。

参考様式第１-41号　　　　　　　　　　　　　　　　　　　　　　　　（日本産業規格Ａ列４）
Ａ・Ｂ・Ｄ・Ｅ

技能実習期間満了前の移行についての申告書

下記の事項を申告します。

記

〈1〉
私は、技能実習期間の末日が休日であること・その他（　　　　　　　　　　　　）（※１）により、20○○年○月○○日までの技能実習期間満了前の20○○年○月○△日に次段階の技能実習に移行することを了承しました。

私は、技能実習期間満了前に次段階の技能実習に移行することにより、全体の技能実習期間が短くなることについて、監理団体または実習実施者（※２）（氏名：　乙原　次郎　　）から十分な説明を受けました。
〈2〉

今般、技能実習期間を短縮することについては、私の意に反するものではありません。

上記の記載内容は、事実と相違ありません。

〈3〉　20○○年　○月　△日

技能実習生の署名　Nguyen Viet Nam

※１　技能実習期間前に移行する理由に該当するものに○をつけること。また、その他に○をした場合には、理由を記載すること。

※２　早期移行により、全体の技能実習期間が短くなることについての説明をした方に○をすること。また、説明者の氏名を記載すること。

技能実習期間満了前の移行についての申告書（参考様式第１－41号）　記載要領

全般的な注意事項
・通常、１日でも技能実習期間が短縮される場合、技能実習実施困難時届出書（※）を機構の地方事務所・支所の認定課へ提出する必要がある。ただし、次段階の技能実習に移行予定の技能実習生が、現在の技能実習期間の満了前に次段階の技能実習に係る在留資格変更許可を受ける際、早期に移行した日数の分、全体の技能実習期間が短縮されることとなる場合で、技能実習生の同意が得られる場合には、本申告書でやむを得ない事情があったことを記録しておくことにより、技能実習実施困難時届出書の提出は不要となる。 （※）団体監理型は別記様式第18号（P.18参照）を使用し、企業単独型は別記様式第９号（P.130参照）を使用する。 ・技能実習生に対して、本申告書の内容を口頭にて十分説明し、理解してもらう点に留意する。 ・技能実習生が十分に理解できる言語（機構のホームページには、英語、中国語、ベトナム語、インドネシア語、タガログ語、タイ語、カンボジア語、ミャンマー語、モンゴル語を併記した参考様式が掲載されている。）を併記しなければならない点に留意する。

該当番号	記載上の注意事項
<1>	・技能実習期間満了前に移行する理由に該当するものに○をつける。 ・その他に○をつけた場合、その理由を記載する。
<2>	・早期移行により、全体の技能実習期間が短くなることについての説明をした監理団体又は実習実施者のどちらかに○をつける。 ・説明者の氏名を記載する。
<3>	・技能実習生が本申告書の内容を十分に理解し、署名をした日付を記載する。 ・本同意書の内容を口頭にて十分説明を受け、理解した上で技能実習生本人が自筆で署名する。 ・２部作成し、１部は必ず技能実習生本人に交付するのが望ましい。

（規則第22条第1項第1号、第54条第1項第1号関係）

JITCO書式10

<1>　20××　年　△△　月　△△　日

技能実習生の名簿（認定計画履行状況管理（兼）実習監理）

<2>実習実施者名　株式会社　△△工業　　<3>事業所名　<7>　□□工場　　<4>20××　年　△△　月　分

<5>　シ　技能実習の区分　第3号団体監理型技能実習

No	ア　氏名	イ　国籍（国又は地域）	ウ　生年月日	エ　性別	オ　在留資格	カ　在留期間	キ　在留期間の満了日	ク　在留カード番号	ケ　外国人雇用状況届出の届出日	<8>技能実習を実施している認定計画 コ　認定番号	サ　認定年月日	ス　技能実習の開始日	セ　技能実習の終了日	ソ　変更認定 認定年月日	変更事項	タ　変更届出 届出年月日	変更事項
1	<6> NGUYEN VIET NAM	ベトナム	19△△年△△月△△日	男	☐技能実習第1号イ ☐技能実習第2号イ ☐技能実習第3号イ ☐技能実習第1号ロ ☐技能実習第2号ロ ☑技能実習第3号ロ	1年 1年	20×☆年△△月△△日 20××年△△月△△日	AZ19283746BY BP28374650HN	20△△年△△月△△日	認1704345678	20×○年□□月□□日	20×○年△△月□□日 20×○年△△月△△日	年月日 20×☆年△△月□□日	年月日		年月日	
	<9>　チ・ツ　既に終了した認定計画				☐技能実習第1号イ ☐技能実習第2号イ ☐技能実習第3号イ ☐技能実習第1号ロ ☑技能実習第2号ロ ☐技能実習第3号ロ	1年 1年	20×○年△△月△△日 20○○年△△月△△日	PK30192837GV BP28374650HN	20□□年□□月□□日	認1704234567	20○○年□□月□□日	20○○年△△月□□日 20○○年△△月□△日	20×○年△△月□×日 20×○年△△月□□日	年月日		20×○年○○月□×日	技能実習責任者の変更
	チ・ツ　既に終了した認定計画				☐技能実習第1号イ ☐技能実習第2号イ ☐技能実習第3号イ ☑技能実習第1号ロ ☐技能実習第2号ロ ☐技能実習第3号ロ	1年	20△△年△△月△△日	ZD98765432LW	20□□年□□月□□日	認1704123456	20□□年□□月□□日	20□□年△△月□□日 20□□年△△月××日	20××年△△月□×日 20××年△△月××日	年月日		年月日	
2	△△△　△△△　△△△	ベトナム	19□□年□□月□□日	男	☐技能実習第1号イ ☐技能実習第2号イ ☐技能実習第3号イ ☐技能実習第1号ロ ☐技能実習第2号ロ ☑技能実習第3号ロ	4月	年月日 20××年△△月△△日	CX91827364DW	20△△年△△月△△日	認1704765432	20×○年□□月□□日	20×○年△△月△△日 20×○年△△月△△日	年月日 20×△年△△月△×日	年月日		年月日	
	<9>　チ・ツ　既に終了した認定計画				☐技能実習第1号イ ☐技能実習第2号イ ☐技能実習第3号イ ☐技能実習第1号ロ ☑技能実習第2号ロ ☐技能実習第3号ロ	1年 1年	20×○年△△月△△日 20○○年△△月△△日	TR45678901KA EQ71098765DB	20□□年□□月□□日	認1704876543	20○○年□□月□□日	20○○年△△月□□日 20○○年△△月□△日	20×○年△△月□×日 20×○年△△月□×日	年月日		20×○年○○月□×日	技能実習責任者の変更
	チ・ツ　既に終了した認定計画				☐技能実習第1号イ ☐技能実習第2号イ ☐技能実習第3号イ ☑技能実習第1号ロ ☐技能実習第2号ロ ☐技能実習第3号ロ	1年	20△△年△△月△△日	YY77665544VV	20□□年□□月□□日	認1704987654	20□□年□□月□□日	20□□年△△月□□日 20□□年△△月××日	20××年△△月□×日 20××年△△月××日	年月日		年月日	

特記事項

<10>

特記事項なし

（注意）
1 本名簿は、右肩「シ　技能実習の区分」欄に記載した技能実習の区分ごとに分けて作成する。
2 技能実習計画認定期間より在留許可期間が短いため、在留期間更新許可申請が必要な場合、「カ　在留期間」、「キ　在留期間の満了日」及び「ク　在留カード番号」の各欄は上下複数段に分けて記載する。
3 「ス　技能実習の開始日」及び「セ　技能実習の終了日」は、上段に技能実習の開始（終了）日を、下段に技能実習計画認定通知書の「⊿　技能実習期間」をそれぞれ記載する。

技能実習生の名簿（認定計画履行状況管理（兼）実習監理）（JITCO 書式 10）　記載要領

全般的な注意事項
・本名簿は、以下の２とおりの用途を目的に作成する。 　1.　実習実施者が作成し、事業所ごとに備え付けることが求められる書類のひとつである技能実習生の名簿 　　本名簿は以下の書類と共に備えておくこととされている。 　①　認定計画の履行状況に係る管理簿（参考様式第 4−1 号）（P.144） 　②　技能実習生の履歴書（参考様式第 1−3 号） 　③　雇用契約書及び雇用条件書（参考様式第 1−14 号） 　④　技能実習生の待遇に係る記載がされた書類（賃金台帳等労働関係法令上必要とされる書類の備え付けにより対応可能） 　⑤　技能実習日誌（参考様式第 4−2 号）（P.146） 　⑥　（法務大臣及び厚生労働大臣が告示で定める特定の職種及び作業に係るものの場合）特定の職種及び作業に係る事業所管大臣が告示で定める書類 　⑦　入国前講習及び入国後講習の実施状況記録した書類（参考様式第 4−3 号及び 4−4 号）（企業単独型のみ） ・「認定計画の履行状況に係る管理簿（参考様式第 4−1 号）」及び「技能実習日誌（参考様式第 4−2 号）」は毎月、月ごとに作成するものであることから、本名簿も同様に毎月、月ごとに作成の上、一緒に保管しておくとよい。 　2.　監理団体が作成し、監理事業を行う事業所ごとに備え付けることが求められる書類のひとつである実習監理に係る技能実習生の名簿 　　本名簿は以下の書類と共に備えておくこととされている。 　①　実習監理を行う実習実施者の名簿 　②　技能実習責任者・技能実習指導員・生活指導員の履歴書（参考様式第 1−4 号） 　　※技能実習責任者、技能実習指導員、生活指導員それぞれの書類 　③　技能実習責任者・技能実習指導員・生活指導員の就任承諾書及び技能実習に係る誓約書（参考様式第 1−5 号） 　　※技能自習責任者、技能実習指導員、生活指導員それぞれの書類 　④　監理団体と実習実施者の間の実習監理に係る契約の契約書又はこれに代わる書類 　⑤　技能実習生の履歴書（参考様式第 1−3 号） 　⑥　雇用契約書及び雇用条件書（参考様式第 1−14 号） 　⑦　監理費管理簿（参考様式第 4−5 号）（P.52） 　⑧　技能実習に係る雇用関係のあっせんに係る管理簿（求人・求職）（参考様式第 4−6 号第 1 面・第 2 面）（P. 56） 　⑨　監査報告書の写し（別記様式第 22 号）（P.28） 　⑩　監査実施概要（参考様式第 4−7 号）（本概要を用いて監査を実施した場合）（P.62） 　⑪　入国前講習実施記録（参考様式第 4−8 号）（P.74） 　⑫　入国後講習実施記録（参考様式第 4−9 号）（P.80） 　⑬　訪問指導記録書（参考様式第 4−10 号）（P.86） 　⑭　団体監理型技能実習生からの相談対応記録書（参考様式第 4−11 号）（P.88） 　⑮　（外部監査の措置を講じている場合）外部監査報告書（参考様式第 4−12 号）（P.90）及び外部監査報告書（同行監査）（参考様式第 4−13 号）（P.98） 　　（外部監査の措置を講じていない場合）外部役員確認書（参考様式第 4−14 号）（P.102） ・本名簿は技能実習を行わせる事業所ごと、技能実習の区分（1 号・2 号・3 号）ごとに作成する。

該当番号	記載上の注意事項
<1>	本名簿を作成した日付を記載する。
<2>	実習実施者名を記載する。
<3>	事業所名を記載する。
<4>	本名簿の対象となる期間を記載する。
<5>	技能実習の区分を記載する。
<6>	本事業所に所属する技能実習生ごとに各項目について記載する。
<7>	技能実習計画認定期間より在留許可期間が短いため、在留期間更新許可申請が必要な場合、「カ　在留期間」、「キ　在留期間の満了日」及び「ク　在留カード番号」の各欄は上下複数段に分けて記載する。
<8>	「ス　技能実習の開始日」及び「セ　技能実習の終了日」は、上段に実際の技能実習の開始（終了）日を、下段に技能実習計画認定通知書の「4　技能実習期間」をそれぞれ記載する。
<9>	「チ・ツ　既に終了した認定計画」欄は、当該技能実習生に係る既に終了した認定計画について記載する。
<10>	特記事項があれば本欄に記載する。ない場合は「特記事項なし」と記載する。

（規則第22条第1項第1号、第54条第1項第1号関係）

JITCO書式10-2

技能実習生の名簿（認定計画履行状況管理（兼）実習監理）

20××　年　△△　月　△△　日

実習実施者名　株式会社　△△工業　　事業所名　□□工場　　20××　年　△△　月　分

シ　技能実習の区分　第3号団体監理型技能実習

No	ア　氏名	イ　国籍（国又は地域）	ウ　生年月日	エ　性別	オ　在留資格	カ　在留期間	キ　在留期間の満了日	ク　在留カード番号	ケ　外国人雇用状況届出の届出日	技能実習を実施している認定計画 コ　認定番号	サ　認定年月日	ス　技能実習の開始日	セ　技能実習の終了日	ソ　変更認定 認定年月日	ソ　変更認定 変更事項	タ　変更届出 届出年月日	タ　変更届出 変更事項
3	○○　○○○　○○○	ベトナム	19△△年△△月△△日	女	☐ 技能実習第1号イ ☐ 技能実習第2号イ ☐ 技能実習第3号イ ☐ 技能実習第1号ロ ☐ 技能実習第2号ロ ☑ 技能実習第3号ロ	1年 1年	20×☆年△△月△△日 20××年△△月△△日	XD99887766HY JJ67854321YP	20△△年△△月△△日	認1704654321	20×○年□□月□□日	20×○年△△月□□日 20×○年△△月△△日	年月日 20×☆年△△月□□日	年月日		年月日	
	チ・ツ　既に終了した認定計画				☐ 技能実習第1号イ ☐ 技能実習第2号イ ☐ 技能実習第3号イ ☐ 技能実習第1号ロ ☑ 技能実習第2号ロ ☐ 技能実習第3号ロ	1年 1年	20×○年△△月△△日 20○○年△△月△△日	HV18630927BN EW15230876GN	20□□年□□月□□日	認1704981268	20○○年□□月□□日	20○○年△△月□□日 20○○年△△月□△日	20×○年△△月□×日 20×○年△△月□□日	年月日		年月日	
	チ・ツ　既に終了した認定計画				☐ 技能実習第1号イ ☐ 技能実習第2号イ ☐ 技能実習第3号イ ☑ 技能実習第1号ロ ☐ 技能実習第2号ロ ☐ 技能実習第3号ロ	1年	20△△年△△月△△日	XX99887766EE	20□□年□□月□□日	認1704302675	20□□年□□月□□日	20□□年△△月□□日 20□□年△△月××日	20××年△△月□×日 20××年△△月××日	年月日		年月日	
			年月日		☐ 技能実習第1号イ ☐ 技能実習第2号イ ☐ 技能実習第3号イ ☐ 技能実習第1号ロ ☐ 技能実習第2号ロ ☐ 技能実習第3号ロ		年月日 年月日		年月日		年月日	年月日 年月日	年月日 年月日	年月日		年月日	
	チ・ツ　既に終了した認定計画				☐ 技能実習第1号イ ☐ 技能実習第2号イ ☐ 技能実習第3号イ ☐ 技能実習第1号ロ ☐ 技能実習第2号ロ ☐ 技能実習第3号ロ		年月日 年月日		年月日		年月日	年月日 年月日	年月日 年月日	年月日		年月日	
	チ・ツ　既に終了した認定計画				☐ 技能実習第1号イ ☐ 技能実習第2号イ ☐ 技能実習第3号イ ☐ 技能実習第1号ロ ☐ 技能実習第2号ロ ☐ 技能実習第3号ロ		年月日		年月日		年月日	年月日 年月日	年月日 年月日	年月日		年月日	
			年月日		☐ 技能実習第1号イ ☐ 技能実習第2号イ ☐ 技能実習第3号イ ☐ 技能実習第1号ロ ☐ 技能実習第2号ロ ☐ 技能実習第3号ロ		年月日 年月日		年月日		年月日	年月日 年月日	年月日 年月日	年月日		年月日	
	チ・ツ　既に終了した認定計画				☐ 技能実習第1号イ ☐ 技能実習第2号イ ☐ 技能実習第3号イ ☐ 技能実習第1号ロ ☐ 技能実習第2号ロ ☐ 技能実習第3号ロ		年月日 年月日		年月日		年月日	年月日 年月日	年月日 年月日	年月日		年月日	
	チ・ツ　既に終了した認定計画				☐ 技能実習第1号イ ☐ 技能実習第2号イ ☐ 技能実習第3号イ ☐ 技能実習第1号ロ ☐ 技能実習第2号ロ ☐ 技能実習第3号ロ		年月日		年月日		年月日	年月日 年月日	年月日 年月日	年月日		年月日	

技能実習生の名簿（認定計画履行状況管理（兼）実習監理）（JITCO 書式 10－2）　記載要領

全般的な注意事項
・技能実習生の名簿（認定計画履行状況管理（兼）実習監理）（JITCO 書式 10）の別紙 ・技能実習生が 2 人を超える場合に使用する。

第 2 章

実　習　実　施　者　関　係

別記様式第３号（第 17 条関係）

（日本産業規格Ａ列４）

〈1〉

※　軽変届出受理番号	記載しない。

技 能 実 習 計 画　軽 微 変 更 届 出 書

〈2〉

20△△年　△△月　△△日

外国人技能実習機構　理事長　殿

〈3〉

株式会社　△△工業

届出者　代表取締役　国際　太郎

（団体監理型技能実習に係るものである場合の指導証明）

〈4〉　○○事業協同組合

監理団体　理事長　甲野　優一

外国人の技能実習の適正な実施及び技能実習生の保護に関する法律施行規則第 17 条の規定により下記のとおり認定計画の軽微な変更の届出をします。

記

１認定番号			別紙のとおり
２認定年月日			年　月　日　別紙のとおり
３届出者	①実習実施者届出受理番号		△△△△△△
	(ふりがな) ②氏名又は名称		かぶしきかいしゃ　△△こうぎょう 株式会社　△△工業
	③住所		〒123－4567 △△県△△市□□２－２－２ （電話△△ — △△ —△△）
４技能実習生	①氏名	ローマ字	別紙のとおり
		漢字	
	②国籍（国又は地域）		
	③生年月日、年齢及び性別		年　月　日（　才）　性別（ 男 ・ 女 ）

５認定計画の軽微な変更の内容	項目	変更前	変更後	変更年月日
	生活指導員の変更	生活　花子	指導　一実	20△△年○月△日

技能実習計画　軽微変更届出書（別記様式第３号）１枚目　記載要領

全般的な注意事項
・本届出書は、実習実施者が監理団体の指導の下で作成の上、実習実施者の本店所在地（個人の場合は住民票記載の住所）を管轄する機構地方事務所・支所認定課に提出する。 ・技能実習計画に記載した事項を変更するときは、変更の程度（重要な変更、通常の変更又は些細な変更）に応じた対応が必要となる。 　○重要な変更の場合　：　変更認定 　○通常の変更の場合　：　軽微な変更の届出 **（本届出書を提出するケース）** 　○些細な変更の場合　：　申請・届出等の対応不要 ・変更の内容が上記のいずれに該当するかは「表　技能実習計画の変更認定と届出の区分」（資料 P.198～219）を参照する。 ・変更に係る事由が発生した日から１か月以内に本届出書を機構の地方事務所・支所の認定課へ提出する。 ・「１　認定番号」欄、「２認定年月日」欄及び「４技能実習生」欄以外の記載が全て同一の場合、それら３つの欄の記載について、別紙を用いて表形式で記載すれば、本様式の提出は１通にまとめて届け出をすることもできる（P.126 参照）。 ・届出の際には、変更の内容に応じて、「表　技能実習計画の変更認定と届出の区分」に掲げる書類も併せて提出する。 ・変更の内容が技能実習計画の認定の要件に適合しないものである場合、機構から是正指導が行われることとなり、指導に従わない場合は技能実習計画の認定取消しや改善命令等の措置が講じられることとなる。

該当番号	記載上の注意事項
<1>	機構が受理時に記載する欄であり、空欄のまま提出する。
<2>	本届出書を作成した日付を記載する。
<3>	・実習実施者名を記載する。 ・実習実施者が法人の場合、企業名、代表者の役職・氏名を記載する。 ・実習実施者が個人の場合、氏名を記載する。
<4>	監理団体名、代表者の役職・氏名を記載する。
1	・変更対象となる技能実習計画の認定番号を記載する。 ・本欄、「２認定年月日」欄及び「４技能実習生」欄以外の記載が全て同一で、それら３つの欄の記載について、別紙（P.126）を用いて表形式で記載する場合は、「別紙のとおり」と記載する。
2	・変更対象となる技能実習計画の認定年月日を記載する。 ・「１　認定番号」欄、本欄及び「４技能実習生」欄以外の記載が全て同一で、それら３つの欄の記載について、別紙を用いて表形式で記載して届け出る場合は、「別紙のとおり」と記載する。
3①	機構から通知を受けた「実習実施者届出受理番号」を記載する（技能実習計画の認定を受けた後、実習実施者届出書（別記様式第７号）を機構に提出する前に計画の変更の届出を行う場合等、当該番号の通知を受けていないときは記載不要）。
3②	実習実施者名を記載する。
3③	・法人の場合、登記事項証明書に記載された住所を記載する。 ・個人の場合、住民票に記載された住所を記載する。
4	「１　認定番号」欄、「２認定年月日」欄及び本欄以外の記載が全て同一で、それら３つの欄の記載について、別紙を用いて表形式で記載して届け出る場合は、「別紙のとおり」と記載する。
4①	・ローマ字（大文字）で在留カード又は旅券（未発給の場合、発給申請において用いるもの）上の氏名を記載する。 ・漢字の氏名がある場合にはローマ字の氏名と併せて、漢字の氏名を記載してもよい（省略可）。
4②	・技能実習生が有する国籍を記載する。 ・「台湾」は「台湾」、「香港」は「中国（香港）」と記載する。
4③	年齢は、作成日（＜2＞で記載した日付）現在の年齢を記載する。
5	軽微な変更の内容が分かるよう必要に応じ認定計画の該当箇所を別紙として添付するなど、具体的に記載する。なお、同欄で記載する内容が取次送出機関の氏名又は名称の変更である場合は、当該氏名又は名称の記載に加え、機構のホームページにおいて公表されている外国の送出機関に係る番号を記載すること。当該番号が公表されていない場合には、機構から提示された整理番号を記載すること。

6備考	1．本届出に係る担当者 ①氏　名　国際　三郎（こくさい　さぶろう） ②職　名　□□工場長 ③連絡先　（事務所）□□ —□□ —□□ （携　帯）○○ —○○ —○○ 2．軽微な変更の届出が必要となった理由 生活指導員の変更のため。

（注意）

1　※印欄には、記載をしないこと。

2　３欄の①は、この申請を行うまでに、既に法第 17 条の規定による実施の届出を行い、実習実施者届出受理番号を得ている者については記載すること。

3　４欄の①は、ローマ字で旅券（未発給の場合、発給申請において用いるもの）と同一の氏名を記載するほか、漢字の氏名がある場合にはローマ字の氏名と併せて、漢字の氏名も記載すること。

4　５欄は、軽微な変更の内容が分かるよう必要に応じ認定計画の該当箇所を別紙として添付するなど、具体的に記載すること。なお、同欄で記載する内容が取次送出機関の氏名又は名称の変更である場合は、当該氏名又は名称の記載に加え、外国人技能実習機構のホームページにおいて公表されている外国の送出機関に係る番号を記載すること。当該番号が公表されていない場合には、外国人技能実習機構から提示された整理番号を記載すること。

5　６欄には、軽微な変更の届出に係る担当者の氏名、職名及び連絡先のほか、軽微な変更の届出が必要となった理由を併せて記載すること。その他伝達事項があれば併せて記載すること。

技能実習計画　軽微変更届出書（別記様式第３号）２枚目　記載要領

該当番号	記載上の注意事項
6	・本届出に係る担当者の氏名、職名及び連絡先のほか、軽微な変更の届出が必要となった理由を併せて記載する。 ・その他伝達事項があれば併せて記載する。

JITCO書式

技能実習計画軽微変更届出書（別記様式第3号）別紙
「1認定番号・2認定年月日・4技能実習生」欄

<1> 3届出者	①実習実施者届出受理番号	△△△△△△
	②氏名又は名称	株式会社　△△工業

<2>	技能実習計画		4技能実習生				
NO	<3> 1認定番号	<4> 2認定年月日	<5> ①氏名（ローマ字・漢字）	<6> ②国籍（国又は地域）	<7> ③生年月日	<8> ③年齢	<9> ③性別
1	○○○○○○○○	20△△ 年 △△ 月 △△ 日	NGUYEN VIET NAM	ベトナム	19△△ 年 △△ 月 △△ 日	△△	男・女
2	○○○○○○○△	20△△ 年 △△ 月 △△ 日	○○○ ○○○ ○○○	〃	19○○ 年 ○○ 月 ○○ 日	○○	男・女
3	○○○○○○○×	20△△ 年 △△ 月 △△ 日	△△△ △△△ △△△	〃	19×× 年 ×× 月 ×× 日	××	男・女
4	○○○○○○○□	20△△ 年 △△ 月 △△ 日	××× ××× ×××	〃	19□□ 年 □□ 月 □□ 日	□□	男・女
5	○○○○○○○◎	20△△ 年 △△ 月 △△ 日	□□□ □□□ □□□	〃	19◎◎ 年 ◎◎ 月 ◎◎ 日	◎◎	男・女
		年 月 日			年 月 日		男・女
		年 月 日			年 月 日		男・女
		年 月 日			年 月 日		男・女
		年 月 日			年 月 日		男・女
		年 月 日			年 月 日		男・女
		年 月 日			年 月 日		男・女
		年 月 日			年 月 日		男・女
		年 月 日			年 月 日		男・女
		年 月 日			年 月 日		男・女

技能実習計画軽微変更届出書（別記様式第３号別紙）　記載要領

全般的な注意事項
・技能実習計画軽微変更届出書（別記様式第３号）の届出に当たって、届出書の「１認定番号」欄、「２認定年月日」欄及び「４技能実習生」欄以外の記載が全て同一の場合に、それら３つの欄の記載を表形式にまとめた例 ・参考様式として JITCO が作成した別紙

該当番号	記載上の注意事項
<1>	実習実施者届出受理番号及び実習実施者名を記載する。
<2>	技能実習計画認定番号順に１から順に整理番号を記載する。
<3>	変更対象となる技能実習計画の認定番号を記載する。
<4>	変更対象となる技能実習計画の認定年月日を記載する。
<5>	・ローマ字（大文字）で旅券（未発給の場合、発給申請において用いるもの）と同一の氏名を記載する。 ・漢字の氏名がある場合にはローマ字の氏名と併せて、漢字の氏名を記載してもよい（省略可）。
<6>	・技能実習生が有する国籍を記載する。 ・「台湾」は「台湾」、「香港」は「中国（香港）」と記載する。 ・上段の技能実習生が有する国籍と同一であれば、「〃」と記載してもよい。
<7>	生年月日を記載する。
<8>	技能実習計画軽微変更届出書（別記様式第３号）右上に記載した日付現在の年齢を記載する。
<9>	該当する性別に○を付ける。

別記様式第７号（第 20 条第１項関係）　　　　　　　　　　　　　　　　　（日本産業規格Ａ列４）

〈1〉

※　届出受理番号	記載しない。

実　習　実　施　者　　届　出　書

〈2〉
20△△年　△△月　△△日

外国人技能実習機構　理事長　殿

〈3〉
株式会社　△△工業
届出者　　代表取締役　国際　太郎

外国人の技能実習の適正な実施及び技能実習生の保護に関する法律第 17 条の規定により下記のとおり実施の届出をします。

記

１届出者	(ふりがな) ①氏名又は名称	かぶしきかいしゃ　△△こうぎょう 株式会社　△△工業
	②住所	〒123－4567 △△県△△市□□２－２－２ (電話△△ — △△ —△△)
２技能実習計画	①認定番号	別紙のとおり
	②認定年月日	別紙のとおり
３技能実習を開始した日		△△△△年○○月　□□日
４備考		本届出に係る担当者 ①氏　名　国際　三郎（こくさい　さぶろう） ②職　名　□□工場長 ③連絡先　（事務所）□□ —□□ —□□ （携　帯）○○ —○○ —○○

（注意）
1　※印欄には、記載をしないこと。
2　２欄は、認定を受けた技能実習計画が複数あり、同時に技能実習を開始する場合には複数の技能実習計画の全てを記載すること。ただし、その記載事項の全てを欄内に記載することができないときは、同欄に「別紙のとおり」と記載し、別紙を添付すること。
3　４欄には、届出に係る担当者の氏名、職名及び連絡先を記載すること。その他伝達事項があれば併せて記載すること。

実習実施者　届出書（別記様式第７号）　記載要領

全般的な注意事項
・本届出書は、実習実施者が技能実習計画の認定を受けて初めて技能実習を開始したときに、実習実施者の本店所在地（個人の場合は住民票記載の住所）を管轄する機構地方事務所・支所認定課に提出する。 ・郵送により届け出る場合は、原則として、書留等（対面で届き、かつ、受領印又は受領の際の署名を行い、かつ、「信書」を送ることができる方式）で送付する。 ・届出が受理された場合には、実習実施者届出受理書（省令様式第８号）が交付される。この書類には「実習実施者届出受理番号」が記載されており、この番号は今後の申請や届出の際に必要となる。 ・本受理書を郵送で受領することを希望する場合は、送付先（担当者等を含む。）を明記し、かつ、簡易書留郵便料金分の切手を貼付した封筒（長型３号封筒）を同封する。 ・本届出書の提出・受領を監理団体等に委任する場合は、委任状（P.164）を提出する。 ・２回目以降の技能実習生受入れの際は、本届出書の提出は不要である。

該当番号	記載上の注意事項
<1>	機構が受理時に記載する欄であり、空欄のまま提出する。
<2>	本届出書を作成した日付を記載する。
<3>	・実習実施者名を記載する。 ・実習実施者が法人の場合、企業名、代表者の役職・氏名を記載する。 ・実習実施者が個人の場合、氏名を記載する（押印は不要）。
１①	実習実施者名を記載する。
１②	・法人の場合、登記事項証明書に記載された住所を記載する。 ・個人の場合、住民票に記載された住所を記載する。
２	・認定を受けた技能実習計画の認定番号と認定年月日を記載する。 ・認定を受けた技能実習計画が複数あり、同時に技能実習を開始する場合には複数の技能実習計画の全てを記載する。ただし、その記載事項の全てを欄内に記載することができないときは、同欄に「別紙のとおり」と記載し、別紙（書式自由）を添付する。
３	技能実習を開始した日付を記載する。
４	・本届出に係る担当者の氏名、職名及び連絡先を記載する。 ・その他伝達事項があれば併せて記載する。

別記様式第９号（第 21 条第１項関係）　**企業単独型専用様式**　　　　　　　　（日本産業規格Ａ列４）

〈1〉

※　困難時届出受理番号	記載しない。

技能実習実施困難時　届出書

〈2〉

20△△年　△△月　△△日

外国人技能実習機構　理事長　殿

〈3〉

届出者　株式会社△△工業　代表取締役　国際　太郎

外国人の技能実習の適正な実施及び技能実習生の保護に関する法律第 19 条第１項の規定により下記のとおり技能実習を行わせることが困難となった場合の届出をします。

記

１届出者	①実習実施者届出受理番号		△△△△△△
	(ふりがな) ②氏名又は名称		かぶしきかいしゃ　△△こうぎょう 株式会社　△△工業
	③住所		〒123－4567 △△県△△市□□２－２－２ （電話△△ ―△△ ―△△）
２企業単独型技能実習計画	①認定番号		△△△△△△
	②認定年月日		20△△年　△△月　○○日
	③技能実習の区分		□　第１号企業単独型技能実習　☑ 第２号企業単独型技能実習 □　第３号企業単独型技能実習
３企業単独型技能実習生	①氏名	ローマ字	NGUYEN VIET NAM
		漢字	
	②国籍（国又は地域）		ベトナム
	③生年月日、年齢及び性別		19△△年　△△月　△△日　（　△△才）　性別（（男）・　女　）

技能実習実施困難時届出書（別記様式第９号）１枚目　記載要領

全般的な注意事項
・企業単独型実習実施者は、事業上・経営上の都合、技能実習生の病気や怪我（労災を含む。）の事情等で技能実習を行わせることが困難となった場合には機構の地方事務所・支所の認定課に遅滞なく本届出書（技能実習実施困難時届出書）を提出するとされている。 ・本届出書は、技能実習生が途中帰国することとなる場合は帰国日前までに、それ以外の理由で技能実習を行わせることが困難になった場合は困難になった事由が発生してから２週間以内に、当該実習実施者の本店所在地を管轄する機構の地方事務所・支所の認定課に提出する必要がある。 ただし、本届出書の提出が不要となる場合もあることに留意する（P.112～P.115 参照）。 ・また、本届出書は、技能実習生が失踪した場合（失踪した技能実習生の失踪先が判明して説得を行うなどしている場合を含む）も、行方不明の欄に記入し、機構へ提出する。なお、いったん失踪した技能実習生が失踪前の実習実施者に復帰し、技能実習の再開を希望する場合の取扱いについては、別途、機構の地方事務所に相談する。 ・団体監理型技能実習の場合は、別記様式第 18 号を使用する。

該当番号	記載上の注意事項
<1>	機構が届出受理時に記載する欄であり、空欄のまま提出する。
<2>	作成した日付を記載する。
<3>	企業単独型実習実施者名及び代表者の役職・氏名を記載する。
1	本欄には企業単独型実習実施者について記載する。
1①	実習実施者届出受理番号を記載する
1②	企業単独型実習実施者名を記載する（基本的には＜3＞と同じ名称になる。）。
1③	・法人の場合、登記事項証明書に記載された本店の住所を記載する。 ・個人の場合、住民票に記載された住所を記載する。
2及び3	認定を受けた技能実習計画が複数あり、同時に技能実習を行わせることが困難となった場合の届出をする場合であって、これらの欄にその記載事項の全てを記載することができないときは、同欄に「別紙のとおり」と記載し、別紙を添付する。
2	・本届出の対象となる技能実習計画について記載する。 ・技能実習計画認定通知書に基づき、正確に記載する。
3	本届出の対象となる技能実習生について記載する。
3①	・ローマ字（大文字）で在留カード上のとおりの氏名を記載する。 ・漢字の氏名がある場合にはローマ字の氏名と併せて、漢字の氏名も記載する。
3②	・技能実習生が有する国籍を記載する。 ・「台湾」は「台湾」、「香港」は「中国（香港）」と記載する。
3③	年齢は、作成日（本届出書１枚目右上記載の日付）現在の年齢を記載する。

4技能実習を行わせることが困難となった事由並びにその発生時期及び原因		☐ 企業単独型実習実施者の都合 （理由 ☐ 実習認定の取消し ☐ 経営上・事業上の理由 ☐ その他 （ ）） ☑ 企業単独型技能実習生の都合 （理由 ☑ 病気・怪我 ☐ 実習意欲の喪失・ホームシック ☐ 行方不明（ 年 月 日発生） ☐ 本国の家族の都合 ☐ その他 （ ）） 上記事由の概要（発生時期、経緯、原因等） 20△△年××月××日 22 時、△△工場勤務の当該実習生が体調不良を訴えた。 翌日、弊社担当者と病院へ行ったところ、重篤な病気の可能性があると伝えられた。 技能実習生本人、家族、現地子会社担当とも協議の上で母国にて再検査をすることとした。
5企業単独型技能実習生の現状	①入国状況	☐ 入国前 ☑ 入国済（ 20△△年 ××月入国） （「入国前」にチェックマークを付した場合は５②及び③は記載不要。）
	②住居の確保	☑ 有 ☐ 無
	③生活費等の確保	☐ 有（休業手当） ☐ 有（雇用保険） ☑ 有（生活費等） ☐無
		②及び③の具体的状況等（支援実施者、受給開始日等） これまでも技能実習に真面目に取り組んできたが、帰国の意思が固まってからは、今まで以上に前向きに励んでいる。
6企業単独型技能実習の継続のための措置		企業単独型技能実習生の企業単独型技能実習の継続意思 ☐ 有 ☑ 無 転籍等の連絡調整等の状況、帰国する場合はその理由や予定時期等 本人は実習意欲が旺盛で、技能実習に真面目に取り組んできたことから、実習実施者としても残念ではあるが、やむを得ない理由であることから、応諾することとした。体調も優れないことから、検査、治療に専念するため途中帰国させることとしたい。
7備考		本申請に係る担当者 ①氏 名 丙山 一（へいやま はじめ） ②職 名 第一チームリーダー ③連絡先 （事務所）□□ ― □□ ― □□ （携 帯）○○ ― ○○ ― ○○

（注意）

1　※印欄には、記載をしないこと。

2　２欄及び３欄は、認定を受けた技能実習計画が複数あり、同時に技能実習を行わせることが困難となった場合の届出をする場合であって、これらの欄にその記載事項の全てを記載することができないときは、同欄に「別紙のとおり」と記載し、別紙を添付すること。

3　３欄の①は、ローマ字で旅券（未発給の場合、発給申請において用いるもの）と同一の氏名を記載するほ

技能実習実施困難時届出書（別記様式第 18 号）2 枚目　記載要領

該当番号	記載上の注意事項
4	・本届出を行うに至った、技能実習を行わせることが困難となった事由について該当する項目を選択した上で、その発生時期、原因等について具体的に記載する。 ・実習実施者の事業規模の縮小等を受けて、技能実習生本人が転籍等を希望している場合は、「企業単独型技能実習生の都合」ではなく、「企業単独型実習実施者の都合」の「経営上・事業上の理由」を選択する。 ・技能実習生が技能実習の期間中に途中帰国する場合には、帰国の方針が決まった時点で帰国日前に届け出る必要がある。
5	・本届出の対象となる技能実習生の現状について、入国状況、住居の確保、生活費等の確保について該当する項目を選択し、その具体的状況を詳細に記載する。 ・特に、問題が生じている場合は、詳しく記載する。
6	・技能実習生の技能実習の継続意思について、「有」「無」いずれかを選択した上、継続の意思がある場合は、転籍等の調整の状況等を記載し、継続の意思がない場合は、帰国理由及び帰国予定時期等について詳細を記載する。 ・特に「無」を選択し、技能実習生が技能実習計画の満了前に途中で帰国することとなる場合には、技能実習生に対し、意に反して技能実習を中止して帰国する必要がないことの説明や帰国の意思確認を書面により十分に行った上、技能実習生の帰国が決定した時点で帰国前に、機構の地方事務所・支所の認定課へ届け出なければならない。 ただし、以下の場合は、技能実習生の帰国の意思確認を十分に行い、参考様式第 1-40 号（P.112）や参考様式第 1-41 号（P.114）を作成することにより、技能実習生の同意が得られていれば、本届出書の提出は不要となる。 ➢ 帰国便の都合や帰国予定の技能実習生が期間満了日までに有給休暇をまとめて消化する等の技能実習期間の満了まで技能実習を行わせられないことにやむを得ない事情がある場合など技能実習生の意に反するものでないことが確認できる場合 ➢ 次段階の技能実習に移行予定の技能実習生が、現在の技能実習期間の満了前に次段階の技能実習に係る在留資格変更許可を受ける場合で、早期に移行した日数の分、全体の技能実習期間が短縮される場合
7	・本届出に係る担当者の氏名、職名及び連絡先を記載する。 ・その他連絡事項があれば本欄に記載する。

か、漢字の氏名がある場合にはローマ字の氏名と併せて、漢字の氏名も記載すること。
4　４欄には、届出に至った事由につき該当するものにチェックマークを付すこと（実習実施者の事業規模の縮小等を受けて、技能実習生本人が転籍等を希望している場合は、「企業単独型技能実習生の都合」ではなく、「企業単独型実習実施者の都合」の「経営上・事業上の理由」を選択すること）。また、その発生時期及び原因について具体的に記載すること。なお、技能実習生が技能実習の期間中に途中帰国する場合には、帰国の方針が決まった時点で、帰国日前に届け出ること。
5　５欄の①から③までは、技能実習の継続が困難となった後、次の実習先が見つかるまでの間又は帰国するまでの間の企業単独型技能実習生の現状について該当するものにチェックマークを付すこと。
6　６欄の無にチェックマークを付した場合には、技能実習生に対し、意に反して技能実習を中止して帰国する必要がないことの説明や帰国の意思確認を書面により十分に行った上、技能実習生が途中帰国する方針が決まった時点で、当該書面を添付した上で帰国する前に届け出ること。
7　７欄には、届出に係る担当者の氏名、職名及び連絡先を記載すること。その他伝達事項があれば併せて記載すること。

技能実習実施困難時届出書（別記様式第 18 号）3 枚目　記載要領

別記様式第10号（第23条第1項関係）

〈1〉（日本産業規格A列４）

※実施状況報告 受理番号	記載しない。

実施状況報告書

〈2〉

20△△年　○月　○○日

外国人技能実習機構　理事長　殿

〈3〉　株式会社　△△工業

提出者　代表取締役　国際　太郎

（団体監理型技能実習に係るものである場合の指導証明）

〈4〉　○○事業協同組合

監理団体　理事長　甲野　優一

外国人の技能実習の適正な実施及び技能実習生の保護に関する法律第21条第１項の規定により、下記のとおり技能実習の実施の状況に関する報告書を提出します。

記

１報告対象期間		20△△年４月１日　～　20△○年３月３１日
２実習実施者	①実習実施者届出受理番号	△△△△△△
	(ふりがな) ②氏名又は名称	かぶしきかいしゃ　△△こうぎょう 株式会社　△△工業
	③住所	〒 123　－ 4567 △△県△△市□□２－２－２ （電話　△△　—　△△　—　△△　）
	④業種	大分類（ E　、　製造業　） 小分類（ 245　、　金属素形材製品製造業　）
	⑤職種（最も多く受け入れているもの）	コード番号（　7-7-2　） 職種名（　溶接　）
３報告対象技能実習生数 （上記１の期間中の在籍者に限る。入国後講習中の者は除く。）		第１号　△△人、第２号　△△人、第３号　△△人

	試験区分		修了者数	うち受検者数	うち合格者数
４技能検定等受検状況 （上記３の技能実習生に限る。）	①基礎級程度 （第１号修了者）	実技	27人	23人	22人
		学科	27人	23人	22人
	②３級程度 （第２号修了者）	実技	22人	20人	20人
		学科	22人	20人	20人
	③２級程度 （第３号修了者）	実技	20人	20人	20人
		学科	20人	20人	20人

		第１号技能実習生 （入国後講習中の者を除く。）	第２号技能実習生	第３号技能実習生
	（１）実労働日数	平均　21　日／月	平均　21　日／月	平均　21　日／月
	（２）所定内実労働時間数 （実労働時間数から超過実労働時間数を差し引いたもの。）	平均　168　時間／月	平均　168　時間／月	平均　168　時間／月
	（３）超過実労働時間数 （早出、残業、休日労働等）	平均　15　時間／月	平均　15　時間／月	平均　10　時間／月

実施状況報告書（別記様式第 10 号）1 枚目　記載要領

全般的な注意事項
・本報告書は、実習実施者が監理団体の指導の下で作成の上、実習実施者の登記簿上の本店所在地（個人の場合は住民票記載の住所）を管轄する機構地方事務所・支所の認定課に提出する。 ・技能実習事業年度（4 月 1 日に始まり翌年 3 月 31 日に終わる技能実習に関する事業年度）に係る報告書を、毎年、翌年度の 4 月 1 日から 5 月 31 日までに提出する。 ・行方不明者率が 20%以上かつ 3 人以上の実習実施者については、行方不明者の多発を防止するための実効性のある対策を講じていることについて、理由書（様式自由）を提出することが必要となる。 ・実習監理を受ける監理団体が複数有る場合は、実習監理を受ける監理団体ごとに当該監理団体が実習監理を行う技能実習生について作成する。 ・実習実施者に複数の事業所がある場合は、実習実施者ごとの提出のため、複数の事業所分を一つにまとめて作成、提出する。 ・実習実施者が倒産している場合は、実施状況報告書の提出は不要である。

該当番号	記載上の注意事項
<1>	機構が受理時に記載する欄であり、空欄のまま提出する。
<2>	本報告書を作成した日付を記載する。
<3>	・実習実施者名を記載する。 ・実習実施者が法人の場合、企業名、代表者の役職・氏名を記載する。 ・実習実施者が個人の場合、氏名を記載する。
<4>	監理団体名と代表者の役職・氏名を記載する。
1	・報告の対象となる技能実習事業年度を記載する。 ・認定された技能実習計画上の技能実習開始予定年月日が報告対象期間であっても、実際の実習開始年月日が報告対象期間と異なる場合は、今時報告対象とはならない。
2①	機構から通知を受けた「実習実施者届出受理番号」を記載する。技能実習計画の認定を受けた後、実習実施者届出書（別記様式第 7 号）を機構に提出する前に計画の変更の届出を行う場合等、当該番号の通知を受けていないときは記載不要である。
2②	実習実施者名を記載する。
2③	・法人の場合、登記事項証明書に記載された住所を記載する。 ・個人の場合、住民票に記載された住所を記載する。
2④	主な業種の日本標準産業分類の大分類及び小分類の記号及び名称を記載する。
2⑤	技能実習生を最も多く受け入れている職種を記載する。
3	・報告対象技能実習事業年度内に在籍している技能実習生数を記載する。技能実習の終了時点（技能実習実施困難時届出書を提出した場合を含む。）又は 3 月 31 日時点での区分（第 1 号から第 3 号まで）に応じた人数を記載する。ただし、報告書対象期間中に入国後講習しか行っていない第 1 号は除く。 ・上記時点の人数を記載し、報告対象期間中に第 2 号又は第 3 号に移行した技能実習生については、移行後の区分で人数を記載する（移行前の区分には記載しないこと）。 ・技能実習区分ごとの人数について、必ず漏れのないように記載する。５欄の記載内容と齟齬がでないようにする。
4	・３欄に記載の技能実習生のうち、報告対象技能実習事業年度内に技能実習の各段階を修了し、又は修了する予定であった技能実習生について記載する。修了者には「技能実習実施困難時届出書」、「技能実習期間満了前の帰国についての申告書」、「技能実習期間満了前の移行についての申告書」を提出し、技能実習を終了した者も含む。 ・報告対象技能実習事業年度内に受検した者であっても、その段階の技能実習の修了予定が次技能実習事業年度の場合は、次技能実習事業年度分の本報告書に計上する。
4①	報告対象技能実習事業年度内に第 1 号を修了し、又は修了する予定であった技能実習生について、基礎級の技能検定又はこれに相当する技能実習評価試験の受検状況を記載する。
4②	報告対象技能実習事業年度内に第 2 号を修了し、又は修了する予定であった技能実習生について、3 級の技能検定又はこれに相当する技能実習評価試験の受検状況を記載する。
4③	報告対象技能実習事業年度内に第 3 号を修了し、又は修了する予定であった技能実習生について、2 級の技能検定又はこれに相当する技能実習評価試験の受検状況を記載する。
5	・休業（短時間休業を含む）を行った月がある場合は、休業日（短時間休業を含む）があった月も含めて、計算を行う（5（1）と（2）は除く）。１か月完全に休業となった月も計算に含める。月の途中に実習開始又は実習終了した場合は、その月を除いて計算を行う。 ・報告対象技能実習事業年度内に次号へ移行した技能実習生がいる場合は、移行後の状況を記載する。移行時期が 3 月中となり、移行後の実習期間が 1 か月未満となる場合は（1）～（6）は「0」を記載し、備考欄に「○号生は実習期間が１か月未満のため、5 労働条件等の記載なし」と記載する。次号へ移行した技能実習生以外に当該号で１か月以上実習を行った技能実習生がいる場合は、その技能実習生の状況を記載する。 ・（1）～（6）の平均値や割合は、小数点第 1 位を四捨五入して整数値で記載する。
5（1）	・3 欄に記載の報告対象技能実習生について、技能実習生が就労した月平均の実労働日数を区分ごとに記載する。ただし、月中で技能実習開始又は終了した月を除く。 ・休業日は含まない。短時間休業で 1 時間でも労働を行った場合は実労働日数に含める。 ・有給休暇を取得し、全く労働を行っていない日は、実労働日数に含まない。ただし、半日のみ休暇を取得した等、１時間でも労働を行った場合は、実労働日数に含む。また、休日労働を行った日は実労働日数に含む。
5（2）、（3）	・3 欄に記載の報告対象技能実習生について、技能実習生が就労した月平均の所定内実労働時間数と超過実労働時間数を区分ごとに記載する。ただし、月中で技能実習開始又は終了した月を除く。 ・５（2）について、休業日は含まない。短時間休業で労働を行った場合は所定内実労働時間数に含める。

５労働条件等	（４）きまって支給する現金給与額（超過労働給与額を含む。）		平均　178,850　円／月	平均　189,975　円／月	平均　194,400　円／月
		①うち超過労働給与額（時間外手当、深夜手当、休日手当、宿日直手当等）	平均　17,850　円／月	平均　18,975　円／月	平均　13,400　円／月
		②うち通勤手当	平均　0　円／月	平均　0　円／月	平均　0　円／月
		③うち精皆勤手当	平均　1,000　円／月	平均　1,000　円／月	平均　1,000　円／月
		④うち家族手当	平均　0　円／月	平均　0　円／月	平均　0　円／月
	（５）上記１の期間中の賞与、期末手当等特別給与額		平均　0　円	平均　200,000 円	平均　250,000　円
	（６）控除額				
		①食費	平均　0　円／月	平均　0　円／月	平均　0　円／月
		②居住費（水道、光熱費含む。）	平均　10,000　円／月	平均　10,000 円／月	平均　10,000　円／月
		③税・社会保険料	平均　23,450　円／月	平均　29,780　円／月	平均　31,500　円／月
		④その他	平均　0　円／月	平均　0　円／月	平均　0　円／月
	（７）昇給率	①第２号移行時		平均　5.8　％	
		②第３号移行時			平均　5.5　％

６技能実習の継続が困難となった技能実習生数（上記１の期間中に限る。）		0人
	（うち行方不明者数、割合）	0人　0%

７他の実習実施者における技能実習の継続が困難となった技能実習生の受入れ状況及び実習先変更支援ポータルサイトへの登録の有無	人数	1　人
	登録の有無	(有)・無

８地域社会との共生に向けた取組の実施状況		取組概要
	①日本語学習支援	監理団体から無償提供された日本語教材を使用して、外部講師による技能実習生に対する無料日本語講座を毎週１回実施
	②地域社会との交流の機会提供	地元小学校と協力し、10月に技能実習生を参加させて、小学生との多文化交流会を開催
	③日本文化を学ぶ機会の提供	4月に井の頭公園にて技能実習生に対する花見の会を開催した。技能実習生に、5月に鎌倉、12月に浅草の寺社仏閣等を見学させた。

９備考	本報告に係る担当者 ①氏　名　国際 三郎（こくさい さぶろう） ②職　名　□□工場長 ③連絡先　（事務所）□□ —□□ —□□ （携　帯）○○ —○○ —○○

（注意）

1　※印欄には、記載をしないこと。

2　２欄の④は、日本標準産業分類の大分類及び小分類の記号及び名称を記載すること。

3　３欄は、技能実習の終了時点（「技能実習実施困難時届出書」を提出した場合を含む。）又は３月31日時点での区分（第１号から第３号まで）に応じた人数を記載すること。

4　５欄の（１）～（６）は、３欄に記載した技能実習生について、区分ごとの平均を算出すること。

5　５欄の（４）の算出に当たっては、月中で技能実習を開始又は終了したことにより当該月の給与額が１か月分に満たない場合は、当該額を除いて１か月あたりの平均額を算出すること。

6　５欄の（７）は、１欄の期間中に第２号又は第３号へ移行した者がいる場合は、当該者の賃金の上昇率（複数人の場合はそれらの賃金の平均上昇率）を記載すること。

7　６欄の行方不明者の割合は、３欄の人数に占める割合を算出すること。

8　８欄は、該当があれば取組概要を記載した上、その具体的内容が分かるものを必要に応じて添付すること。

9　９欄は、報告担当者の氏名、職名及び連絡先を記載すること。その他伝達事項があれば併せて記載すること。

実施状況報告書（別記様式第10号）2枚目　記載要領

該当番号	記載上の注意事項
5（4）	・3欄に記載の報告対象技能実習生について、技能実習生が就労した月平均の現金給与額を区分ごとに記載する。ただし、月中で技能実習を開始又は終了したことにより、当該月の給与額が1か月分に満たない場合は、当該額を除いて1か月当たりの平均額を算出する。 ・超過労働給与額等①～④に記載のない手当は、（4）きまって支給する現金給与額に含めて記載する。
5（5）	3欄に記載の報告対象技能実習生に支払われた額の合計を、支払われた技能実習生数で除した平均額を記載する。
5（6）	3欄に記載の報告対象技能実習生について、技能実習生が就労した月平均の控除額を項目ごと、区分ごとに記載する。ただし、月中で技能実習開始又は終了した月を除く。
5（7）	・①については、1号の「（4）きまって支給する現金給与額」から「①うち超過労働給与額」～「④うち家族手当」の額を除いた額と、第2号の当該額を比較した昇給率を記載する。②についても同様の要領で記載する。 ・割合は、小数点第2位を四捨五入の上、小数点第1位まで記載する。 ・第2号又は第3号に移行した技能実習生がいない場合には記載する必要はない。 ・（注意）6欄を参照する。
6	・報告対象事業年度内に技能実習の継続が困難となった技能実習生数を記載する。また、行方不明となった技能実習生についても、その人数を記載する。 ・行方不明者の割合については、報告事業年度内の行方不明者数を、3欄に記載の報告対象技能実習生の合計人数で除して算出した割合を記載する（報告事業年度内の行方不明者数／3欄の報告対象技能実習生の合計人数）。 ・割合は、小数点第2位を四捨五入の上、小数点第1位まで記載する。 ・行方不明率が20%以上かつ3人以上の場合は、行方不明者の多発を防止するための実効性のある対策を講じていることについて、理由書（様式自由）の提出が必要となる。
7	他の実習実施者で技能実習を行っていた技能実習生のうち、新たに技能実習計画の認定を受けて技能実習を行わせることとなった者の人数及び機構が運営する「実習先変更支援ポータルサイト」への登録の有無について記載する。
8	各項目について該当するものがあれば、取組概要を記載した上、その具体的な内容が分かるものを必要に応じて添付する。
9	報告担当者の氏名、職名及び連絡先を記載する。その他伝達事項があれば、併せて記載する。

参考様式第３－１号（規則第 12 条第１項第 10 号関係）　**企業単独型専用様式**　（日本産業規格Ａ列４）

Ａ・Ｂ・Ｃ

実習認定取消し事由該当事実に係る報告書

〈1〉

20△△年　△△月　△△日

外国人技能実習機構　理事長　殿

〈2〉

提出者　株式会社　△△工業　代表取締役　国際太郎

外国人の技能実習の適正な実施及び技能実習生の保護に関する法律施行規則第 12 条第１項第 10 号の規定に基づき、下記のとおり、報告します。

記

１　対象実習実施者

<table>
<tr><td colspan="2">①実習実施者届出受理番号</td><td>△△△△△△</td></tr>
<tr><td colspan="2" rowspan="2">（ふりがな）
②氏名又は名称</td><td>かぶしきがいしゃ　△△こうぎょう</td></tr>
<tr><td>株式会社　△△工業</td></tr>
<tr><td colspan="2">③住所</td><td>〒123－4567
△△県△市□□2－2－2
（電話△△―△△　―△△　）</td></tr>
<tr><td rowspan="3">④技能実習を行わせる事業所の名称及び所在地</td><td rowspan="2">（ふりがな）
Ⅰ名称</td><td>かぶしきがいしゃ　△△こうぎょう　□□こうじょう</td></tr>
<tr><td>株式会社　△△工業　□□工場</td></tr>
<tr><td>Ⅱ所在地</td><td>〒234－5555
△△県△市□□4－4－4
（電話　　―　　―　　）</td></tr>
</table>

２　該当条項（該当するものにチェックを付す。）

☐ 法第 16 条第１項第１号（認定計画に従って技能実習を行わせていないとき）

☑ 法第 16 条第１項第２号（認定基準不適合）

☐ 法第 16 条第１項第３号（欠格事由該当）

☐ 法第 16 条第１項第４号（主務大臣に対する虚偽の報告等）

☐ 法第 16 条第１項第５号（外国人技能実習機構に対する虚偽の報告等）

☐ 法第 16 条第１項第６号（改善命令違反）

☐ 法第 16 条第１項第７号（出入国・労働に関する法令に関し不正又は著しい不当な行為）

実習認定取消し事由該当事実に係る報告書（参考様式第 3－1 号）1 枚目　記載要領

全般的な注意事項
・規則第 12 条第 1 項第 10 号の規定により、企業単独型実習実施者は、法第 16 条第 1 項各号のいずれかに該当するに至ったときは、直ちに、機構の地方事務所・支所の指導課に当該事実を報告することとされている。 ・一度認定をされた技能実習計画であっても、認定計画に従って技能実習を実施していない場合や、認定基準を満たさなくなった場合、企業単独型実習実施者が欠格事由に該当することとなった場合、主務大臣が行う立入検査を拒んだり妨害等した場合、改善命令に違反した場合、入管法令や労働関係法令に違反した場合等には、認定の取消しの対象となる。 ・技能実習計画の認定が取り消されると、技能実習を行わせることができなくなり、現在受け入れている技能実習生の受入れも継続できなくなる。また、認定の取消しを受けた旨が公示されることとなり、不適正な受入れを行っていることが周知の事実となるほか、取消しの日から 5 年間は新たな技能実習計画の認定が受けられなくなる（法第 10 条第 6 号）。

該当番号	記載上の注意事項
<1>	作成した日付を記載する。
<2>	企業単独型実習実施者名及び代表者の役職・氏名を記載する。
1①	実習実施者届出受理番号を記載する。
1②	企業単独型実習実施者名を記載する。
1③	企業単独型実習実施者の本店所在地を記載する。
1④	・技能実習を行わせる事業所の名称及び所在地を記載する。 ・技能実習を行わせる事業所が複数ある場合は、本欄に「別紙のとおり」と記載し、別紙を添付する。
2	技能実習計画認定の取消事由となった該当条項に☑を付ける。

3　該当する具体的な事実の概要

20△△年××月××日、□□工場に所属する技能実習指導員技能一郎から突然退職の意向が示され、同年△△月××日に退職した。□□工場に所属する社員のうち、技能一郎以外で半自動溶接アーク溶接機を5年以上取り扱った経験を有する者がいないため、技能実習法施行規則第12条第1項第2号の基準を満たさなくなったもの。

4　改善の措置結果又は改善の状況

本社及びその他の工場に勤務する技能実習指導員の要件を満たす者を対象に人選等調整中であり、できるだけ早く、新しい技能実習指導員を選任の上、□□工場へ人事異動させることにより、事態の改善を図ることとしたい。

実習認定取消し事由該当事実に係る報告書（参考様式第３−１号）２枚目　記載要領

該当番号	記載上の注意事項
3	監理団体許可の取消事由に該当する具体的な事実の概要を記載する。
4	監理団体許可の取消事由に該当する事実に対する改善の措置結果又は改善の状況について、具体的に記載する。

参考様式第４−１号（規則第22条第１項第２号関係）　　　　　　　　　　　　　　（日本産業規格Ａ列４）

Ａ・Ｂ・Ｃ・Ｄ・Ｅ・Ｆ

認定計画の履行状況に係る管理簿

〈1〉（２０△△年○○月分）

1　認定計画の実施状況

(1)　技能実習計画認定通知書の保管　☑　有　／　□　無

(2)　技能実習の進捗状況

ア　認定計画に従った実施　☑　実施　／　□　全部又は一部未実施
※入国後講習の部分は除く。

イ　入国後講習の受講　☑　計画どおり受講　／　□　全部又は一部未受講
※第１号技能実習の場合のみ記入。

ウ　入国後講習期間中の業務従事　☑　無　／　□　有
※第１号技能実習の場合のみ記入。

(3)　技能、技術又は知識の修得状況　☑　良好　／　□　不良
※認定計画に照らして修得等の程度に遅れはないか。

(4)　日本語の修得状況　☑　良好　／　□　不良
※指導する際に円滑な意思疎通が図れているか。

(5)　労災等の事故の有無　☑　無　／　□　有

(6)　労働関係法令の遵守　☑　有　／　□　無

2　生活状況

(1)　技能実習生の生活態度　☑　良好　／　□　不良

(2)　技能実習生の健康状態　☑　良好　／　□　不良

(3)　規律違反等の有無　☑　無　／　□　有

□　会社、寮等での規律違反、□　集団生活上のトラブル

□　近隣とのトラブル、□　その他（　　　　　　　　　　　　）

3　特記事項（上記１及び２で問題があった場合に記入する。）

特記事項なし

上記の記載内容は、事実と相違ありません。

〈2〉　20△△年　△△月　△△日

〈3〉　実習実施者の氏名又は名称　株式会社　△△工業

〈4〉　技能実習責任者の氏名　国際　次郎　印

認定計画の履行状況に係る管理簿（参考様式第４−１号）　記載要領

全般的な注意事項

・実習実施者は、技能実習法及び同法施行規則の規定により、認定計画の履行状況に係る管理簿を作成し、技能実習を行わせる事業所に備えて置かなければならないとされている。

・団体監理型実習実施者は本管理簿のほか、以下の①～③の帳簿書類の作成と備え付けが求められる。

①技能実習生の管理簿

a. 技能実習生の名簿（P.166 参照）　※最低限の記載事項は次のとおり

ア 氏名
イ 国籍（国又は地域）
ウ 生年月日
エ 性別
オ 在留資格
カ 在留期間
キ 在留期間の満了日
ク 在留カード番号
ケ 外国人雇用状況届出の届出日
コ 技能実習を実施している認定計画の認定番号
サ 技能実習を実施している認定計画の認定年月日
シ 技能実習を実施している認定計画の技能実習の区分
ス 技能実習を実施している認定計画の技能実習の開始日
セ 技能実習を実施している認定計画の技能実習の終了日
ソ 技能実習を実施している認定計画の変更認定に係る事項（変更の認定年月日、変更事項）
タ 技能実習を実施している認定計画の変更届出に係る事項（変更の届出年月日、変更事項）
チ 既に終了した認定計画に基づき在留していた際の前記オからキまでの事項
ツ 既に終了した認定計画に係る前記ケからタまでの事項

b. 技能実習生の履歴書（参考様式第１−３号）

c. 雇用契約書及び雇用条件書（参考様式第１−14 号）

d. 技能実習生の待遇に係る記載がされた書類（賃金台帳等労働関係法令上必要とされる書類の備え付けにより対応可能）

②技能実習日誌（参考様式第４−２号）（P.146 参照）

③法務大臣及び厚生労働大臣が告示で定める特定の職種及び作業に係るものにあっては、当該特定の職種及び作業に係る事業所管大臣が告示で定める書類

・書類の保管期間は、帳簿書類の対象となる技能実習が終了した日から１年間とされている。技能実習生が第２号までの３年間の実習を行った場合、第２号終了時から１年間、第１号開始時からの帳簿書類を備えて置く必要がある。

・書面に代えて電磁的記録により帳簿書類の作成・保存を行うことも認められているが、その場合は機構が行う実地検査の際など必要に応じ、電磁的記録に記録された事項を出力することにより、直ちに整然とした形式及び明瞭な状態で使用に係る電子計算機その他の機器に表示し、書面を作成できるようにする必要がある。

該当番号	記載上の注意事項
＜1＞	管理簿の対象となる期間を記載する。
1	認定を受けた技能実習計画の実施状況について、該当するものを選択する。
2	技能実習生の生活状況について、該当するものを選択する。
3	1 欄及び 2 欄で問題があった場合、その内容を記載する。
＜2＞	本届出書を作成した日付を記載する。
＜3＞	実習実施者名を記載する。
＜4＞	技能実習責任者の氏名を記載し、職印又は法人印を押印する。

参考様式第４-２号（規則第22条第１項第３号関係） （日本産業規格Ａ列４）

Ａ・Ｂ・Ｃ・Ｄ・Ｅ・Ｆ

技　能　実　習　日　誌

〈1〉（２０△△年○月分）

（対象：別紙「技能実習生一覧表」のとおり）

〈2〉日付	〈3〉技能実習生に従事させた業務		〈4〉技能実習生に対する指導の内容	〈5〉指導者氏名
○/1(日)	休日			
○/2(月)	設計図書の読図作業	３、５	不明点は日本人に確認する	技能　一郎
○/3(火)	半自動溶接作業	１、２	前進溶接と後進溶接	技能　一郎
○/4(水)	半自動溶接作業	１、２	防風対策をとる	技能　一郎
○/5(木)	半自動溶接作業	１、２	クレータ処理を充分に行う	技能　一郎
○/6(金)	溶接仕上げ作業	３、５	グラインダの使用法	技能　一郎
○/7(土)	休日			
○/8(日)	休日			
○/9(月)	製品の梱包・出荷	４，５	作業時の安全な姿勢の指導	技能　一郎
○/10(火)	半自動溶接作業	１，２	換気に注意する	技能　一郎
○/11(水)	半自動溶接作業	１，２	補修溶接は丁寧に行う	技能　一郎
○/12(木)	半自動溶接作業	１，２	磁気吹きの防止	技能　一郎
○/13(金)	非破壊試験	３，５	外観試験による確認方法	技能　一郎
○/14(土)	休日			
○/15(日)	休日			
○/16(月)	製品の梱包・出荷	４，５	作業時の安全な姿勢の指導	技能　一郎
○/17(火)	半自動溶接作業	１，２	タック溶接後はよく掃除する	技能　一郎
○/18(水)	半自動溶接作業	１，２	交差する溶接箇所の順序注意	技能　一郎
○/19(木)	半自動溶接作業	１，２	開先の汚れはよく落とす	技能　一郎
○/20(金)	半自動溶接作業	１，２	シールドガスとワイヤの選択	技能　一郎
○/21(土)	休日			
○/22(日)	休日			
○/23(月)	製品の梱包・出荷	４，５	包装機械の安全な使用	技能　一郎
○/24(火)	設計図書の読図作業	３，５	溶接記号の読み方指導	技能　一郎
○/25(水)	半自動溶接作業	１，２	開先の状態について指導	技能　一郎
○/26(木)	手溶接作業	３，５	溶接棒の運び方指導	技能　一郎
○/27(金)	手溶接作業	３，５	ビードの始めと終わりに注意	技能　一郎
○/28(土)	休日			
○/29(日)	休日			
○/30(月)	製品の梱包・出荷	４，５	包装機械の安全な使用	技能　一郎
○/31(火)	半自動溶接作業	１，２	溶接による母材変形対策	技能　一郎

（注意）

1　技能実習の区分、技能実習の期間、技能実習生に行わせる業務等が異なる場合は、分けて作成すること。

2　技能実習生に従事させた業務の欄の右欄は、技能実習計画の実習実施予定表（別記様式第１号第４面から第６面まで）の技能実習の内容欄の番号を記載すること。

技能実習日誌（参考様式第 4－2 号）　記載要領

全般的な注意事項
・実習実施者は、技能実習法及び同法施行規則の規定により、技能実習生に従事させた業務及び技能実習生に対する指導の内容を記録した日誌（技能実習日誌）を作成し、技能実習を行わせる事業所に備えて置かなければならないとされている。 ・技能実習の区分、技能実習の期間、技能実習生に行わせる業務等が異なる場合は分けて作成する。 ・団体監理型実習実施者は技能実習日誌のほか、以下の①～③の帳簿書類の作成と備え付けが求められる。 ①技能実習生の管理簿 a. 技能実習生の名簿（P.166 参照）　※最低限の記載事項は次のとおり ア 氏名 イ 国籍（国又は地域） ウ 生年月日 エ 性別 オ 在留資格 カ 在留期間 キ 在留期間の満了日 ク 在留カード番号 ケ 外国人雇用状況届出の届出日 コ 技能実習を実施している認定計画の認定番号 サ 技能実習を実施している認定計画の認定年月日 シ 技能実習を実施している認定計画の技能実習の区分 ス 技能実習を実施している認定計画の技能実習の開始日 セ 技能実習を実施している認定計画の技能実習の終了日 ソ 技能実習を実施している認定計画の変更認定に係る事項（変更の認定年月日、変更事項） タ 技能実習を実施している認定計画の変更届出に係る事項（変更の届出年月日、変更事項） チ 既に終了した認定計画に基づき在留していた際の前記オからキまでの事項 ツ 既に終了した認定計画に係る前記ケからタまでの事項 b. 技能実習生の履歴書（参考様式第 1－3 号） c. 雇用契約書及び雇用条件書（参考様式第 1－14 号） d. 技能実習生の待遇に係る記載がされた書類（賃金台帳等労働関係法令上必要とされる書類の備え付けにより対応可能） ②認定計画の履行状況に係る管理簿（参考様式第 4－1 号）（P.144 参照） ③法務大臣及び厚生労働大臣が告示で定める特定の職種及び作業に係るものにあっては、当該特定の職種及び作業に係る事業所管大臣が告示で定める書類 ・書類の保管期間は、帳簿書類の対象となる技能実習が終了した日から 1 年間とされている。技能実習生が第 2 号までの 3 年間の実習を行った場合、第 2 号終了時から 1 年間、第 1 号開始時からの帳簿書類を備えて置く必要がある。 ・書面に代えて電磁的記録により帳簿書類の作成・保存を行うことも認められているが、その場合は機構が行う実地検査の際など必要に応じ、電磁的記録に記録された事項を出力することにより、直ちに整然とした形式及び明瞭な状態で使用に係る電子計算機その他の機器に表示し、書面を作成できるようにする必要がある。

該当番号	記載上の注意事項
＜1＞	日誌の対象となる期間を記載する。
＜2＞	日付を入れる。
＜3＞	・技能実習に従事させた業務の内容を記載する。 ・右欄には、技能実習計画の実習実施予定表の技能実習の内容欄の番号を記載する。必須業務・関連業務・周辺業務それぞれの実施状況を具体的に記録する。
＜4＞	技能実習生に対する指導の内容を記載する。
＜5＞	指導を担当した者（技能実習指導員）の氏名を記載する。

参考様式第４－２号別紙（規則第22条第１項第３号関係）　（日本産業規格Ａ列４）

（技能実習日誌別紙）

技　能　実　習　生　一　覧　表

番号	技能実習生氏名	技能実習区分	技能実習期間（左記区分）	備考
〈1〉 1	〈2〉 △△　△△	〈3〉 第１号 団体監理型	〈4〉　２０△△年　△△月　××日 ～ ２０○○年　△△月　□□日	
2	××　××	第１号 団体監理型	２０△△年　△△月　××日 ～ ２０○○年　△△月　□□日	
			年　月　日 ～ 年　月　日	
			年　月　日 ～ 年　月　日	
			年　月　日 ～ 年　月　日	
			年　月　日 ～ 年　月　日	
			年　月　日 ～ 年　月　日	
			年　月　日 ～ 年　月　日	
			年　月　日 ～ 年　月　日	
			年　月　日 ～ 年　月　日	
			年　月　日 ～ 年　月　日	
			年　月　日 ～ 年　月　日	
			年　月　日 ～ 年　月　日	

（注意）

認定計画の履行状況に係る管理簿と併せて保存すること。

〈5〉　20△△年　△△月△△日

実習実施者の氏名又は名称　株式会社　△△工業

技能実習責任者の氏名　国際　次郎　㊞

技能実習生一覧表（参考様式「技能実習日誌」第４−２号別紙）　記載要領

全般的な注意事項
・技能実習法第 20 条及び同法施行規則第 22 条第 1 項第 3 号の規定により実習実施者が作成する技能実習日誌（参考様式第４−２号）の別紙 ・技能実習日誌の対象となる技能実習生について記載する。

該当番号	記載上の注意事項
＜１＞	１から順に整理番号を記載する。
＜２＞	技能実習日誌の対象となる技能実習生の氏名を記載する。
＜３＞	技能実習日誌の対象となる技能実習生の技能実習区分を記載する。
＜４＞	<3>で記載した区分における技能実習期間を記載する。
＜５＞	・本一覧表を作成した日付を記載する。 ・実習実施者の氏名又は名称及び技能実習責任者の役職・氏名を記載の上、職印又は法人印を押印する。

参考様式第４−３号(規則第22条第１項第４号関係)　**企業単独型専用様式**　(日本産業規格Ａ列４)

A

〈1〉

入　国　前　講　習　実　施　記　録

(実施期間　20△△年△△月△△日から　20○○年○○月○○日まで)

〈2〉

(対象：別紙「技能実習生一覧表」のとおり)

日付	時間	科目（内容）	講師 (役職・氏名)	実施場所	備考
20△△/△△/△△	8:00 〜 17：00	その他本邦での円滑な技能等の修得等に資する知識 (技能実習の目的・意義)	○○教育センター 代表 △△ △△ △△	○○教育センター (△△省△△県△△)	
20△△/△△/△△	8:00 〜 17：00	日　本　語 (読み書き、会話、文法)	○○教育センター 講師 □□ □□ □□	同　上	
20△△/△△/△△	8:00 〜 17：00	日　本　語 (読み書き、会話、文法)	○○教育センター 講師 □□ □□ □□	同　上	
20△△/△△/△△	8:00 〜 17：00	本邦での生活一般に関する知識 (日本の文化・生活様式)	○○教育センター 講師 ○○ ○○ ○○	同　上	
20△△/△△/△△	8:00 〜 17：00	その他本邦での円滑な技能等の修得等に資する知識 (修得技能の目標、内容、専門用語等)	○○教育センター 講師 □□ □□ □□	同　上	
20△△/△△/△△	8:00 〜 12：00	日　本　語 (読み書き、会話、文法)	○○教育センター 講師 □□ □□ □□	同　上	
20△△/△△/△△	8:00 〜 17：00	本邦での生活一般に関する知識 (職場のルール)	○○教育センター 講師 ○○ ○○ ○○	同　上	
20△△/△△/△△	8:00 〜 17：00	日　本　語 (読み書き、会話、文法)	○○教育センター 講師 □□ □□ □□	同　上	
20△△/△△/△△	8:00 〜 17：00	日　本　語 (読み書き、会話、文法)	○○教育センター 講師 □□ □□ □□	同　上	
20△△/△△/△△	8:00 〜 12：00	日　本　語 (読み書き、会話、文法)	○○教育センター 講師 □□ □□ □□	同　上	
20△△/△△/△△	8:00 〜 17：00	本邦での生活一般に関する知識 (日本の文化・生活様式)	○○教育センター 講師 ○○ ○○ ○○	同　上	
20△△/△△/△△	8:00 〜 12：00	日　本　語 (読み書き、会話、文法)	○○教育センター 講師 □□ □□ □□	同　上	
20△△/△△/△△	8:00 〜 12：00	日　本　語 (読み書き、会話、文法)	○○教育センター 講師 □□ □□ □□	同　上	
20△△/△△/△△	8:00 〜 17：00	日　本　語 (読み書き、会話、文法)	○○教育センター 講師 □□ □□ □□	同　上	
20△△/△△/△△	8:00 〜 17：00	日　本　語 (読み書き、会話、文法)	○○教育センター 講師 □□ □□ □□	同　上	
20△△/△△/△△	8:00 〜 17：00	本邦での生活一般に関する知識 (職場のルール)	○○教育センター 講師 ○○ ○○ ○○	同　上	
20△△/△△/△△	8:00 〜 17：00	日　本　語 (読み書き、会話、文法)	○○教育センター 講師 □□ □□ □□	同　上	
20△△/△△/△△	8:00 〜 12：00	日　本　語 (読み書き、会話、文法)	○○教育センター 講師 □□ □□ □□	同　上	
20△△/△△/△△	8:00 〜 17：00	その他本邦での円滑な技能等の修得等に資する知識 (修得技能の目標、内容、専門用語等)	○○教育センター 講師 □□ □□ □□	同　上	
20△△/△△/△△	8:00 〜 17：00	日　本　語 (読み書き、会話、文法)	○○教育センター 講師 □□ □□ □□	同　上	
20△△/△△/△△	8:00 〜 17：00	日　本　語 (読み書き、会話、文法)	○○教育センター 講師 □□ □□ □□	同　上	

入国前講習実施記録（参考様式第 4－3 号）1 枚目　記載要領

全般的な注意事項
・入国前講習の実施状況を記録するための参考様式
・企業単独型実習実施者は、本記録を作成し、技能実習を行わせる事業所に備え付ける。
・技能実習生ごとに入国前講習の開始日、内容等が異なる場合は分けて作成する。
・技能実習生一覧表（参考様式第 4－3 号別紙）と併せて保管する。
・保管期間は、本記録の基となる技能実習が終了した日から 1 年間（例 : 技能実習生が第 2 号までの 3 年間の実習を行った場合、第 2 号終了時から 1 年間）

該当番号	記載上の注意事項
<1>	入国前講習の実施期間を記載する。
<2>	実施した入国前講習の内容を記載する。

日付	時間	科目（内容）	講師 （役職・氏名）	実施場所	備考
20〇〇/〇〇/〇〇	8:00 〜 12：00	その他本邦での円滑な技能等の修得等に資する知識 （技能実習生の心構え）	〇〇教育センター 代表 △△ △△ △△	〇〇教育センター （△△省△△県△△）	
/ /	： 〜 ：				
/ /	： 〜 ：				
/ /	： 〜 ：				
/ /	： 〜 ：				
/ /	： 〜 ：				
/ /	： 〜 ：				
/ /	： 〜 ：				
/ /	： 〜 ：				
/ /	： 〜 ：				
/ /	： 〜 ：				
/ /	： 〜 ：				
/ /	： 〜 ：				
/ /	： 〜 ：				
/ /	： 〜 ：				
/ /	： 〜 ：				
/ /	： 〜 ：				
/ /	： 〜 ：				
/ /	： 〜 ：				
/ /	： 〜 ：				
/ /	： 〜 ：				

（注意）
技能実習生ごとに入国前講習の開始日、内容等が異なる場合は分けて作成すること。

〈3〉

20△△年　△△月　△△日

実習実施者の氏名又は名称　株式会社　△△工業

技能実習責任者の氏名　国際　次郎　㊞

入国前講習実施記録（参考様式第４－３号）２枚目　記載要領

該当番号	記載上の注意事項
<3>	本記録を作成した日付、企業単独型実習実施者名及び技能実習責任者の役職・氏名を記載の上、職印（なければ社印及び個人印）を押印する。

参考様式第４−３号別紙（規則第 22 条第１項第４号関係）　　　　（日本産業規格Ａ列４）

A　　　　（入国前講習実施記録別紙）

技　能　実　習　生　一　覧　表

〈1〉

番号	技能実習生氏名	入国日	備考
1	NGUYEN VIET NAM	20○○/○/△○	
2	△△ △△ △△	20○○/○/△○	
3	△△ △△ △△	20○○/○/△○	
4	△△ △△ △△	20○○/○/△○	
5	△△ △△ △△	20○○/○/△○	
		/　/	
		/　/	
		/　/	
		/　/	
		/　/	
		/　/	
		/　/	

（注意）

認定計画の履行状況に係る管理簿及び技能実習日誌と併せて保存すること。

技能実習生一覧表（参考様式第 4－3 号別紙）　記載要領

全般的な注意事項
・入国前講習の実施状況を記録するための入国前講習実施記録（参考様式第 4－3 号）の別紙
・入国前講習実施記録（参考様式第 4－3 号）と併せて保管する。

該当番号	記載上の注意事項
<1>	本記録に記載した入国前講習を受講した技能実習生の氏名や入国日などを記載する。

参考様式第４-４号（規則第22条第１項第４号関係）　**企業単独型専用様式**　（日本産業規格Ａ列４）
A

〈1〉　入　国　後　講　習　実　施　記　録

（実施期間　20○○年 ○月 △日から　20○○年 ○月 △△日まで）

〈2〉
（対象：別紙「技能実習生一覧表」のとおり）

日付	時間	科目（内容）	講師 （役職・氏名）	実施場所	備考
20○○/○/△	8:30 ～ 17：30	本邦での生活一般に関する知識 （日本の生活案内）	総務主任 総務　一郎	株式会社△△工業 研修室	
20○○/○/○△	8:30 ～ 17：30	日　本　語 （読み書き、会話、文法）	総務主任 総務　一郎	同　上	
20○○/○/○△	8:30 ～ 17：30	法的保護に必要な情報	総務主任 総務　一郎	同　上	
20○○/○/○△	8:30 ～ 17：30	機械の構造や操作・素材に関する知識、安全衛生等	業務課長 総務　三郎	同　上	
20○○/○/○△	8:30 ～ 17：30	機械の構造や操作・素材に関する知識、安全衛生等	業務課長 総務　三郎	同　上	
20○○/○/○△	8:30 ～ 17：30	日　本　語 （読み書き、会話、文法）	総務主任 総務　一郎	同　上	
20○○/○/○△	8:30 ～ 17：30	機械の構造や操作・素材に関する知識、安全衛生等	業務課長 総務　三郎	同　上	
20○○/○/○△	8:30 ～ 17：30	本邦での生活一般に関する知識 （日本の生活案内）	総務主任 総務　一郎	同　上	
20○○/○/○△	8:30 ～ 17：30	日　本　語 （読み書き、会話、文法）	総務主任 総務　一郎	同　上	
20○○/○/○△	8:30 ～ 17：30	日　本　語 （読み書き、会話、文法）	総務主任 総務　一郎	同　上	
20○○/○/○△	8:30 ～ 17：30	機械の構造や操作・素材に関する知識、安全衛生等	業務課長 総務　三郎	同　上	
20○○/○/○△	8:30 ～ 17：30	機械の構造や操作・素材に関する知識、安全衛生等	業務課長 総務　三郎	同　上	
20○○/○/○△	8:30 ～ 17：30	日　本　語 （基本作業用語）	総務主任 総務　一郎	同　上	
20○○/○/○△	8:30 ～ 17：30	日　本　語 （基本作業用語）	総務主任 総務　一郎	同　上	
20○○/○/○△	8:30 ～ 17：30	機械の構造や操作・素材に関する知識、安全衛生等	業務課長 総務　三郎	同　上	
20○○/○/○△	8:30 ～ 17：30	機械の構造や操作・素材に関する知識、安全衛生等	業務課長 総務　三郎	同　上	
20○○/○/○△	8:30 ～ 17：30	日　本　語 （基本作業用語）	総務主任 総務　一郎	同　上	
20○○/○/○△	8:30 ～ 17：30	機械の構造や操作・素材に関する知識、安全衛生等	業務課長 総務　三郎	同　上	
20○○/○/○△	8:30 ～ 12：30	機械の構造や操作・素材に関する知識、安全衛生等	業務課長 総務　三郎	同　上	
20○○/○/○△	13:30 ～ 17：30	日　本　語 （基本作業用語）	総務主任 総務　一郎	同　上	
20○○/○/○△	8:30 ～ 12：30	機械の構造や操作・素材に関する知識、安全衛生等	業務課長 総務　三郎	同　上	

入国後講習実施記録（参考様式第4－4号）1枚目　記載要領

全般的な注意事項
・入国後講習の実施状況を記録するための参考様式 ・企業単独型実習実施者は、本記録を作成し、技能実習を行わせる事業所に備え付ける。 ・技能実習生ごとに入国後講習の開始日、内容等が異なる場合は分けて作成する。 ・技能実習生一覧表（参考様式第4－4号別紙）と併せて保管する。 ・保管期間は、本記録の基となる技能実習が終了した日から1年間（例：技能実習生が第2号までの3年間の実習を行った場合、第2号終了時から1年間）

該当番号	記載上の注意事項
<1>	入国後講習の実施期間を記載する。
<2>	実施した入国後講習の内容を記載する。

日付	時間	科目（内容）	講師 （役職・氏名）	実施場所	備考
20○○/○/○△	13:30 〜 17 : 30	日　本　語 （基本作業用語）	総務主任 総務　一郎	同　上	
20○○/○/○△	8:30 〜 17 : 30	機械の構造や操作・素材に関する知識、安全衛生等	業務課長 総務　三郎	同　上	
20○○/○/△△	8:30 〜 17 : 30	日　本　語 （基本作業用語）	総務主任 総務　一郎	同　上	
/　/	:　〜　:				
/　/	:　〜　:				
/　/	:　〜　:				
/　/	:　〜　:				
/　/	:　〜　:				
/　/	:　〜　:				
/　/	:　〜　:				
/　/	:　〜　:				
/　/	:　〜　:				
/　/	:　〜　:				
/　/	:　〜　:				
/　/	:　〜　:				
/　/	:　〜　:				
/　/	:　〜　:				
/　/	:　〜　:				
/　/	:　〜　:				
/　/	:　〜　:				
/　/	:　〜　:				

（注意）
技能実習生ごとに入国後講習の開始日、内容等が異なる場合は分けて作成すること。

〈3〉

20△△年　△△月　△△日

実習実施者の氏名又は名称　株式会社　△△工業

技能実習責任者の氏名　国際　次郎　㊞

入国後講習実施記録（参考様式第 4－4 号）2 枚目　記載要領

該当番号	記載上の注意事項
<3>	本記録を作成した日付、企業単独型実習実施者名及び技能実習責任者の役職・氏名を記載の上、職印（なければ社印及び個人印）を押印する。

参考様式第４－４号別紙（規則第22条第１項第４号関係）　　（日本産業規格Ａ列４）

A　　（入国後講習実施記録別紙）

技　能　実　習　生　一　覧　表

〈1〉

番号	技能実習生氏名	入国日	備考
1	NGUYEN VIET NAM	20○○/○/△○	
2	△△ △△ △△	20○○/○/△○	
3	△△ △△ △△	20○○/○/△○	

（注意）
認定計画の履行状況に係る管理簿及び技能実習日誌と併せて保存すること。

技能実習生一覧表（参考様式第 4－4 号別紙）　記載要領

全般的な注意事項
・入国後講習の実施状況を記録するための入国後講習実施記録（参考様式第 4－4 号）の別紙 ・入国後講習実施記録（参考様式第 4－4 号）と併せて保管する。

該当番号	記載上の注意事項
<1>	本記録に記載した入国後講習を受講した技能実習生の氏名や入国日などを記載する。

参考様式第４－15 号　　　　　　　　　　　　　　　　　　　　　　　　　（日本産業規格Ａ列４）

報 酬 支 払 証 明 書

〈1〉

△月分（　△月　○日から　△月　□○日　分）の報酬について，以下のとおり支払いました。

1　対象技能実習生

①氏名（ローマ字）	NGUYEN VIET NAM	②性　　別	男・女
③生　年　月　日	19△△年△△月△△日	④国籍・地域	ベトナム
⑤在留カード番号	AZ19283746BY		

2　報酬

①報　酬　総　額	194,400 円
②現 金 支 給 額	152,900 円
③支　　給　　日	20△△年　　△月　　××日

（注意）
1　上記２①は，控除前の報酬総額を記載すること。
2　上記２②は，控除後の手取り報酬額を記載すること。

上記の記載内容は，事実と相違ありません。

〈2〉　20△△年　　△月　　××日

実習実施者の氏名又は名称　　株式会社　△△工業

作成責任者　役職・氏名　　総務課長　国際　次郎　㊞

給与支給者　役職・氏名　　代表取締役　国際　太郎　㊞

報酬について，雇用条件書どおりの報酬額であることを確認し十分に理解した上で，上記の内容どおり支給を受けました。

〈3〉　20△△年　　△月　　××日

技能実習生の署名　　Nguyen Viet Nam

報酬支払証明書（参考様式第4-15号）　記載要領

全般的な注意事項
・預貯金口座への振込み以外の支払方法をとった場合に、報酬の支払状況が確認できる資料として、技能実習生の給与明細の写しとともに保管する参考様式 ・実習実施者には、技能実習生への報酬の支払をより確実かつ適正なものとするため、技能実習生に現実に支払われた額を確認することができる方法によって支払うことが求められている。また、実習実施者は、支払方法にかかわらず、報酬の支払状況が確認できる資料を保管し、機構による検査及び監理団体による監査の際に示せるようにしておく必要がある。 ・支払を行うごとに、作成するため、基本的には毎月、技能実習生ごとに作成する。

該当番号	記載上の注意事項
<1>	支払月、支払対象期間を記載する。
1①	対象の技能実習生の氏名（在留カードと同一の氏名）をローマ字（大文字）で記載する。
1②	該当する性別に○をつける。
1③	対象の技能実習生の生年月日を記載する。
1④	国籍を記載する。
1⑤	在留カード番号を記載する。
2①	対象月に支払われる控除前の報酬総額を記載する。
2②	控除後の手取り報酬額を記載する。
2③	対象月の支給日を記載する。
<2>	作成日、実習実施者の氏名又は名称、作成責任者の役職・氏名、給与支給者の役職・氏名を記載する。
<3>	技能実習生が本証明書に記載された事項の説明を受け、内容を理解した日付を記載し、技能実習生本人が署名する。

外国人技能実習機構　理事長　殿

委　任　状

受任者

住所	〒987－6543 ○○県○○市○○１－１－１ （電話　○○－　○○　－　○○　）
氏名又は名称	○○事業協同組合 （担当：　丙　山　　　一　　　）

上記の者に対し、下記事項を委任します。下記委任事項に関しての問い合わせは、上記の者への連絡を希望します。

記

委任事項

１　（当社・私）が作成した　実習実施者届出書　の提出の件

~~２　前項の＿＿＿＿＿＿＿＿に対する申請受理票受領の件~~

３　第１項の　実習実施者届出書　に対する措置結果受領の件

〈1〉

令和　△年　△△月　△△日

委任者

住所	〒123－4567 △△県△△市□□２－２－２ （電話△△　－　△△　－　△△）
氏名又は名称	株式会社　△△工業　　代表取締役　国際太郎 （担当：総務課　　申請　一郎）

委任状（実習実施者届出関係）　記載要領

全般的な注意事項
監理団体等が団体監理型実習実施者に代わって機構地方事務所・支所認定課への実習実施者届出書（別記様式第 7 号）の提出及び（又は）実習実施者届出受理書（別記様式第 8 号）の受領を行う場合の委任状の一例

該当番号	記載上の注意事項
受任者	・「住所」欄及び「氏名又は名称」欄は、監理団体本部を記載する（記載例のとおり）。 ・「電話番号」及び「担当」欄は、本件担当者の電話番号及び氏名を記載する。
委任事項	委任事項に記載された文言が不適当な場合は、適正な文言に修正する。
<1>	・本委任状を作成した（委任する）日付を記載する。 ・実習実施者届出書（別記様式第 7 号）の日付と同日又はそれ以降の日付とする。

（規則第22条第1項第1号、第54条第1項第1号関係）

JITCO書式10

<1> 20×× 年 △△ 月 △△ 日

技能実習生の名簿（認定計画履行状況管理（兼）実習監理）

<2>実習実施者名　株式会社　△△工業　<3>事業所名　<7>□□工場　<4>20××　年　△△　月　分

<5>

シ　技能実習の区分	第3号団体監理型技能実習

No	ア　氏名	イ　国籍（国又は地域）	ウ　生年月日	エ　性別	オ　在留資格	カ　在留期間	キ　在留期間の満了日	ク　在留カード番号	ケ　外国人雇用状況届出の届出日	<8>技能実習を実施している認定計画 コ　認定番号	サ　認定年月日	ス　技能実習の開始日	セ　技能実習の終了日	ソ　変更認定 認定年月日	ソ　変更認定 変更事項	タ　変更届出 届出年月日	タ　変更届出 変更事項
1	<6> NGUYEN VIET NAM	ベトナム	19△△年△△月△△日	男	☐ 技能実習第1号イ ☐ 技能実習第2号イ ☐ 技能実習第3号イ ☐ 技能実習第1号ロ ☐ 技能実習第2号ロ ☑ 技能実習第3号ロ	1年 1年	20×☆年△△月△△日 20××年△△月△△日	AZ19283746BY BP28374650HN	20△△年△△月△△日	認1704345678	20×○年□□月□□日	20×○年△△月□□日 20×○年△△月△△日	年 月 日 20×☆年△△月□□日	年 月 日		年 月 日	
	<9> チ・ツ　既に終了した認定計画				☐ 技能実習第1号イ ☐ 技能実習第2号イ ☐ 技能実習第3号イ ☐ 技能実習第1号ロ ☑ 技能実習第2号ロ ☐ 技能実習第3号ロ	1年 1年	20×○年△△月△△日 20○○年△△月△△日	PK30192837GV BP28374650HN	20□□年□□月□□日	認1704234567	20○○年□□月□□日	20○○年△△月□□日 20○○年△△月□△日	20×○年△△月□×日 20×○年△△月□□日	年 月 日		20×○年○○月□×日	技能実習責任者の変更
	チ・ツ　既に終了した認定計画				☐ 技能実習第1号イ ☐ 技能実習第2号イ ☐ 技能実習第3号イ ☑ 技能実習第1号ロ ☐ 技能実習第2号ロ ☐ 技能実習第3号ロ	1年	20△△年△△月△△日	ZD98765432LW	20□□年□□月□□日	認1704123456	20□□年□□月□□日	20□□年△△月□□日 20□□年△△月××日	20××年△△月□×日 20××年△△月××日	年 月 日		年 月 日	
2	△△△　△△△　△△△	ベトナム	19□□年□□月□□日	男	☐ 技能実習第1号イ ☐ 技能実習第2号イ ☐ 技能実習第3号イ ☐ 技能実習第1号ロ ☐ 技能実習第2号ロ ☑ 技能実習第3号ロ	 4月	年 月 日 20××年△△月△△日	 CX91827364DW	20△△年△△月△△日	認1704765432	20×○年□□月□□日	20×○年△△月△△日 20×○年△△月△△日	年 月 日 20×△年△△月△×日	年 月 日		年 月 日	
	<9> チ・ツ　既に終了した認定計画				☐ 技能実習第1号イ ☐ 技能実習第2号イ ☐ 技能実習第3号イ ☐ 技能実習第1号ロ ☑ 技能実習第2号ロ ☐ 技能実習第3号ロ	1年 1年	20×○年△△月△△日 20○○年△△月△△日	TR45678901KA EQ71098765DB	20□□年□□月□□日	認1704876543	20○○年□□月□□日	20○○年△△月□□日 20○○年△△月□△日	20×○年△△月□×日 20×○年△△月□×日	年 月 日		20×○年○○月□×日	技能実習責任者の変更
	チ・ツ　既に終了した認定計画				☐ 技能実習第1号イ ☐ 技能実習第2号イ ☐ 技能実習第3号イ ☑ 技能実習第1号ロ ☐ 技能実習第2号ロ ☐ 技能実習第3号ロ	1年	20△△年△△月△△日	YY77665544VV	20□□年□□月□□日	認1704987654	20□□年□□月□□日	20□□年△△月□□日 20□□年△△月××日	20××年△△月□×日 20××年△△月××日	年 月 日		年 月 日	

特記事項

<10>

特記事項なし

（注意）
1 本名簿は、右肩「シ　技能実習の区分」欄に記載した技能実習の区分ごとに分けて作成する。
2 技能実習計画認定期間より在留許可期間が短いため、在留期間更新許可申請が必要な場合、「カ　在留期間」、「キ　在留期間の満了日」及び「ク　在留カード番号」の各欄は上下複数段に分けて記載する。
3 「ス　技能実習の開始日」及び「セ　技能実習の終了日」は、上段に技能実習の開始（終了）日を、下段に技能実習計画認定通知書の「4　技能実習期間」をそれぞれ記載する。

技能実習生の名簿（認定計画履行状況管理（兼）実習監理）（JITCO 書式 10）　記載要領

全般的な注意事項

・本名簿は、以下の 2 とおりの用途を目的に作成する。

1. 実習実施者が作成し、事業所ごとに備え付けることが求められる書類のひとつである技能実習生の名簿
   本名簿は以下の書類と共に備えておくこととされている。
   ① 認定計画の履行状況に係る管理簿（参考様式第 4－1 号）（P.144）
   ② 技能実習生の履歴書（参考様式第 1－3 号）
   ③ 雇用契約書及び雇用条件書（参考様式第 1－14 号）
   ④ 技能実習生の待遇に係る記載がされた書類（賃金台帳等労働関係法令上必要とされる書類の備え付けにより対応可能）
   ⑤ 技能実習日誌（参考様式第 4－2 号）（P.146）
   ⑥ （法務大臣及び厚生労働大臣が告示で定める特定の職種及び作業に係るものの場合）特定の職種及び作業に係る事業所管大臣が告示で定める書類
   ⑦ 入国前講習及び入国後講習の実施状況記録した書類（参考様式第 4－3 号及び 4－4 号）（企業単独型のみ）

・「認定計画の履行状況に係る管理簿（参考様式第 4－1 号）」及び「技能実習日誌（参考様式第 4－2 号）」は毎月、月ごとに作成するものであることから、本名簿も同様に毎月、月ごとに作成の上、一緒に保管しておくとよい。

2. 監理団体が作成し、監理事業を行う事業所ごとに備え付けることが求められる書類のひとつである実習監理に係る技能実習生の名簿
   本名簿は以下の書類と共に備えておくこととされている。
   ① 実習監理を行う実習実施者の名簿
   ② 技能実習責任者・技能実習指導員・生活指導員の履歴書（参考様式第 1－4 号）
   ※技能実習責任者、技能実習指導員、生活指導員それぞれの書類
   ③ 技能実習責任者・技能実習指導員・生活指導員の就任承諾書及び技能実習に係る誓約書（参考様式第 1－5 号）
   ※技能実習責任者、技能実習指導員、生活指導員それぞれの書類
   ④ 監理団体と実習実施者の間の実習監理に係る契約の契約書又はこれに代わる書類
   ⑤ 技能実習生の履歴書（参考様式第 1－3 号）
   ⑥ 雇用契約書及び雇用条件書（参考様式第 1－14 号）
   ⑦ 監理費管理簿（参考様式第 4－5 号）（P.52）
   ⑧ 技能実習に係る雇用関係のあっせんに係る管理簿（求人・求職）（参考様式第 4－6 号第 1 面・第 2 面）（P.56～61）
   ⑨ 監査報告書の写し（別記様式第 22 号）（P.28）
   ⑩ 監査実施概要（参考様式第 4－7 号）（本概要を用いて監査を実施した場合）（P.62）
   ⑪ 入国前講習実施記録（参考様式第 4－8 号）（P.74）
   ⑫ 入国後講習実施記録（参考様式第 4－9 号）（P.80）
   ⑬ 訪問指導記録書（参考様式第 4－10 号）（P.86）
   ⑭ 団体監理型技能実習生からの相談対応記録書（参考様式第 4－11 号）（P.88）
   ⑮ （外部監査の措置を講じている場合）外部監査報告書（参考様式第 4－12 号）（P.90）及び外部監査報告書（同行監査）（参考様式第 4－13 号）（P.98）
   （外部監査の措置を講じていない場合）外部役員確認書（参考様式第 4－14 号）（P.102）

・本名簿は技能実習を行わせる事業所ごと、技能実習の区分（1 号・2 号・3 号）ごとに作成する。

該当番号	記載上の注意事項
<1>	本名簿を作成した日付を記載する。
<2>	実習実施者名を記載する。
<3>	事業所名を記載する。
<4>	本名簿の対象となる期間を記載する。
<5>	技能実習の区分を記載する。
<6>	本事業所に所属する技能実習生ごとに各項目について記載する。
<7>	技能実習計画認定期間より在留許可期間が短いため、在留期間更新許可申請が必要な場合、「カ　在留期間」、「キ　在留期間の満了日」及び「ク　在留カード番号」の各欄は上下複数段に分けて記載する。
<8>	「ス　技能実習の開始日」及び「セ　技能実習の終了日」は、上段に実際の技能実習の開始（終了）日を、下段に技能実習計画認定通知書の「4　技能実習期間」をそれぞれ記載する。
<9>	「チ・ツ　既に終了した認定計画」欄は、当該技能実習生に係る既に終了した認定計画について記載する。
<10>	特記事項があれば本欄に記載する。ない場合は「特記事項なし」と記載する。

（規則第22条第1項第1号、第54条第1項第1号関係）

JITCO書式10-2

技能実習生の名簿（認定計画履行状況管理（兼）実習監理）

20×× 年 △△ 月 △△ 日

実習実施者名　株式会社　△△工業　　事業所名　□□工場　　20×× 年 △△ 月 分　　シ　技能実習の区分　第3号団体監理型技能実習

No	ア 氏名	イ 国籍(国又は地域)	ウ 生年月日	エ 性別	オ 在留資格	カ 在留期間	キ 在留期間の満了日	ク 在留カード番号	ケ 外国人雇用状況届出の届出日	技能実習を実施している認定計画 コ 認定番号	サ 認定年月日	ス 技能実習の開始日	セ 技能実習の終了日	ソ 変更認定 認定年月日	ソ 変更認定 変更事項	タ 変更届出 届出年月日	タ 変更届出 変更事項
3	○○　○○○　○○○	ベトナム	19△△年△△月△△日	女	☐ 技能実習第1号イ ☐ 技能実習第2号イ ☐ 技能実習第3号イ ☐ 技能実習第1号ロ ☐ 技能実習第2号ロ ☑ 技能実習第3号ロ	1年 1年	20×☆年△△月△△日 20××年△△月△△日	XD99887766HY JJ67854321YP	20△△年△△月△△日	認1704654321	20×○年□□月□□日	20×○年△△月□□日 20×○年△△月△△日	年月日 20×☆年△△月□□日	年 月 日		年 月 日	
	チ・ツ　既に終了した認定計画				☐ 技能実習第1号イ ☐ 技能実習第2号イ ☐ 技能実習第3号イ ☐ 技能実習第1号ロ ☑ 技能実習第2号ロ ☐ 技能実習第3号ロ	1年 1年	20×○年△△月△△日 20○○年△△月△△日	HV18630927BN EW15230876GN	20□□年□□月□□日	認1704981268	20○○年□□月□□日	20○○年△△月□□日 20○○年△△月□△日	20×○年△△月□×日 20×○年△△月□□日	年 月 日		年 月 日	
	チ・ツ　既に終了した認定計画				☐ 技能実習第1号イ ☐ 技能実習第2号イ ☐ 技能実習第3号イ ☑ 技能実習第1号ロ ☐ 技能実習第2号ロ ☐ 技能実習第3号ロ	1年	20△△年△△月△△日	XX99887766EE	20□□年□□月□□日	認1704302675	20□□年□□月□□日	20□□年△△月□□日 20□□年△△月××日	20××年△△月□×日 20××年△△月××日	年 月 日		年 月 日	
			年月日		☐ 技能実習第1号イ ☐ 技能実習第2号イ ☐ 技能実習第3号イ ☐ 技能実習第1号ロ ☐ 技能実習第2号ロ ☐ 技能実習第3号ロ		年月日 年月日		年月日		年月日	年月日 年月日	年月日 年月日	年 月 日		年 月 日	
	チ・ツ　既に終了した認定計画				☐ 技能実習第1号イ ☐ 技能実習第2号イ ☐ 技能実習第3号イ ☐ 技能実習第1号ロ ☐ 技能実習第2号ロ ☐ 技能実習第3号ロ		年月日 年月日		年月日		年月日	年月日 年月日	年月日 年月日	年 月 日		年 月 日	
	チ・ツ　既に終了した認定計画				☐ 技能実習第1号イ ☐ 技能実習第2号イ ☐ 技能実習第3号イ ☐ 技能実習第1号ロ ☐ 技能実習第2号ロ ☐ 技能実習第3号ロ		年月日		年月日		年月日	年月日 年月日	年月日 年月日	年 月 日		年 月 日	
			年月日		☐ 技能実習第1号イ ☐ 技能実習第2号イ ☐ 技能実習第3号イ ☐ 技能実習第1号ロ ☐ 技能実習第2号ロ ☐ 技能実習第3号ロ		年月日 年月日		年月日		年月日	年月日 年月日	年月日 年月日	年 月 日		年 月 日	
	チ・ツ　既に終了した認定計画				☐ 技能実習第1号イ ☐ 技能実習第2号イ ☐ 技能実習第3号イ ☐ 技能実習第1号ロ ☐ 技能実習第2号ロ ☐ 技能実習第3号ロ		年月日 年月日		年月日		年月日	年月日 年月日	年月日 年月日	年 月 日		年 月 日	
	チ・ツ　既に終了した認定計画				☐ 技能実習第1号イ ☐ 技能実習第2号イ ☐ 技能実習第3号イ ☐ 技能実習第1号ロ ☐ 技能実習第2号ロ ☐ 技能実習第3号ロ		年月日		年月日		年月日	年月日 年月日	年月日 年月日	年 月 日		年 月 日	

技能実習生の名簿（認定計画履行状況管理（兼）実習監理）（JITCO 書式 10－2）　記載要領

全般的な注意事項
・技能実習生の名簿（認定計画履行状況管理（兼）実習監理）（JITCO 書式 10）の別紙 ・技能実習生が 2 人を超える場合に使用する。

資　　料

取扱職種の変更（変更届出書）の提出書類一覧

R4.4.1

監理団体名：

（許可番号：許＿＿＿＿00＿＿＿＿）（許可日　　　／　　　／　　　）

団体監理型技能実習の取扱職種の変更（特定職種[介護/自動車整備/漁船漁業・養殖業職種]以外）

番号	チェック	必要な書類	書式	留意事項
①	□	取扱職種の変更（変更届出書）の提出書類一覧	本表	申請前に本表にて提出書類をご確認の上、提出書類一式の一番上に綴じてください。
②	□	変更届出書	別記様式第17号	「5 変更の内容 ①」の「項目」に取扱職種の変更と記載し、「変更前」及び「変更後」は別紙参照とご記載ください。
③	□	団体監理型技能実習の取扱職種の範囲等	参考様式第2-16号	以下をご記載ください。 ・取扱のある作業：「✓」を記載 ・追加する作業：「追加」を記載 ・削除する作業：「削除」を記載
④	□	技能実習計画作成指導者の履歴書	参考様式第2-13号	下記の点にご注意ください。 ・⑧欄：職歴・貴団体への入職年月・役員/職員（常勤/非常勤）の区別を記載 ・⑩欄：当該職種の実務経験が5年以上ある場合、会社名・職種・経験期間・合計年数を記載 ・⑪欄：当該職種の実務経験が5年以上ない場合、旧制度（2017年10月以前）での実習計画作成指導歴について、監理団体名・職種・指導先会社名・指導期間及び指導件数を記載 ・その他記載内容は記載例（※1）をご参照ください。 ※技能実習計画作成指導者が職員の場合、雇用契約書又は雇用条件通知書の写しを添付してください。役員の場合は不要です。
⑤	□	定款の写し		
⑥	□	委任状	サンプルを機構HPに掲載	・届出書の提出を申請者以外に委任する場合に提出してください。 ・直接申請者に内容確認を行う場合もあります。

○　取扱職種の追加申請については届出制のため、審査結果を通知しておりません。各自にて、機構HP（監理団体の検索）から自監理団体の取扱職種が変更されていることをご確認ください。

※1　技能実習計画作成指導者の履歴書（参考様式第2-13号）　記載例
https://www.otit.go.jp/files/user/docs/200929-3.docx

外国の送出機関の変更（変更届出書）の提出書類一覧

監理団体名：　　　　　　　　　　　　　　　　　　　　　　　　　　　　　　R4.8.16

（許可番号：許 ＿＿＿＿OO＿＿＿＿）（許可日　　　／　　　／　　　）

！ 送出国政府との間に二国間取決めがされた国の送出機関の場合、①～⑤と⑥の書類を提出してください。
中国やネパールなどの送出国政府との間に二国間取決めがされていない国の送出機関の場合、①～⑤と⑦～⑫と⑭の書類を提出してください。
新たな国又は地域から技能実習生を受ける場合や新たな言語を追加する場合、⑬を提出してください。

番号	チェック	必要な書類	備考
①	□	外国の送出機関の変更（変更届出書）の提出書類一覧	本表
②	□	変更届出書	別記様式第17号（押印不要） ・変更届出書の備考欄には「送出機関と締結した契約書（協定書）、附属覚書などの写しについては全て提出しております。」等と記載してください。
③	□	送出機関一覧 （変更前後の送出機関一覧など、追加する送出機関や削除する送出機関を明示した全ての送出機関の一覧）	様式は別紙の凡例を参照してください。 （国名と送出機関名を必ず記載すること）
④	□	監理団体と送出機関との間に締結された契約書（協定書）の写し	・日本語版と現地語版の双方を提出してください。 ・送出管理費の支払に使用する送出機関、監理団体双方の銀行口座情報を記載してください。 ・違約金等に該当する定めがないか確認してください。違約金を受け取ることや監理費以外の手数料を受けることを約する定めは違法となります。
⑤	□	契約書（協定書）附属覚書の写し その他契約書の写し（外部講習委託契約書など） （送出機関との間で締結した契約書（協定書）、附属覚書などすべて提出）	・日本語版と現地語版の双方を提出してください。
⑥	□	外国政府認定送出機関リストのうち、追加する送出機関が掲載されたページのみ （送出国政府との間に二国間取決めがされている国の送出機関の場合必須）	機構のホームページの「送出国情報→外国政府認定送り出し機関一覧」より最新の認定状況を確認し、追加する送出機関が掲載されたページを出力してください。 該当する送出機関に目印を付けてください。

⑦	□	外国の送出機関の概要書 （送出国政府との間に二国間取決めがされている国の送出機関の場合は提出不要）	参考様式第２－９号（押印不要） 原本を提出してください。
⑧	□	外国の送出機関の登記や登録がされていることを証する書類の写し（営業許可書、登記簿、営業謄本など） （送出国政府との間に二国間取決めがされている国の送出機関の場合は提出不要）	現地語、日本語訳の両方が必要です。
⑨	□	外国の送出機関が技能実習に関する事業を適法に行う能力を有する書類の写し（対外労務合作経営資格証書、ライセンスなど） （送出国政府との間に二国間取決めがされている国の送出機関の場合は提出不要）	現地語、日本語訳の両方が必要です。
⑩	□	外国の送出機関が徴収する費用明細書 （送出国政府との間に二国間取決めがされている国の送出機関の場合は提出不要）	参考様式第２－10号（押印不要） 原本を提出してください。
⑪	□	監理団体の許可に関する外国の送出機関の誓約書 （送出国政府との間に二国間取決めがされている国の送出機関の場合は提出不要）	参考様式第２－11号（押印不要） 原本を提出してください。
⑫	□	外国の送出機関の推薦状 （送出国政府との間に二国間取決めがされている国の送出機関の場合は提出不要）	参考様式第２－12号 押印のある原本を提出してください。
⑬	□	申請者の概要書 （新たな国又は地域から技能実習生の送出しを受ける場合や新たな言語を追加する場合に提出）	参考様式第２－１号（押印不要） 通訳人が常駐していない場合いつでも対応可能である旨の記載をしてください。 通訳人の通訳能力、在留資格、在日年数等の記載をしてください。 通訳業務委託契約書や雇用通知書の写しを提出してください。
⑭	□	返信用封筒（84円切手を貼付した長形３号） （送出国政府との間に二国間取決めがされている国の送出機関の場合は提出不要）	・送出機関整理番号通知用 ・送付先を記載してください。

※　登録済みの送出機関を削除する場合は①～③の書類を提出してください。

※　登録済みの送出機関の名称が変更された場合、送出国政府との間に二国間取決めがされている国の送出機関については①～③と⑥の書類を、送出国政府との間に二国間取決めがされていない国の送出機関については①～③と旧名称から新名称へ名称変更を行った旨記載された押印のある書類（変更登記情況、変更登記確認書など）の写しを提出してください。
なお、ベトナムなど政府認定更新時に送出機関の名称を変更する場合がありますが、新たな名称で新たに付与されたナンバーで認定送出機関リストに掲載されている場合は、名称変更手続きではなく新たな送出機関としての追加登録と旧名称の送出機関の削除の変更届出を行ってください。

※　登録済みの送出機関の住所や代表者が変更された場合、送出国政府との間に二国間取決めがされている国の送出機関については届出不要ですが、送出国政府との間に二国間取決めがされていない国の送出機関については①～③と⑦の書類を提出してください。

※　登録済みの送出機関との間で締結している契約書（協定書）や覚書について内容の変更が生じた場合、新たに契約書（協定書）や覚書を締結していただきますが、機構への変更届出は不要です。

別紙

送出機関一覧（凡例）

1件目

外国の 送出機関	①氏名又は名称	
	②外国政府認定送出機関リスト No, ※二国間取決めがされている場合	
	③送出機関の国名	
	④変更年月日	

2件目

外国の 送出機関	①氏名又は名称	
	②外国政府認定送出機関リスト No, ※二国間取決めがされている場合	
	③送出機関の国名	
	④変更年月日	

3件目

外国の 送出機関	①氏名又は名称	
	②外国政府認定送出機関リスト No, ※二国間取決めがされている場合	
	③送出機関の国名	
	④変更年月日	

4件目（**今回削除**）

外国の 送出機関	①氏名又は名称	
	②外国政府認定送出機関リスト No, ※二国間取決めがされている場合	
	③送出機関の国名	
	④変更年月日	

5件目（**今回追加**）

外国の 送出機関	①氏名又は名称	
	②外国政府認定送出機関リスト No, ※二国間取決めがされている場合	
	③送出機関の国名	
	④変更年月日	

監理団体の役員の変更（変更届出書）の提出書類一覧

R3.4.1

監理団体名：

（許可番号：許　　OO　　）（許可日　　／　　／　　）

□ 監理団体の代表者の変更

□ 監理団体の役員の変更

届出が必要な例

1	役員（代表者）が新たに就任した場合	①～⑥
2	役員が新たに就任した場合	①、②、④～⑥
3	役員が辞任した場合	①、②、④（辞任届でも可）
4	役員（代表者）の氏名・住所に変更があった場合	①、②、③、⑤
5	役員の氏名・住所に変更があった場合	①、②、⑤

番号	チェック	必要な書類	備考
①	□	監理団体の役員の変更（変更届出書）の提出書類一覧	本表
②	□	変更届出書	別記様式第17号 新旧役員名を書ききれない場合は、別紙を作成してください。
③	□	登記事項証明書	代表者が変更された場合のみ必要。
④	□	総会又は理事会の議事録	新旧役員交代時のもの。
⑤	□	役員の住民票の写し （市区町村から交付されるものが「住民票の写し」ですので、改めてコピーを取るのではなく、市区町村から交付されたものを提出してください）	**本籍地の記載があるもの。** マイナンバー及び住民票コードの記載のないものを提出してください。
⑥	□	申請者の役員の履歴書	参考様式第２－３号

監理責任者の変更（変更届出書）の提出書類一覧

R3.10.1

監理団体名：

（許可番号：許　＿＿00＿＿＿＿）（許可日　　／　　／　　）

□ 監理責任者の変更

□ 監理責任者の追加

番号	チェック	必要な書類	備考
①	□	監理責任者の変更（変更届出書）の提出書類一覧	本表
②	□	変更届出書	別記様式第17号
③	□	監理責任者の住民票の写し （市区町村から交付されるものが「住民票の写し」ですので、改めてコピーを取るのではなく、市区町村から交付されたものを提出してください）	本籍地の記載があるもの。 マイナンバー及び住民票コードの記載のないものを提出してください。
④	□	監理責任者の健康保険等の被保険者証の写し等、常勤性を確認できる書類	健康保険の被保険者証の写しは「記号・番号・保険者番号」について、黒マジック等でマスキングをして見えないようにしてから提出をしてください。
⑤	□	監理責任者の履歴書	参考様式第２－４号
⑥	□	実習実施者名簿（監理責任者用）	機構様式
⑦	□	監理責任者の就任承諾書及び誓約書の写し	参考様式第２－５号
⑧	□	監理責任者等講習の受講証明書の写し	過去３年以内に受講したものを提出してください（監理責任者等講習は３年ごとに受講が必要です）。

□ 監理責任者の住所・氏名等の変更

※　監理責任者が転居をしたり、氏名に変更があった場合

番号	チェック	必要な書類	備考
①	□	監理責任者の変更（変更届出書）の提出書類一覧	本表
②	□	変更届出書	別記様式第17号
③	□	監理責任者の住民票の写し （市区町村から交付されるものが「住民票の写し」ですので、改めてコピーを取るのではなく、市区町村から交付されたものを提出してください）	本籍地の記載があるもの。 マイナンバー及び住民票コードの記載のないものを提出してください。

外部監査人・外部役員の変更（変更届出書）の提出書類一覧

R3.4.1

監理団体名：

（許可番号：許　　___00_______）（許可日　　　／　　／

☐ 外部監査人の変更

外部監査の措置を講じる方法の場合

番号	チェック	必要な書類	備考
①	☐	外部監査人・外部役員の変更（変更届出書）の提出書類一覧	本表
②	☐	変更届出書	別記様式第17号
③	☐	外部監査人の概要書	参考様式第２－６号
④	☐	外部監査人の就任承諾書及び誓約書の写し	参考様式第２－７号
⑤	☐	監理責任者等講習受講証明書の写し	過去３年以内に受講したものを提出してください。

☐ 外部役員の変更

外部役員を置く方法の場合

番号	チェック	必要な書類	備考
①	☐	外部監査人・外部役員の変更（変更届出書）の提出書類一覧	本表
②	☐	変更届出書	別記様式第17号
③	☐	指定外部役員の就任承諾書及び誓約書の写し	参考様式第２－８号
④	☐	監理責任者等講習受講証明書の写し	過去３年以内に受講したものを提出してください。

注）外部役員は、組合の役員の中から選任する制度ですので、役員を変更する場合は「監理団体の役員の変更（変更届出書）の提出書類一覧」も併せてご確認ください。

監理団体・監理事業所の変更（変更届出書及び許可証書換申請書）の提出書類一覧

R4.4.1

監理団体名：

（許可番号：許＿＿＿＿00＿＿＿＿＿）（許可日　　　／　　　／　　　）

名称・住所変更等の場合、以下の書類が必要となります。

☐ 監理団体の名称変更〈正・副〉

☐ 監理事業を行う事業所の名称変更〈正・副〉

番号	チェック	必要な書類	書式	留意事項
①	☐	監理団体・監理事業所の変更（変更届出書及び許可証書換申請書）の提出書類一覧	本表	・申請前に本表にて提出書類をご確認の上、申請書類一式の一番上に綴じてください。
②	☐	変更届出書及び許可証書換申請書	別記様式第17号	・標題のうち、「変更届出書」に取消線（具体例：「~~変更届出書~~」）を記し、「変更届出書及び許可証書換申請書」はそのままとしてください。 ・「届出者／申請者」欄には、監理団体名、代表者の役職、代表者氏名を記載してください。 ・「３　監理団体」の②住所と「４　監理事業を行う事業所」の②所在地は、許可証と同一（旧住所・所在地）にしてください。なお、監理事業所が複数ある場合は、「４　監理事業を行う事業所」欄に「別紙のとおり」と記載し、別紙（様式任意）を提出してください。
③	☐	登記事項証明書		
④	☐	返信用封筒（84円切手を貼付した長形３号）		・申請受理票送付用 ・送付先を記載してください。
⑤	☐	返信用封筒（レターパック（赤）又は460円切手を貼付した角形２号封筒）		・申請結果の通知を郵送で希望する場合に提出してください。 ・郵便事故防止等のため、レターパック（赤）を提出してください（460円分の切手（簡易書留の郵送料）を貼付した角形２号封筒でも可です）。 ・レターパック（赤）又は角形２号封筒には、送付先（申請者、担当者等）を明記してください。 ・当該封筒の提出がなかった場合は、申請先である機構本部へお越しいただいた上で、結果を通知することになります。
⑥	☐	委任状	サンプルを機構HPに掲載	・申請書の提出や許可証等の受領を申請者以外に委任する場合に提出してください。 ・直接申請者に内容確認を行う場合もあります。

□ 監理団体の住所変更〈正・副〉

□ 監理事業を行う事業所の所在地変更〈正・副〉

番号	チェック	必要な書類	書式	留意事項
①	□	監理団体・監理事業所の変更（変更届出書及び許可証書換申請書）の提出書類一覧	本表	・申請前に本表にて提出書類をご確認の上、申請書類一式の一番上に綴じてください。
②	□	変更届出書及び許可証書換申請書	別記様式第17号	・標題のうち、「変更届出書」に取消線（具体例：「~~変更届出書~~」）を記し、「変更届出書及び許可証書換申請書」はそのままとしてください。 ・「届出者／申請者」欄には、監理団体名、代表者の役職、代表者氏名を記載してください。 ・「３　監理団体」の②住所と「４　監理事業を行う事業所」の②所在地は、許可証と同一（旧住所・所在地）にしてください。なお、監理事業所が複数ある場合は、「４　監理事業を行う事業所」欄に「別紙のとおり」と記載し、別紙（様式任意）を提出してください。
③	□	登記事項証明書		
④	□	不動産の登記事項証明書（土地・建物）		・土地と建物両方の登記事項証明書を提出してください。 ・賃貸物件の場合も提出してください。
⑤	□	不動産賃貸借契約書の写し		・転貸（不動産所有者と賃貸人が異なる）の場合は、原賃貸借契約書の写し及び所有者からの「転貸承諾証明書類」写しを併せて提出してください。 ・不動産所有者の代理人（管理委託含む）等との賃貸借契約の場合は、「委託証明書類」写しを提出してください。 注意） ・契約内容が、「同居」や「無償」の場合、適切な賃貸契約が求められます。また、物件の使用目的が「居住」の場合、「事業所」としての使用許可が求められます。 ・監理事業所の移転に関し、中立的事業運営体制及び適切な監理事業体制であるかは、運用要領を参照願います。
⑥	□	同一所在地証明 （不動産の登記事項証明書の所在地と賃貸借契約書の住所地が異なる場合のみ）		・市区町村役場発行の同一所在地証明 （住所（所在地）表示変更証明書） ※参考（他の同一所在地証明） ・ブルーマップ ・公図（法務局で入手可）と住宅地図（図書館等で入手可）
⑦	□	建物の平面図 （建物の入口があるフロア全体及び監理事業所があるフロア全体）		・建物の入口から監理事業所の入口までの動線を必ず明記してください。 ・平面図には、監理事業所の場所以外に、階段、廊下、エレベーター及び他の事業者名等も明記してください。 ・⑨の写真がどの方向から撮影したかが分かるように、平面図内に矢印と番号を付記してください。

⑧	□	監理事業所の平面図		・面談スペースを含む監理事業所の平面図（オフィス家具の配置、フロアの寸法及び全てのドアも記入。）。 ・⑩の写真がどの方向から撮影したかが分かるように、平面図内に矢印と番号を付記してください。 注意）面談スペースを事務所以外（他の階等）に設置する場合は、別途平面図（動線付き）が必要になります。
⑨	□	建物の写真		・建物の全景（正面・側面・背面） ・建物入口から事業所入口までの動線に沿った前後（建物入口、廊下、ホール、階段等）のもの ・外看板、郵便受、入居事業者案内 ・監理事業所入口ドア写真（看板含む） 注意）平面図と対比させるため、写真には番号を付記してください。また、写真はA4用紙１枚につき１～4枚程度に収まるようにしてください。
⑩	□	監理事業所の写真		・監理事業所内部の全景（各部屋の４隅から対角線方向に向けて撮影） ・個人情報の保管場所（施錠可能な設備であること※鍵を付けた状態で撮影） ・面談スペース（プライバシーに配慮し覗かれない構造が必要）の内部全景（２方向以上から撮影） ・部屋の一部に凹凸や屈折した箇所がある場合は、当該箇所全景（２方向以上から撮影） 注意） ・隣室との繋がりがわかるようドアは開けた状態（事業書内部から外部ドア方向への写真含む）で撮影してください。なお、面談スペースに限りドアを閉じた写真も提出してください。 ・平面図と対比させるため、写真には番号を付記してください。また、写真はA4用紙１枚につき１～4枚程度に収まるようにしてください。
⑪	□	組合員・会員等の一覧表		・貴団体に所属する組合員・会員等の「名称」「代表者名」「所在地」「電話番号」「技能実習生受入有無」を記載した一覧表（任意様式）。
⑫	□	返信用封筒（84円切手を貼付した長形３号）		・申請受理票送付用 ・送付先を記載してください。
⑬	□	返信用封筒（レターパック（赤）又は460円切手を貼付した角形２号封筒）		・申請結果の通知を郵送で希望する場合に提出してください。 ・郵便事故防止等のため、レターパック（赤）を提出してください（460円分の切手（簡易書留の郵送料）を貼付した角形２号封筒でも可です）。 ・レターパック（赤）又は角形２号封筒には、送付先（申請者、担当者等）を明記してください。 ・当該封筒の提出がなかった場合は、申請先である機構本部へお越しいただいた上で、結果を通知することになります。
⑭	□	委任状	サンプルを機構HPに掲載	申請書の提出や許可証等の受領を申請者以外に委任する場合に提出してください。 ・直接申請者に内容確認を行う場合もあります。

□ 監理団体の電話番号変更〈正〉

※）住所変更と同時であれば、
申請書に併せて記載ください。

番号	チェック	必要な書類	書式	留意事項
①	□	監理団体・監理事業所の変更（変更届出書及び許可証書換申請書）の提出書類一覧	本表	・申請前に本表にて提出書類をご確認の上、申請書類一式の一番上に綴じてください。
②	□	変更届出書	別記様式第17号	・標題のうち、「変更届出書及び許可証書換申請書」に取消線（具体例：~~「変更届出書及び許可証書換申請書」~~）を記し、「変更届出書」はそのままとしてください。 ・届出者／申請者のうち、「／申請者」に取消線（具体例：「~~／申請者~~」）を記し、監理団体名、代表者の役職、代表者氏名を記載してください。 ・「2．外国人の～「中略」～許可証の書換えを申請します。」に取消線を記してください。 ・「3　監理団体」の②住所と「4　監理事業書を行う事業所」の②所在地は、許可証と同一（旧住所・所在地）にしてください。 　なお、監理事業所が複数ある場合は、「4　監理事業所を行う事業所」欄に「別紙のとおり」と記載し、別紙（様式任意）を提出してください。
③	□	委任状	サンプルを機構HPに掲載	・申請書の提出や許可証等の受領を申請者以外に委任する場合に提出してください。 ・直接届出者に内容確認を行う場合もあります。

【単に市町村合併や住居番号の変更による場合】

□ 監理団体の住所変更〈正・副〉

□ 監理事業を行う事業所の所在地変更〈正・副〉

番号	チェック	必要な書類	書式	留意事項備考
①	□	監理団体・監理事業所の変更（変更届出書及び許可証書換申請書）の提出書類一覧	本表	・申請前に本表にて提出書類をご確認の上、申請書類一式の一番上に綴じてください。
②	□	変更届出書及び許可証書換申請書	別記様式第17号	・標題のうち、「変更届出書」に取消線（具体例：「変更届出書」）を記し、「変更届出書及び許可証書換申請書」はそのままとしてください。 ・「届出者／申請者」欄には、監理団体名、代表者の役職、代表者氏名を記載してください。 ・「3　監理団体」の②住所と「4　監理事業を行う事業所」の②所在地は、許可証と同一（旧住所・所在地）にしてください。なお、監理事業所が複数ある場合は、「4　監理事業を行う事業所」欄に「別紙のとおり」と記載し、別紙（様式任意）を提出してください。
③	□	住所（所在地）表示変更証明書		
④	□	返信用封筒（84円切手を貼付した長形3号）		・申請受理票送付用 ・送付先を記載してください。
⑤	□	返信用封筒（レターパック（赤）又は460円切手を貼付した角形２号封筒）		・申請結果の通知を郵送で希望する場合に提出してください。 ・郵便事故防止等のため、レターパック（赤）を提出してください（460円分の切手（簡易書留の郵送料）を貼付した角形２号封筒でも可です）。 ・レターパック（赤）又は角形２号封筒には、送付先（申請者、担当者等）を明記してください。 ・当該封筒の提出がなかった場合は、申請先である機構本部へお越しいただいた上で、結果を通知することになります。
⑥	□	委任状	サンプルを機構HPに掲載	・申請書の提出や許可証等の受領を申請者以外に委任する場合に提出してください。 ・直接申請者に内容確認を行う場合もあります。

監理事業を行う事業所の新設（変更届出書及び許可証書換申請書）の提出書類一覧

監理団体名：　　　　　　　　　　　　　　　　　　　　　　　　R4.4.1

（許可番号：許＿＿＿＿＿00＿＿＿＿）（許可日　　　／　　　／　　　）

監理事業を行う事業所の新設の場合、以下の書類が必要となります。

監理事業を行う事業所の新設〈正・副〉

番号	チェック	必要な書類	書式	留意事項
①	□	監理事業を行う事業所の新設（変更届出書及び許可証書換申請書）の提出書類一覧	本表	・申請前に本表にて提出書類をご確認の上、申請書類一式の一番上に綴じてください。
②	□	変更届出書及び許可証書換申請書	別記様式第17号	・標題のうち、「変更届出書」に取消線（具体例：「~~変更届出書~~」）を記し、「変更届出書及び許可証書換申請書」はそのままとしてください。 ・「届出者／申請者」欄には、監理団体名、代表者の役職、代表者氏名を記載してください。 ・「３　監理団体」の②住所と「４　監理事業所」の②所在地は、許可証と同じ（旧住所・所在地）にしてください。 　なお、監理事業所が複数ある場合は、「４　監理事業所」欄に「別紙のとおり」と記載し、別紙（様式任意）を提出してください。
③	□	監理事業計画書（新設する事業所分）	別記様式第12号	
④	□	監理団体の業務の運営に関する規程の写し（新設する事業所分）	・運用要領　別紙⑤ ・機構様式　監理費表（規程の別表）	
⑤	□	個人情報適正管理規程の写し（新設する事業所分）	運用要領　別紙⑥	
⑥	□	不動産の登記事項証明書（土地・建物）		・土地と建物両方の登記事項証明書を提出してください。 ・賃貸物件の場合も提出してください。

⑦	□	不動産賃貸借契約書の写し		・転貸（不動産所有者と賃貸人が異なる）の場合は、原賃貸借契約書の写し及び所有者からの「転貸承諾証明書類」写しを併せて提出してください。 ・不動産所有者の代理人（管理委託含む）等との賃貸借契約の場合は、「委託証明書類」写しを提出してください。 注意） ・契約内容が、「同居」や「無償」の場合、適切な賃貸契約が求められます。また、物件の使用目的が「居住」の場合、「事業所」としての使用許可が求められます。 ・監理事業所の移転に関し、中立的事業運営体制及び監理事業適切体制については、運用要領を参照願います。
⑧	□	同一所在地証明 （不動産の登記事項証明書の所在地と賃貸借契約書の住所地が異なる場合のみ）		・市区町村役場発行の同一所在地証明（住所（所在地）表示変更証明書） ※参考（他の同一所在地証明） ・ブルーマップ写し ・公図（法務局で入手可）と住宅地図写し（図書館等で入手可）
⑨	□	建物の平面図 （建物の入口があるフロア全体及び監理事業所があるフロア全体）		・建物の入口から監理事業所の入口までの動線を必ず明記してください。 ・平面図には、監理事業所の場所以外に、階段、廊下、エレベーター及び他の事業者名等も明記してください。 ・⑪の写真がどの方向から撮影したかが分かるように、平面図内に矢印と番号を付記してください。
⑩	□	監理事業所の平面図		・面談スペースを含む監理事業所の平面図（オフィス家具の配置、フロアの寸法及び全てのドアも記入。）。 ・⑫の写真がどの方向から撮影したかが分かるように、平面図内に矢印と番号を付記してください。 注意）面談スペースを事務所以外（他の階等）に設置する場合は、別途平面図（動線付き）が必要になります。
⑪	□	建物の写真		・建物の全景（正面・側面・背面） ・建物入口から事業所入口までの動線に沿った前後（建物入口、廊下、ホール、階段等）のもの ・外看板、郵便受、入居事業者案内 ・監理事業所入口ドア写真（看板含む） 注意）平面図と対比させるため、写真には番号を付記してください。また、写真はA4用紙１枚につき１～4枚程度に収まるようにしてください。

⑫	□	監理事業所の写真		・監理事業所内部の全景（各部屋の４隅から対角線方向に向けて撮影） ・個人情報の保管場所（施錠可能な設備であること※鍵を付けた状態で撮影） ・面談スペース（プライバシーに配慮し覗かれない構造が必要）の内部全景（２方向以上から撮影） ・部屋の一部に凹凸や屈折した箇所がある場合は、当該箇所全景（２方向以上から撮影） 注意） ・隣室との繋がりがわかるようドアは開けた状態（事業書内部から外部ドア方向への写真含む）で撮影してください。なお、面談スペースに限りドアを閉じた写真も提出してください。 ・平面図と対比させるため、写真には番号を付記してください。また、写真はA4用紙１枚につき１～4枚程度に収まるようにしてください。
⑬	□	組合員・会員等の一覧表		・貴団体に所属する組合員・会員等の「名称」「代表者名」「所在地」「電話番号」「技能実習生受入有無」を記載した一覧表（任意様式）。
⑭	□	監理責任者の住民票の写し		・本籍地の記載があるものが必要です。 ・マイナンバー及び住民票コードの記載のないものを提出してください。
⑮	□	健康保険等の被保険者証の写し（監理責任者の常勤性を確認できる書類）		監理責任者が当該事業所で勤務している実態を確認できる書類
⑯	□	監理責任者の履歴書	参考様式第２－４号	
⑰	□	監理責任者等講習受講証明書の写し		過去３年以内に受講したものを提出してください。
⑱	□	監理責任者の就任承諾書及び誓約書の写し	参考様式第２－５号	
⑲	□	返信用封筒（84円切手を貼付した長形３号）		・申請受理票送付用 ・送付先を記載してください。
⑳	□	返信用封筒（レターパック（赤）又は460円切手を貼付した角形２号封筒）		・申請結果の通知を郵送で希望する場合に提出してください。 ・郵便事故防止等のため、レターパック（赤）を提出してください（460円分の切手（簡易書留の郵送料）を貼付した角形２号封筒でも可です）。 ・レターパック（赤）又は角形２号封筒には、送付先（申請者、担当者等）を明記してください。 ・当該封筒の提出がなかった場合は、申請先である機構本部へお越しいただいた上で、結果を通知することになります。
㉑	□	委任状	サンプルを機構HPに掲載	・申請書の提出や許可証等の受領を申請者以外に委任する場合に提出してください。 ・直接申請者に内容確認を行う場合もあります。

介護の職種追加（監理団体許可申請の内容変更申出書・監理団体許可条件変更申出書）の提出書類一覧

R4.4.1

監理団体名：

（許可番号：許________OO________）（許可日　　　／　　　／　　　）

介護の職種追加（特定職種）〈正・副〉

番号	チェック	必要な書類	書式	留意事項
①	□	介護職種にかかる提出書類一覧	本表	申請前に本表にて提出書類をご確認の上、申請書類一式の一番上に綴じてください。
②	□	監理団体許可申請の内容変更申出書・監理団体許可条件変更申出書	参考様式第2-17号	
③	□	監理事業計画書	省令様式第12号	介護職種を追加した内容に変更する必要があります。
④	□	団体監理型技能実習の取扱職種の範囲等	参考様式第2-16号	介護職種を追加した内容に変更する必要があります。
⑤	□	定款又は寄与行為の写し		
⑥	□	組合員・会員等の一覧表		貴団体に所属する組合員・会員等の「名称」「代表者名」「所在地」「電話番号」「業種」「介護の技能実習生受入予定の有無」を記載した一覧表（任意様式）。
⑦	□	技能実習計画作成指導者の履歴書	介護参考様式第10号 ※介護専用の履歴書	下記の点にご注意ください。 ・⑧欄：職歴、貴団体への入職年月、役員/職員（常勤/非常勤）の区別を記載 ・⑩欄：当該職種の実務経験について、職種名、施設名、経験期間、合計年数を記載 ・⑪欄：施設長又は管理者の場合、職種名、施設名、経験期間、合計年数を記載 技能実習計画作成指導者の要件については枠外にある（注）１を確認してください。 ※技能実習計画作成指導者が職員の場合、雇用契約書又は雇用条件通知書の写しを添付してください。役員の場合は不要です。
⑧	□	介護福祉士登録証の写し		技能実習計画作成指導者が介護福祉士の場合。
⑨	□	看護師又は准看護師の免許証の写し		技能実習計画作成指導者が看護師又は准看護師の場合。
⑩	□	介護支援専門員証の写し		技能実習計画作成指導者が介護支援専門員の場合。

⑪	□	指定通知書及び在職証明書の写し		技能実習計画作成指導者が介護事業者の施設長又は管理者の場合。具体的には以下の書類を提出してください。 ①介護保険法に基づく介護事業者としての指定を受けた指定通知書の写し ②施設長又は管理者としての経験を証明する在職証明書の写し（従事した事業所の事業主が作成し、「氏名」「雇用期間」「施設長または管理者としての勤続年数」「就業場所」が記載されているもの[任意様式]）
⑫	□	返信用封筒（レターパック（赤）又は460円切手を貼付した角形２号封筒）		・申請結果の通知を郵送で希望する場合に提出してください。 ・郵便事故防止等のため、レターパック（赤）を提出してください（460円分の切手（簡易書留の郵送料）を貼付した角形２号封筒でも可です）。 ・レターパック（赤）又は角形２号封筒には、送付先（申請者、担当者等）を明記してください。 ・当該封筒の提出がなかった場合は、申請先である機構本部へお越しいただいた上で，結果を通知することになります。
⑬	□	委任状	サンプルを機構HPに掲載	・申請等を申請者以外に委任する場合に提出してください。 ・直接申請者に内容確認を行う場合もあります。

（注１）技能実習計画作成指導者については，以下のうち，いずれかに該当する必要があります。
① ５年以上介護等の業務に従事した経験を有する者であって、介護福祉士の資格を有するものであること。
② ①に掲げる者と同等以上の専門的知識及び技術を有すると認められる者であること。
- 看護師又は准看護師の資格を有する者であって，５年以上の実務経験を有する者
- 介護等の業務を行う施設，事業所の施設長又は管理者として３年以上勤務した経験を有する者
- 介護支援専門員であって，５年以上介護等の業務に従事した経験を有する者

（注２）介護職種において第３号技能実習生を実習監理するためには、介護職種の優良要件適合申告書（介護参考様式第１１号）において、一定以上の点数を満たし、許可を受けている必要があります。制度の詳細については「技能実習制度運用要領　～介護職種の基準について～」を、必要な書類については、機構HPの「監理団体の皆様へ→事業区分変更の申請」を参照してください。

一般監理団体の介護職種における第3号技能実習生の実習監理追加の提出書類一覧

監理団体名：　　　　　　　　　　　　　　　　　　　　R4.4.1

（許可番号：許＿＿＿＿＿00＿＿＿＿＿）（許可日　　　／　　　／　　　）

！一般監理団体が介護職種における第3号技能実習生の実習監理の追加を申請する場合は、以下の書類が必要となります。

介護職種の第3号技能実習生の実習監理の追加〈正・副〉

番号	チェック	必要な書類	書式	留意事項
①	□	一般監理団体の介護職種における第3号技能実習生の実習監理追加の提出書類一覧	本表	申請前に本表にて提出書類をご確認の上、提出書類一式の一番上に綴じてください。
②	□	監理団体許可申請の内容変更申出書・監理団体許可条件変更申出書	参考様式第2-17号	別に掲載している記載例を参考にしてください。
③	□	監理事業計画書	省令様式第12号	介護職種を追加した内容に変更する必要があります。
④	□	団体監理型技能実習の取扱職種の範囲等	参考様式第2-16号	介護職種を追加した内容に変更する必要があります。
⑤	□	定款又は寄付行為の写し		
⑥	□	組合員・会員等の一覧表		貴団体に所属する組合員・会員等の「名称」「代表者名」「所在地」「電話番号」「業種」「介護の技能実習生受入予定の有無」を記載した一覧表（任意様式）。
⑦	□	技能実習計画作成指導者の履歴書	介護参考様式第10号 ※介護専用の履歴書	下記の点にご注意ください。 ・⑧欄：職歴・貴団体への入職年月・役員/職員（常勤/非常勤）の区別を記載 ・⑩欄：当該職種の実務経験について、職種名・施設名・経験期間・合計年数を記載 ・⑪欄：施設長又は管理者の場合、職種名・施設名・経験期間・合計年数を記載。 技能実習計画作成指導者の要件については枠外にある（注2）を確認してください。 ※技能実習計画作成指導者が職員の場合、雇用契約書又は雇用条件通知書の写しを添付してください。役員の場合は不要です。
⑧	□	介護福祉士、看護師（准看護師）又は介護支援専門員の登録証／免許証の写し		技能実習計画作成指導者が介護福祉士、看護師（准看護師）又は介護支援専門員の場合

⑨		指定通知書及び在職証明書の写し		技能実習計画作成指導者が介護事業者の施設長又は管理者の場合 具体的には以下の書類を提出してください。 ①介護保険法に基づく介護事業者としての指定を受けた指定通知書の写し ②施設長又は管理者としての経験を証明する在職証明書の写し（従事した事業所の事業主が作成し、「氏名」「雇用期間」「施設長または管理者としての勤続年数」「就業場所」が記載されているもの[任意様式]）
⑩	□	介護職種の優良要件適合申告書	介護参考様式第１１号	
⑪	□	受検技能実習生名簿	参考様式第２－１４号 別紙２（旧制度・現行制度）	
⑫	□	やむを得ない不受検者名簿	参考様式第２－１４号 別紙３（旧制度・現行制度）	
⑬	□	返信用封筒（レターパック（赤）又は460円切手を貼付した角形２号封筒）		・申請結果の通知を郵送で希望する場合に提出してください。 ・郵便事故防止等のため、レターパック（赤）を提出してください（460円分の切手（簡易書留の郵送料）を貼付した角形２号封筒でも可です）。 ・レターパック（赤）又は角形２号封筒には、送付先（申請者、担当者等）を明記してください。 ・当該封筒の提出がなかった場合は、申請先である機構本部へお越しいただいた上で、結果を通知することになります。
⑭	□	委任状	サンプルを機構HPに掲載	・申請等を申請者以外に委任する場合に提出してください。 ・直接申請者に内容確認を行う場合もあります。

（注１）本申請において申請手数料（収入印紙）、調査手数料、登録免許税は不要です。

（注２）技能実習計画作成指導者については，以下のうち，いずれかに該当する必要があります。
① ５年以上介護等の業務に従事した経験を有する者であって、介護福祉士の資格を有するものであること。
② ①に掲げる者と同等以上の専門的知識及び技術を有すると認められる者であること。
・ 看護師又は准看護師の資格を有する者であって，５年以上の実務経験を有する者
・ 介護等の業務を行う施設，事業所の施設長又は管理者として３年以上勤務した経験を有する者
・ 介護支援専門員であって，５年以上介護等の業務に従事した経験を有する者

自動車整備の職種追加（監理団体許可申請の内容変更申出書・監理団体許可条件変更申出書）の提出書類一覧

R4.4.1

監理団体名：

（許可番号：許＿＿＿＿OO＿＿＿＿）（許可日　　　／　　／　　）

自動車整備の職種追加（特定職種）〈正・副〉

番号	チェック	必要な書類	書式	留意事項
①	□	自動車整備の職種追加（監理団体許可申請の内容変更申出書・監理団体許可条件変更申出書）の提出書類一覧	本表	申請前に本表にて提出書類をご確認の上、提出書類一式の一番上に綴じてください。
②	□	監理団体許可申請の内容変更申出書・監理団体許可条件変更申出書	参考様式第2-17号	
③	□	定款の写し		
④	□	技能実習計画作成指導者の履歴書	参考様式第2-13号	下記の点にご注意ください。 ・⑧欄：職歴・貴団体への入職年月・役員/職員（常勤/非常勤）の区別を記載 ・⑩欄：実務経験について、会社名・職種・経験期間・合計年数を記載 ※技能実習計画作成指導者が職員の場合、雇用契約書又は雇用条件通知書の写しを添付してください。役員の場合は不要です。 必要な経験・資格については、以下の⑤～⑧のいずれかを提出してください。
⑤	□	自動車整備士技能検定合格者証の写し		技能実習計画作成指導者が自動車整備1級又は2級の技能検定合格者の場合。
⑥	□	自動車整備士技能検定合格者証の写し及び 実務経験証明書（※1）		・技能実習計画作成指導者が自動車整備3級の技能検定合格者の場合。 ・実務経験は3年以上必要です。 ・実務経験証明書は従事した事業所の事業主が作成してください。
⑦	□	自動車検査員教習修了証の写し		技能実習計画作成指導者が自動車検査員の場合。
⑧	□	実務経験証明書（※1）		・技能実習計画作成指導者が自動車整備士養成施設にて5年以上の指導に係る実務の経験を有する者の場合。 ・自動車整備士養成施設の事業主が作成してください。

⑨	□	返信用封筒（レターパック（赤）又は460円切手を貼付した角形２号封筒）		・申請結果の通知を郵送で希望する場合に提出してください。 ・郵便事故防止等のため、レターパック（赤）を提出してください（460円分の切手（簡易書留の郵送料）を貼付した角形２号封筒でも可です）。 ・レターパック（赤）又は角形２号封筒には、送付先（申請者、担当者等）を明記してください。 ・当該封筒の提出がなかった場合は、申請先である機構本部へお越しいただいた上で、結果を通知することになります。
⑩	□	委任状	サンプルを機構HPに掲載	・申請等を申請者以外に委任する場合に提出してください。 ・直接申請者に内容確認を行う場合もあります。

（※１）実務経験証明書には、記載が必要な項目が定められております。その他も含め必要な書類の詳細については、以下のＵＲＬより「自動車整備職種の自動車整備作業の基準について」をご確認ください。
https://www.otit.go.jp/tokutei_ginou/

漁船漁業・養殖業の職種追加（監理団体許可申請の内容変更申出書・監理団体許可条件変更申出書）の提出書類一覧

R4.4.1

監理団体名：

（許可番号：許＿＿＿＿00＿＿＿＿）（許可日　　　／　　　／　　　）

漁船漁業・養殖業の職種追加（特定職種）〈正・副〉

番号	チェック	必要な書類	書式	留意事項
①	□	漁船漁業・養殖業の職種追加（監理団体許可申請の内容変更申出書・監理団体許可条件変更申出書）の提出書類一覧	本表	申請前に本表にて提出書類をご確認の上、提出書類一式の一番上に綴じてください。
②	□	監理団体許可申請の内容変更申出書・監理団体許可条件変更申出書	参考様式第2-17号	
③	□	定款の写し		
④	□	船員職業安定法第３４条第１項の許可証の写し		船員である団体監理型技能実習生に係る実習監理を行う場合に限ります。
⑤	□	技能実習計画作成指導者の履歴書	参考様式第2-13号	下記の点にご注意ください。 ・⑧欄：職歴・貴団体への入職年月・役員/職員（常勤/非常勤）の区別を記載 ・⑩欄：実務経験について、会社名・職種・経験期間・合計年数を記載 ※技能実習計画作成指導者が職員の場合、雇用契約書又は雇用条件通知書の写しを添付してください。役員の場合は不要です。
⑥	□	申請者の誓約書	漁船漁業参考様式第４号	漁船漁業の場合 ※1
⑦	□	監理団体の業務の運営に関する規定	漁船漁業別紙①	漁船漁業の場合 ※1
⑧	□	返信用封筒（レターパック（赤）又は460円切手を貼付した角形２号封筒）		・申請結果の通知を郵送で希望する場合に提出してください。 ・郵便事故防止等のため、レターパック（赤）を提出してください（460円分の切手（簡易書留の郵送料）を貼付した角形２号封筒でも可です）。 ・レターパック（赤）又は角形２号封筒には、送付先（申請者、担当者等）を明記してください。 ・当該封筒の提出がなかった場合は、申請先である機構本部へお越しいただいた上で、結果を通知することになります。
⑨	□	委任状	サンプルを機構HPに掲載	・申請等を申請者以外に委任する場合に提出してください。 ・直接申請者に内容確認を行う場合もあります。

（※1）漁船漁業については、漁業協同組合であることが必要です。その他の詳細や、申請者の誓約書及び監理団体の業務の運営に関する規定は、以下のURLより「漁船漁業職種及び養殖業職種に属する作業の基準について」をご確認ください。
https://www.otit.go.jp/tokutei_ginou/

※技能実習制度運用要領(令和4年10月版)から抜粋

表　監理団体の変更届出

	申請書記載事項	届出の要否	添付資料	特記事項
1	監理団体の名称	○	・登記事項証明書	・変更届出と同時に許可証の書換申請も必要。
2	監理団体の住所	○	・登記事項証明書 【単に市町村合併や住居番号の変更による場合】 ・住所(所在地)表示変更証明書	・変更届出と同時に許可証の書換申請も必要。 ・電話番号の変更を含む。
3	監理団体の代表者の氏名	○	【新たに就任する場合】 ・登記事項証明書 ・住民票の写し ・履歴書 ・総会の議事録等 【婚姻等により氏名のみに変更があった場合】 ・登記事項証明書	・住民票の写しは、マイナンバーの記載がないもの。また、日本人の場合は、本籍地の記載があるもの。外国人(特別永住者を除く)の場合は、国籍等、在留資格、在留期間、在留期間の満了の日、在留カード番号の記載があるもの。特別永住者の場合は、特別永住者である旨、特別永住者証明書番号の記載があるもの。
4	監理団体の役員の氏名	○	【新たに選任する場合】 ・登記事項証明書 ・住民票の写し ・選任された役員の履歴書 ・総会の議事録等 【婚姻等により氏名のみに変更があった場合】 ・登記事項証明書	・住民票の写しは、マイナンバーの記載がないもの。また、日本人の場合は、本籍地の記載があるもの。外国人(特別永住者を除く)の場合は、国籍等、在留資格、在留期間、在留期間の満了の日、在留カード番号の記載があるもの。特別永住者の場合は、特別永住者である旨、特別永住者証明書番号の記載があるもの。 ・役員が辞職等により欠員となった場合も届出が必要。
5	監理団体の役員の住所	○	・登記事項証明書(代表者を除く役員の変更の場合は不要。) ・住民票の写し	・住民票の写しは、マイナンバーの記載がないもの。また、日本人の場合は、本籍地の記載があるもの。外国人(特別永住者を除く)の場合は、国籍等、在留資格、在留期間、在留期間の満了の日、在留カード番号の記載があるもの。特別永住者の場合は、特別永住者である旨、特別

				永住者証明書番号の記載があるもの。
6	監理団体の責任役員の氏名	○		
7	外部監査人の氏名又は名称 （外部監査の措置を講じる場合）	○	【新たに選任する場合】 ・外部監査人の概要書 ・外部監査人の就任承諾書及び誓約書の写し ・監理責任者講習受講証明書（受講日が届出日前3年以内のもの）	
8	指定外部役員の氏名 （外部監査の措置を講じない場合）	○	【新たに選任する場合】 ・指定外部役員の就任承諾書及び誓約書の写し ・監理責任者講習受講証明書（受講日が届出日前3年以内のもの）	
9	監理団体の法人の種類	○	・登記事項証明書	・変更届出と同時に許可証の書換申請も必要。 ・一般社団法人又は一般財団法人が公益法人となる場合には届出が必要。その他の場合にあっては機構に相談が必要。
10	団体監理型技能実習の取扱職種の範囲等 （法務大臣及び厚生労働大臣が告示で定める特定の職種及び作業に係るものを除く）	○	【職種・作業を追加する場合】 ・定款 ・計画作成指導者の履歴書	作業のみ新たに追加する場合も届出が必要。
11	団体監理型技能実習の取扱職種の範囲等 （法務大臣及び厚生労働大臣が告示で定める特定の職種及び作業を追加又は削除する場合）	○	【職種・作業を追加する場合】 ・定款 ・計画作成指導者の履歴書 ※職種により、技能検定の合格証や各資格の登録証の写し、監理事業計画書等	・特定の職種及び作業を新たに追加する場合又は特定の職種及び作業に係る事業所管大臣が告示をもって定める監理団体の法人、業務の実施に関する基準等を満たさなくなった場合は、監理団体許可条件の変更の申出が必要。・特定の職種及び作業を追加する場合は、上記基準を満たすことを証する資料の提出も必要。
12	監理事業を行う事業所の名称	○	【新規事業所開設の場合】 ・事業計画書 ・業務運営規程の写し ・個人情報適正管理規程の写	・変更届出と同時に許可証の書換申請も必要。 ・住民票の写しは、マイナンバーの記載がないもの。また、日本人

			し ・新設する事業所の使用権を証する書類（不動産の登記事項証明書又は不動産賃貸借（使用貸借）契約書の写し） ・監理責任者の住民票の写し ・監理責任者の履歴書 ・監理責任者の就任承諾書及び誓約書の写し ・監理責任者講習受講証明書（受講日が届出日前3年以内のもの） 【事業所の名称のみを変更する場合】 　登記事項証明書（事業所の名称の変更に伴い変更が加えられた場合に限る。）	の場合は、本籍地の記載があるもの。外国人（特別永住者を除く）の場合は、国籍等、在留資格、在留期間、在留期間の満了の日、在留カード番号の記載があるもの。特別永住者の場合は、特別永住者である旨、特別永住者証明書番号の記載があるもの。 ・監理責任者に関する書類は、当該監理団体の他の事業所において監理責任者として選任していた者を他の事業所に変更して選任するときは、就任承諾書及び誓約書の写しを除き、提出不要。
13	監理事業を行う事業所の所在地	○	・登記事項証明書（事業所の所在地の変更に伴い変更が加えられた場合に限る。）	・変更届出と同時に許可証の書換申請も必要。
14	監理責任者の氏名	○	【新たに選任する場合】 ・住民票の写し ・健康保険証等の被保険者証の写し（保険者番号及び被保険者等記号・番号をマスキングしたもの） ・履歴書 ・就任承諾書及び誓約書の写し ・監理責任者講習受講証明書（受講日が届出日前3年以内のもの） 【婚姻等により変更があった場合】 ・住民票の写し	・住民票の写しは、マイナンバーの記載がないもの。また、日本人の場合は、本籍地の記載があるもの。外国人（特別永住者を除く）の場合は、国籍等、在留資格、在留期間、在留期間の満了の日、在留カード番号の記載があるもの。特別永住者の場合は、特別永住者である旨、特別永住者証明書番号の記載があるもの。 ・当該監理団体の他の事業所において監理責任者として選任していた者を他の事業所に変更して選任するときは、就任承諾書及び誓約書の写しを除き、提出不要。
15	監理責任者の住所	○	・住民票の写し	・マイナンバーの記載がないもの。また、日本人の場合は、本籍地の記載があるもの。外国人（特別永住者を除く）の場合は、国籍等、在留資格、在留期間、在留期間の満了の日、在留カード番号の記載があるもの。特別永住者の場合は、特別永住者である旨、特別永住者証明書番号の記載があるもの。

16	外国の送出機関の氏名又は名称	○	【外国の送出機関の変更(交代又は追加)の場合】 ・外国の送出機関の概要書 ・監理団体との間に締結された団体監理型技能実習の申込みの取次ぎを受けることに係る契約書の写し ・団体監理型技能実習生から徴収する費用の名目及び額又は算出方法を記載した書類(※) ・団体監理型技能実習に係る誓約書及び外国の国又は地域の公的機関からの推薦状(※) ・申請者の概要書(新たな国又は地域から技能実習生の送出しを受ける場合) 【外国の送出機関の氏名又は名称の変更の場合】 ・氏名又は名称が変更されたことを明らかにする書類(※)	・(※)の書類については、外国の送出機関が外国政府認定送出機関である場合にあっては提出不要
17	外国の送出機関の住所	○	・外国の送出機関の概要書	・外国の送出機関が外国政府認定送出機関である場合にあっては届出不要
18	外国の送出機関の代表者の氏名 (法人の場合のみ)	○	・外国の送出機関の概要書	・外国の送出機関が外国政府認定送出機関である場合にあっては届出不要
19	技能実習の申込みを受ける方法の概要(外国の送出機関の取次ぎを受けない場合)	○		
20	技能実習生に対する相談体制の概要	○	・申請者の概要書	

※技能実習制度運用要領（令和4年10月版）から抜粋

表　技能実習計画の変更認定と届出の区分

		計画記載事項	変更認定	届出	添付書類	特記事項
1 実習実施者	1	氏名又は名称	×	○	・登記事項証明書（法人） ・住民票の写し（個人）	・実習実施者自体を変更（交代）する場合には新規の技能実習計画の認定が必要。 ・実習実施者が法人の場合にあっては、合併、会社分割により、消滅したとき、個人事業の場合にあっては、死亡したときは新規の技能実習計画の認定が必要。 ・住民票の写しは、マイナンバーの記載がないもの。また、日本人の場合は、本籍地の記載があるもの。外国人（特別永住者を除く）の場合は、国籍等、在留資格、在留期間、在留期間の満了の日、在留カード番号の記載があるもの。特別永住者の場合は、特別永住者である旨、特別永住者証明書番号の記載があるもの。
	2	住所	×	○	・登記事項証明書（法人） ・住民票の写し（個人）	・電話番号の変更を含む。 ・住民票の写しは、マイナンバーの記載がないもの。また、日本人の場合は、本籍地の記載があるもの。外国人（特別永住者を除く）の場合は、国籍等、在留資格、在留期間、在留期間の満了の日、在留カード

						番号の記載があるもの。特別永住者の場合は、特別永住者である旨、特別永住者証明書番号の記載があるもの。
	3	代表者の氏名（実習実施者が法人の場合）	×	○	・登記事項証明書	【代表者の変更（交代）】 ・代表者を変更（交代）する場合には届出が必要。 【代表者の氏名の変更】 ・代表者が婚姻するなどの事情により氏名を変更する場合であって、代表者の変更（交代）を伴わない変更の届出は不要。
	4	役員の氏名（実習実施者が法人の場合）	×	○	・登記事項証明書 ・役員の住民票の写し	【役員の変更（交代又は追加で新規に選任）】 ・役員を変更（交代又は追加で新規に選任）する場合には届出が必要。 ・住民票の写しは、マイナンバーの記載がないもの。また、日本人の場合は、本籍地の記載があるもの。外国人（特別永住者を除く）の場合は、国籍等、在留資格、在留期間、在留期間の満了の日、在留カード番号の記載があるもの。特別永住者の場合は、特別永住者である旨、特別永住者証明書番号の記載があるもの。

						【役員の氏名の変更】 ・役員が婚姻するなどの事情により氏名を変更する場合であって、役員の変更（交代又は追加で新規に選任）を伴わない変更の届出は不要。
	5	役員の役職名（実習実施者が法人の場合）	×	×		
	6	役員の住所（実習実施者が法人の場合）	×	×		
	7	業種	×	×		
2 技能実習を行わせる事業所	1	技能実習を行わせる事業所（名称、所在地）	×	○	・実習実施予定表（省令様式第1号第4～6面）の変更箇所	・新規認定申請時に提出した実習実施予定表の写しに赤字で訂正したものを添付書類として届け出ることでも差し支えない。
	2	技能実習責任者の氏名	×	○	・技能実習責任者・技能実習指導員・生活指導員の履歴書 ・技能実習責任者・技能実習指導員・生活指導員の就任承諾書及び誓約書の写し ・技能実習責任者に対する講習を修了したことを証明する書類	【技能実習責任者の変更（交代又は追加で新規に選任）】 ・技能実習責任者を変更（交代又は追加で新規に選任）する場合には届出が必要。 【技能実習責任者の氏名の変更】 ・技能実習責任者が婚姻するなどの事情により氏名を変更する場合であって、技能実習責任者の変更（交代又は追加で新規に選任）を伴わない変更の届出は不要。

	3	技能実習責任者の役職名	×	×		
	4	技能実習指導員の氏名	×	○	・技能実習責任者・技能実習指導員・生活指導員の履歴書 ・技能実習責任者・技能実習指導員・生活指導員の就任承諾書及び誓約書の写し ・実習実施予定表（省令様式第1号4～6面）（技能実習指導員の担当する指導に変更があった場合）	【技能実習指導員の変更（交代又は追加で新規に選任）】 ・技能実習指導員を変更（交代又は追加で新規に選任）する場合には届出が必要。 【技能実習指導員の氏名の変更】 ・技能実習指導員が婚姻するなどの事情により氏名を変更する場合であって、技能実習指導員の変更（交代又は追加で新規に選任）を伴わない変更の届出は不要。 【技能実習指導員が担当する指導内容の変更】 ・申請時に申告した技能実習指導員に変更（交代又は追加で新規に選任）はないものの、必須業務、関連業務又は周辺業務として記載している具体的な業務ごとに記載した技能実習指導員の担当を変更する場合の届出は不要。
	5	技能実習指導員の役職名	×	×		

	6	生活指導員の氏名	×	○	・技能実習責任者・技能実習指導員・生活指導員の履歴書 ・技能実習責任者・技能実習指導員・生活指導員の就任承諾書及び誓約書の写し	【生活指導員の変更（交代又は追加で新規に選任）】 ・生活指導員を変更（交代又は追加で新規に選任）する場合には届出が必要。 【生活指導員の氏名の変更】 ・生活指導員が婚姻するなどの事情により氏名を変更する場合であって、生活指導員の変更（交代又は追加で新規に選任）を伴わない変更の届出は不要。
	7	生活指導員の役職名	×	×		
3 技能実習生	1	氏名	×	○	旅券その他の身分を証する書類の写し	
	2	国籍（国又は地域）	×	○	旅券その他の身分を証する書類の写し	
	3	生年月日	×	○	旅券その他の身分を証する書類の写し	
	4	性別	×	○	旅券その他の身分を証する書類の写し	
	5	帰国期間（第3号技能実習に限る）	×	○		【帰国期間の変更】 帰国期間が変更となる場合には届出が必要。なお、帰国時期の変更（帰国期間の変更はなし）の届出は不要。

4 技能実習の内容	1	技能実習の職種・作業及び分野	○	×	・実習実施予定表（省令様式第1号第4～6面）の変更箇所	【職種・作業に係る技能実習の追加】 ・認定を受けた技能実習計画に記載されている職種・作業の技能実習に新たな職種・作業の技能実習を追加して行おうとする場合に変更認定が必要。 【全く別の技能実習への変更】 ・通常想定されているものではないが、認定を受けた技能実習計画に記載された職種・作業の技能実習を中止して、全く別の職種・作業の技能実習を行おうとする場合にあっては、変更認定の対象とならず、新規の技能実習計画の認定が必要。
5 技能実習の目標	1	技能実習の目標	○	×	・実習実施予定表（省令様式第1号第4～6面）の変更箇所	

6 前段階の技能実習計画の目標の達成状況	1	前段階の技能実習計画の目標の達成状況	×	×		【目標の達成状況の変更】 ・通常、変更されることが想定されているものではないが、変更がある場合は、実習認定取消し事由該当事実に係る報告書の提出が必要。
7 技能実習の期間及び時間数	1	実習期間	○	○	・実習実施予定表（省令様式第1号第4～6面）の変更箇所	【実習の開始時期の変更】 ・実習の開始時期を当初の予定から3か月以上早め、又は、遅らせる場合には届出が必要。 【実習の延べ期間の変更】 ・実習の延べ期間を当初の予定から延長する場合には変更認定が必要。 ・実習の延べ期間を当初の予定から短縮する場合には届出の対象とはしないが、別途技能実習実施困難時届出書の提出が必要。
	2	実習時間数	○	○	・実習実施予定表（省令様式第1号第4～6面）の変更箇所 ・所轄労働基準監督署に届け出た労働基準法第 36 条に基づく労使協定（以下「36 協定」という。）の写し	・新規認定申請時に提出した実習実施予定表の写しに赤字で訂正したものを添付書類として届け出ることでも差し支えない。 ・時間外労働又は休日労働（以下「時間外労働等」という。）及び深夜労働は原則として想定されていな

						いが、やむを得ない業務上の事情等により行う場合には、これらについて変更認定を受ける又は届出をすることが必要。 ※36 協定で定める月及び年の時間外労働等の時間（特別条項適用時）の上限を超える時間外労働等を行わせようとする技能実習計画は認定できません。 ※技能等の修得等の観点から必要最小限の時間でなければなりません。 【年間の合計時間数の変更】 ・年間の合計時間数を予定の 50%以上に相当する時間数を変更する場合には変更認定が必要。 ・年間の合計時間数を予定の 25%以上 50%未満に相当する時間数を変更する場合には届出が必要。 【合計時間数の変更】 ・講習の合計時間数を変更する場合は届出が必要。
8 監理団体等	1	許可番号	×	×		
	2	許可の別	×	×		

	3	名称	○	×	・監理団体と実習実施者の間の実習監理に係る契約書又はこれに代わる書類の写し ・入国後講習実施予定表（省令様式第1号第3面D）（講習を実施する監理団体に変更があった場合）	【監理団体の変更】 ・監理団体を変更（交代）する場合には技能実習計画の変更認定が必要。 【監理団体の名称の変更】 ・監理団体の名称変更がある場合には技能実習計画の変更認定や変更届出は不要。
	4	住所	×	×		
	5	代表者の氏名	×	×		
	6	監理責任者の氏名	×	×		
	7	担当事業所の名称	×	○		
	8	取次送出機関の氏名又は名称（送出機関番号又は整理番号を記載すること。）	×	○	・技能実習生と取次送出機関の間の技能実習に係る契約書の写し ・取次送出機関の誓約書	【送出機関番号又は整理番号について】 ・機構において、外国政府認定送出機関には9桁（英字3桁・数字6桁）の「送出機関番号」を、二国間取決めがされていない国又は地域の送出機関には4桁の「整理番号」を付している。 ・送出機関番号については、機構HPの外国政府認定送出機関一覧ページに掲載されている国ごとの認定送出機関リストにて公表している。 ・整理番号については、上記機構HPで公表しておらず、監理団体許可後又は外国の送出機関の変更に係る変更届出書の提出後、機構から各監理団体に対し、個別に通知してい

						る。 ・申請書には、送出機関番号又は整理番号のいずれか1つの番号を必ず記載すること。
9 技能実習生の待遇	1	賃金	×	○	・雇用契約書及び雇用条件書の写し ・技能実習生の報酬・宿泊施設・徴収費用についての説明書（当初の技能実習計画の認定時に技能実習生の報酬を決定する上で比較対象とした日本人労働者等に変更があったことにより、新たな比較対象とした日本人の報酬額に従って技能実習生の報酬額を変更した場合）	・金額を引き上げる場合には届出不要。
	2	講習手当（金銭に限られず現物支給も含む）	×	○	・技能実習の期間中の待遇に関する重要事項説明書	・金額を引き上げる場合には届出不要。
	3	その他の報酬	×	○	・雇用契約書及び雇用条件書の写し ・技能実習生の報酬・宿泊施設・徴収費用についての説明書（技能実習生の報酬を決定する上で比較対象とした日本人労働者等に変更があった場合のみ）	・金額を引き上げる場合には届出不要。
	4	雇用契約期間	×	○	・雇用契約書及び雇用条件書の写し	
	5	労働時間及び休憩	×	○	・雇用契約書及び雇用条件書の写し	
	6	所定労働時間	×	○	・雇用契約書及び雇用条件書の写し	
	7	休日	×	○	・雇用契約書及び雇用条件書の写し	

	8	休暇	×	○	・雇用契約書及び雇用条件書の写し	
	9	宿泊施設	×	○	・技能実習計画（別記様式第1号第2面） ・技能実習生の報酬・宿泊施設・徴収費用についての説明書 ・宿泊施設の概要の分かる資料（見取り図）	技能実習計画については、新規認定申請時に提出した技能実習計画の写しに赤字で訂正したものを添付書類として届け出ることでも差し支えない。 ※宿泊施設の変更に当たり、雇用契約書及び雇用条件書（参考様式第1－14号）の提出は不要。
	10	技能実習生が定期に負担する費用	×	○	・雇用契約書及び雇用条件書の写し ・技能実習生の報酬・宿泊施設・徴収費用についての説明書	・雇用契約書及び雇用条件書上で記載事項に変更がなかった場合であっても、例えば、食費・居住費の金額に変更はないが、提供する食事の回数、方法に変更があった場合や宿泊施設に変更があった場合等には、技能実習生が同意した上で署名した意思確認書（任意様式）の提出が必要。なお、技能実習生の利益となる変更においては、左記書類により、技能実習生に説明を十分に行い、同意が得られていれば、提出は不要。
10 入国後講習実施予定（企業単独型）	1	講習実施施設（施設名、所在地、連絡先）	×	○	・入国後講習実施予定表（省令様式第1号第3面A）	・新規認定申請時に提出した講習実施予定表の写しに赤字で訂正したものを添付書類として届け出ることでも差し支えない。

	2	法的保護に必要な情報について講義を行う講師（氏名、職業、所属機関、専門的知識の経歴、資格・免許）	×	○	・入国後講習実施予定表（省令様式第1号第3面A）	・新規認定申請時に提出した講習実施予定表の写しに赤字で訂正したものを添付書類として届け出ることでも差し支えない。
	3	講習期間	×	○	・入国後講習実施予定表（省令様式第1号第3面A）	・新規認定申請時に提出した講習実施予定表の写しに赤字で訂正したものを添付書類として届け出ることでも差し支えない。 【入国後講習の開始時期の変更】 ・当初の予定から3か月以上早め、又は、遅らせる場合には届出が必要。 【講習の延べ期間の変更】 ・当初の予定より講習の延べ期間を短縮する変更を行う場合には届出が必要。

	4	講習内容 講師の氏名（役職・経験年数・委託の有無）	×	○	・入国後講習実施予定表（省令様式第1号第3面A）	・新規認定申請時に提出した講習実施予定表の写しに赤字で訂正したものを添付書類として届け出ることでも差し支えない。 【講習科目の変更】 ・講習科目を変更する場合は届出が必要。 【講師の変更】 ・法的保護の講師以外の講師を変更する場合の届出は不要。 【委託の有無の変更】 ・委託の有無を変更する場合には届出が必要。
	5	講習時間数	×	○	・入国後講習実施予定表（省令様式第1号第3面A）	・新規認定申請時に提出した講習実施予定表の写しに赤字で訂正したものを添付書類として届け出ることでも差し支えない。 【月ごとの時間数の変更】 ・月ごとの講習の各科目の時間数又は合計時間数を変更する場合の届出は不要。 【科目ごとの時間数の変更】 ・講習の科目ごとの合計時間数を変更する場合は届出が必要。

						【合計時間数の変更】 ・講習の合計時間数を変更する場合は届出が必要。
11 入国後講習実施予定(団体監理型)	1	講習実施施設(施設名、所在地、連絡先)	×	○	・入国後講習実施予定表(省令様式第1号第3面D)	・新規認定申請時に提出した講習実施予定表の写しに赤字で訂正したものを添付書類として届け出ることでも差し支えない。
	2	監理団体(名称、住所、代表者の氏名)	○	×	・監理団体と実習実施者の間の実習監理に係る契約書又はこれに代わる書類の写し ・入国後講習実施予定表(省令様式第1号第3面D)	・新規認定申請時に提出した講習実施予定表の写しに赤字で訂正したものを添付書類として届け出ることでも差し支えない。 【監理団体の変更】 ・監理団体を変更(交代)する場合には技能実習計画の変更認定が必要。 【監理団体の名称の変更】 ・監理団体の名称変更がある場合には技能実習計画の変更認定や変更届出は不要。
	3	法的保護に必要な情報について講義を行う講師(氏名、職業、所属機関、専門的知識の経歴、資格・免許)	×	○	・入国後講習実施予定表(省令様式第1号第3面D)	・新規認定申請時に提出した講習実施予定表の写しに赤字で訂正したものを添付書類として届け出ることでも差し支えない。

	4	講習期間	×	○	・入国後講習実施予定表（省令様式第1号第3面D）	・新規認定申請時に提出した講習実施予定表の写しに赤字で訂正したものを添付書類として届け出ることでも差し支えない。 【入国後講習の開始時期の変更】 ・当初の予定から3か月以上早め、又は、遅らせる場合には届出が必要。 【講習の延べ期間の変更】 ・当初の予定より講習の延べ期間を短縮する変更を行う場合には届出が必要。

	5	講習内容（実施日、科目、時間、委託の有無、講習施設、講師）	×	○	・入国後講習実施予定表（省令様式第1号第3面D）	・新規認定申請時に提出した講習実施予定表の写しに赤字で訂正したものを添付書類として届け出ることでも差し支えない。 【講習科目の変更】 ・講習科目を変更する場合は届出が必要。 【実施日又は実施時間の変更】 ・講習の各科目における全体の時間数を変更せず、各科目の実施日又は実施時間のみを変更する場合の届出は不要。 【委託の有無の変更】 ・委託の有無を変更する場合には届出が必要。 【講習施設の変更】 ・講習の科目ごとに実施する講習施設を変更する場合の届出は不要。 【講師の変更】 ・法的保護の講師以外の講師を変更する場合の届出は不要。

	6	講習時間数	×	○	・入国後講習実施予定表（省令様式第1号第3面D）	・新規認定申請時に提出した講習実施予定表の写しに赤字で訂正したものを添付書類として届け出ることでも差し支えない。 【1日当たりの時間数の変更】 1日当たりの時間数を変更する場合の届出は不要。 【科目ごとの時間数の変更】 ・講習の科目ごとの合計時間数を変更する場合は届出が必要。 【合計時間数の変更】 ・講習の合計時間数を変更する場合は届出が必要。
12 実習実施予定表	1	技能実習を行わせる事業所（事業所名、所在地）	×	○	・実習実施予定表（省令様式第1号第4～6面）の変更箇所	・新規認定申請時に提出した実習実施予定表の写しに赤字で訂正したものを添付書類として届け出ることでも差し支えない。
	2	実習期間	○	○	・実習実施予定表（省令様式第1号第4～6面）の変更箇所	・新規認定申請時に提出した実習実施予定表の写しに赤字で訂正したものを添付書類として届け出ることでも差し支えない。 【実習の開始時期の変更】 ・実習の開始時期を当初の予定から3か月以上早め、又は、遅らせる場合には届出が必要。

						【実習の延べ期間の変更】 ・実習の延べ期間を当初の予定から延長する場合には変更認定が必要。 ・実習の延べ期間を当初の予定から短縮する場合には届出の対象とはしないが、別途技能実習実施困難時届出書の提出が必要。
	3	技能実習の内容 必須業務、関連業務及び周辺業務の別 指導員の役職・氏名	×	○	・実習実施予定表（省令様式第1号第4～6面）の変更箇所 （指導員を変更する場合） ・技能実習責任者・技能実習指導員・生活指導員の履歴書 ・技能実習責任者・技能実習指導員・生活指導員の就任承諾書及び誓約書の写し	・新規認定申請時に提出した実習実施予定表の写しに赤字で訂正したものを添付書類として届け出ることでも差し支えない。 【業務の内容の変更】 ・必須業務、関連業務及び周辺業務として記載している具体的な業務の内容を変更する場合には届出が必要。 　また、実習実施者以外の第三者が実施する訓練又は研修を受講させようとする場合にも届出が必要。 【指導員の変更】 ・技能実習指導員を変更（交代又は追加で新規に選任）する場合には届出が必要。 ・技能実習指導員の役職を変更する場合、又は婚姻するなどの事情により氏

						名を変更する場合の届出は不要。 ・申請時に申告した技能実習指導員に変更（交代又は追加で新規に選任）はないものの、必須業務、関連業務及び周辺業務として記載している具体的な業務ごとに記載した技能実習指導員の担当を変更する場合の届出は不要。
	4	技能実習を行わせる事業所	×	○	・実習実施予定表（省令様式第1号第4～6面）の変更箇所	・新規認定申請時に提出した実習実施予定表の写しに赤字で訂正したものを添付書類として届け出ることでも差し支えない。 【業務ごとの事業所の変更】 必須業務、関連業務及び周辺業務として記載している具体的な業務ごとに記載した事業所を変更する場合は届出が必要。
	5	月・時間数	○	○	・実習実施予定表（省令様式第1号第4～6面）の変更箇所 ・36 協定の写し	・新規認定申請時に提出した実習実施予定表の写しに赤字で訂正したものを添付書類として届け出ることでも差し支えない。 ・時間外労働等（時間外労働や休日労働）及び深夜労働は原則として想定されていないが、やむを得ない業務上の事情等により行う場合には、これらについて変更認定を受ける

							又は届出をすることが必要。 ※36協定で定める月及び年の時間外労働等の時間（特別条項適用時）の上限を超える時間外労働等を行わせようとする技能実習計画は認定できません。 ※技能等の修得等の観点から必要最小限の時間でなければなりません。 【月ごとの時間数の変更】 ・月ごとの時間外労働等の合計時間を、80時間を超えて延長しようとする場合には変更認定が必要。 ・月ごとの時間外労働を、45時間を超えて延長する場合には届出が必要。 ※「月」の始期が、技能実習計画と36協定で異なる場合は、36協定における始期としてください。 （例：36協定では毎月1日を始期としており、4月15日から技能実習を開始した場合、5月1日からの1か月で45時間を超える場合には届出が必要。） ※1年単位の変形労働時間制を導入している場合は、月42時間を超えて延長する場合に届出

						が必要です。 ・月ごとの合計時間数を80時間以上短縮する場合には届出が必要。 【業務ごとの時間数の変更】 ・必須業務、関連業務及び周辺業務として記載している具体的な業務ごとにみて、合計時間数を予定の50%以上に相当する時間数を変更する場合には変更認定が必要。 ・必須業務、関連業務及び周辺業務として記載している具体的な業務ごとにみて、合計時間数を予定の 25%以上 50%未満に相当する時間数を変更する場合には届出が必要。 ・なお、法第9条第2号（規則第 10 条第2項第2号）の従事させる業務の基準は遵守する必要があること。 【年間の合計時間数の変更】 ・年間の合計時間数を予定の50%以上に相当する時間数を変更する場合には変更認定が必要。 ・年間の合計時間数を予定の 25%以上 50%未満に相当する時間数を変更する場合には届出が必

						要。
	6	使用する素材、材料等	×	○	・実習実施予定表（省令様式第1号第4～6面）の変更箇所	・新規認定申請時に提出した実習実施予定表の写しに赤字で訂正したものを添付書類として届け出ることでも差し支えない。
	7	使用する機械、器具等	×	○	・実習実施予定表（省令様式第1号第4～6面）の変更箇所	・新規認定申請時に提出した実習実施予定表の写しに赤字で訂正したものを添付書類として届け出ることでも差し支えない。
	8	製品等の例	×	○	・実習実施予定表（省令様式第1号第4～6面）の変更箇所	・新規認定申請時に提出した実習実施予定表の写しに赤字で訂正したものを添付書類として届け出ることでも差し支えない。

申請書類の記載例集
外国人技能実習機構への届出、報告、記録関係様式
団体監理型技能実習・企業単独型技能実習〔第Ⅲ分冊〕

2018年1月　初版
2020年10月　第2版
2021年6月　第3版
2023年3月　第4版

発行　公益財団法人 国際人材協力機構 教材センター
〒108－0023　東京都港区芝浦2－11－5
五十嵐ビルディング11階
TEL：03－4306－1110
FAX：03－4306－1116
ホームページ　https://www.jitco.or.jp/
教材オンラインショップ　https://onlineshop.jitco.or.jp
